山西省哲学社会科学规划课题
“晋商文化自信的思想内涵、时代价值及其现实应用研究”
（晋规办字［2017］1号）的研究成果

明清晋商
人力资源管理研究

李存华　著

中国农业大学出版社
·北京·

内 容 简 介

本书放眼于宏观视角，不仅研究制度本身，而且先剖析其管理理念与思想渊源，追根溯源以夯实基础。同时，对“荐举担保制、辛金福利制、班期制、联号制”等前人述及较少的人力资源管理制度也进行了较为深入地剖析，并在此基础上提出了明清晋商人力资源管理对于当前经济建设特别是企业管理的现实启示，以期“古为今用”，实现历史文化研究与现实经济的双重互动，寓意深刻。

图书在版编目（CIP）数据

明清晋商人力资源管理研究 / 李存华著. —北京：中国农业大学出版社，2018.7

ISBN 978-7-5655-2048-8

Ⅰ.①明… Ⅱ.①李… Ⅲ.①晋商—人力资源管理—研究—明清时代 Ⅳ.①F729②F249.294.8

中国版本图书馆CIP数据核字（2018）第158291号

书　名 明清晋商人力资源管理研究
作　者 李存华　著

策划编辑 赵　中　李卫峰　　**责任编辑** 石　华
封面设计 郑　川
出版发行 中国农业大学出版社
社　址 北京市海淀区圆明园西路 2 号　　**邮政编码** 100193
电　话 发行部 010-62818525，8625　　读者服务部 010-62732336
编辑部 010-62732617，2618　　出　版　部 010-62733440
网　址 http://www.caupress.cn　　**E-mail** cbsszs@cau.edu.cn
经　销 新华书店
印　刷 北京时代华都印刷有限公司
版　次 2018 年 7 月第 1 版　2018 年 7 月第 1 次印刷
规　格 787×1092　16 开本　12.75 印张　230 千字
定　价 40.00 元

序
Preface

明清晋商文化博大精深，中央及国家主要领导人均给予了高度关注与推介。2013 年 3 月 23 日，习近平总书记在莫斯科国际关系学院发表题为《顺应时代前进潮流　促进世界和平发展》的演讲时指出：“中俄两国的能源合作不断深化，继 17 世纪的‘万里茶道’之后，中俄油气管道成为联通两国新的‘世纪动脉’。”习近平总书记提到的这条“万里茶道”，便是 17 世纪至 20 世纪初由晋商开拓并主导、沿线商民共同参与运转的一条从福建武夷山到俄罗斯恰克图、跨越亚欧大陆的万里茶路和商贸大道。2017 年 6 月 21—23 日，习近平总书记视察山西时讲道：“山西自古就有重商文化传统，形成了诚实守信、开拓进取、和衷共济、务实经营、经世济民的晋商精神”，并强调“历史上山西是‘一带一路’大商圈的重要组成部分。晋商纵横欧亚九千里，称雄商界五百年，彰显的是开放精神。”2016 年 1 月 4 日李克强总理在太原考察晋商博物馆时指出：“晋商精神讲究行大道、重仁义，这样才能有更多朋友、顾客，生意才能越做越大。晋商不仅讲‘钱’，更重‘义’，不仅创造物质财富，更有精神财富作为支撑。诚信进取的晋商精神是山西人的品德，也是华商精神的精髓……山西有两座富‘矿’：有形的是得天独厚的地下煤层，无形的是行走天下的晋商精神。山西当前尤其要从过度依赖自然资源，转向更多依赖人力资源，既要开掘煤炭资源，又要挖掘好晋商精神这座取之不竭、用之不尽的富矿。”中央及国家领导人关于晋商的重要讲话，不仅是对晋商精神作为山西省宝贵文化遗产和精神财富在经济与文化建设中发挥重要作用的肯定，而且也为山西省进一步扩大改革开放、加快产业转型升级和促进区域经济持续、健康、快速发展指明了方向。

关于明清晋商文化的挖掘与探究，目前已经引起了国内外学者的广泛关注，研究成果相继问世、层出不穷。对于明清晋商人力资源管理的研究，也不乏学者予以关注与探讨，但相对零散，迄今为止尚无一部专门就其人力资源管理方面进行全面、系统研究的专著问世。经十余年潜心钻研，山西工程技术学院李存华副教授这部《明清晋商人力资源管理研究》著作的问世，在一定程度上弥补了这一缺憾。通览全书，不难看出，本书具有如下几个显著特点。

1. 视角独特、立意深远

此前学者对于明清晋商人力资源管理的研究，偏重于“经理负责制”“学徒制”“人身顶股制”“号规制”等具体人力资源管理制度的探析，而该论著则放眼于宏观视角，不仅研究制度本身，而且先剖析其管理理念与思想渊源，追根溯源以夯实基础。同时，对于“荐举担保制、辛金福利制、班期制、联号制”等前人述及较少的人力资源管理制度也进行了较为深入的剖析，使研究内容更为全面系统，并在此基础上提出了明清晋商人力资源管理对于当前经济建设特别是企业管理的现实启示，以期“古为今用”，实现历史文化研究与现实经济的双重互动，故寓意深刻。

2. 结构严谨、条理清楚

著者既关注了基本史实的还原与脉络梳理，又探究了明清晋商人力资源管理制度形成的渊源与动因，还兼顾了晋商文化的挖掘与传承。第一，客观分析了明清晋商文化当前的研究状况，较为全面、系统地对现有理论研究成果进行了梳理与总结，并且有针对性地提出了深化明清晋商人力资源管理研究的具体路径；第二，以史为基，客观分析并总结了明清晋商“尊崇儒学、讲诚重义；先家后企、地缘为基；深谙机理、物质激励；人品为要、多元培育；重视人才、知人善用；不拘一格、能者居上”的人力资源管理理念；第三，重点剖析了明清晋商在“员工的招聘与甄选、培训与开发、人才的激励与稳固、行为的约束与管理、商号的组织与管理、员工的薪酬与待遇、劳作与休假、人力的统筹与配置”等八个方面的人力资源管理制度方面的创新；第四，以山西近代最大的民营工矿企业“保晋公司”为例，在客观分析其企业性质与管理体制的基础上，对其人力资源管理制度与具体举措进行了较为系统的梳理与剖析，以透视明清晋商在清末转型期的人力资源管理走向；第五，探讨了明清晋商人力资源管理对于当前经济建设特别是企业管理的现实启迪与警示。就框架结构与逻辑体系而言，布局合理、结构严谨、条理清楚。

3. 立论客观、颇有新意

该论著对一些模糊不清、似是而非乃至颇有争议的问题，提出了自己独到的观点。例如，绝大部分学者认为明清晋商的成功很大程度上归功于人力资源管理制度的科学设计与有效运作，同时，将这些富有绩效与活力的人力资源管理制度设计单纯归因于儒学思想与人本理念，却根本上忽视了明清晋商其实是“大智若愚”，其早已窥探并深谙“经济第一、物质首要”的人力资源管理规则与激励效应，著者以史料为据，提出并将这一思想与理念进行了深入剖析与流程贯穿，是为一大学术亮点与理论突破，颇有新意。

4. 动态静态结合、研究方法多样

著者通过历史学、经济学、管理学及心理学等不同学科研究方法的综合运用，不仅在还原明清晋商人力资源管理制度等客观史实的基础上，回答了“是什么”，而且通过探究其内在运行机理相应地解决了“为什么”的问题。例如，著者对于“学徒制”“人身顶股制”“号规制”“经理负责制”“辛金福利制”“总分号制”等制度的分析，通过典型案例，追根溯源，探究其思想与理念本源。同时，以发展的眼光、动态的视角，对清末晋商转型期的人力资源管理制度与规则进行研析，动态静态结合，定量印证定性，研究方法多样。

《明清晋商人力资源管理研究》的付梓，将在一定程度上深化明清晋商文化研究，对于当代企业管理具有一定的借鉴意义。当然，作为一部学术论著，难免会存在这样或那样的问题，也可能有学者或同仁会提出这样或那样的商榷，这些均属正常现象。

存华副教授多年来一直潜心于晋商文化研究，且在《晋东商业文化》出版后又有新作问世，可喜可贺！期望看到她更好更多的成果面世！

是为序！

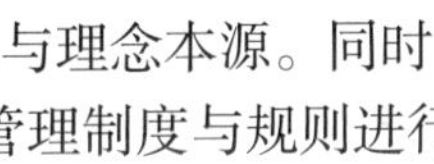①

2017 年 9 月 19 日于山西大学养拙斋

① 刘建生，山西大学晋商学研究所所长，山西省晋商文化研究会会长，教授；博士生导师。

前言

Preface

明清晋商纵横驰骋商界五百余年，创造了中外商业史上的奇迹，可以与世界著名的威尼斯商人与犹太商人相媲美，给我们后人留下了一笔宝贵的文化遗产。著者作为一个地地道道的山西人，在全国著名晋商学研究专家恩师刘建生教授及其晋商研究团队的熏陶下，与爱人王智庆教授共同钟情于本省享誉海内外的传统工商业文化的研究，近20年来一直潜心于山西区域经济史特别是晋商文化的探究。

明清时期，晋商之所以能够称雄商界且持久不衰，很大程度上归功于其“以人为本、知人善任、任人唯贤”的人力资源管理思想、制度安排及其有效践行。时至今日，其人力资源管理思想与方略依然熠熠生辉，不乏现实指导意义。

本著作在整个研究过程中，遵循“据史料推导史实、据史实探究机理、据机理提炼品质、据品质引导实践”的总体思路，在综合利用大量客观史料的基础上，第一，客观分析了明清晋商当前的研究状况，较为全面系统地对现有理论研究成果进行了梳理与总结，并且有针对性地提出了深化明清晋商人力资源管理研究的具体方略。第二，以史为基，客观分析并总结出了明清晋商“尊崇儒学、讲诚重义；先家后企、地缘为基；深谙机理、物质激励；人品为要、多元培育；重视人才、知人善用；不拘一格、能者居上”的人力资源管理理念。第三，重点剖析与研究了明清晋商人力资源管理的八方面制度创新，即“员工的招聘与甄选——荐举担保制；员工的培训与开发——学徒制；人才的激励与稳固——人身顶股制；行为的约束与管理——号规制；商号的组织与管理——经理负责制；员工的薪酬与待遇——辛金福利制；员工的劳作与休假——班期制；人力的统筹与配置——联号制”。第四，以山西近代最大的民营工矿企业“保晋公司”为例，在客观分析其企业性质与管理体制的基础上，对其人力资源管理方略与具体举措进行了较为系统的梳理与剖析，旨在透视清末晋商转型期的人力资源管理走向。第五，研析并提出了明清晋商人力资源管理对于当前经济建设特别是企业管理的现实启迪与警示，旨在“古为今用”，实现历史文化研究与现实经济的双重互动。

本著作的出炉，先后历时近十年之久，尽管著者业已潜心尽力、力求精美，但鉴于一手史料的匮乏、著者功力的浅薄，特别是作为山西省哲学社会科学规划课题，结题在即，无法对该著继续补充、完善与雕琢，只能将这部带有缺憾的书稿公开呈现给读者，恳请各位方家、学者、同仁批评指正、不吝赐教。

李存华

2017 年 8 月 19 日

目 录

Contents

第1章 绪论 …… 1

一、晋商研究述评 …… 1

二、晋商文化自信及其现实应用 …… 19

三、本著作的研究内容、研究思路、研究方法及创新之处 …… 25

四、深化明清晋商人力资源管理研究的具体方略 …… 27

第2章 明清晋商人力资源管理的理念定位 …… 30

一、尊崇儒学、讲诚重义 …… 31

二、先家后企、地缘为基 …… 37

三、深谙机理、物质激励 …… 39

四、人品为要、多元培育 …… 40

五、重视人才、知人善用 …… 43

六、不拘一格、能者居上 …… 49

第3章 明清晋商人力资源管理的制度创新 …… 52

一、从业员工的招聘与甄选——荐举担保制 …… 54

二、员工的培训与开发——学徒制 …… 57

三、人才的激励与稳固——人身顶股制 …… 65

四、行为的约束与管理——号规制 …… 74

五、商号的组织与管理——经理负责制 …… 88
六、员工的薪酬与待遇——辛金福利制 …… 98
七、员工的劳作与休假——班期制 …… 102
八、人力的统筹与配置——联号制 …… 103

第4章 清末晋商转型期的人力资源管理 …… 113

一、明清晋商总体衰落之际谋求转型突破 …… 113
二、企业性质定位与新型管理体制构建 …… 115
三、晋商转型期的人力资源管理探索与实践 …… 138

第5章 明清晋商人力资源管理的启迪与警示 …… 170

一、明清晋商人力资源管理的启迪 …… 170
二、明清晋商人力资源管理的警示 …… 184

参考文献 …… 187

后记 …… 190

第1章

绪　论

明朝初期，山西人以敏锐的眼光与超前的洞察力而利用“开中制”逐步发迹；明中后期，晋商走向辉煌与鼎盛，称雄中国商界；清道光三年（1823）左右，山西平遥商人雷履泰首创中国历史上第一家票号——“日昇昌”票号，开创了中国近代金融业的新纪元，山西票商执中国金融界之牛耳近百年。明清晋商文化博大精深，日渐被社会所认可，后辈所推崇，实有深入挖掘并广泛推广的价值。

一、晋商研究述评

本著作为明清晋商文化研究的一个子课题，对明清时期山西商人的人力资源管理进行了一定程度的探究，同时参阅并借鉴了许多前人的相关晋商研究理论成果，现综述如下。同时需要特别说明的是，尽管近20年来著者潜心收集并翻阅了大量的晋商研究史料与书籍，但鉴于学识浅薄同时受客观研究条件和学术氛围所限，在综述时仍可能是挂一漏万，祈请学界同仁见谅。

（一）国内研究状况及述评

1. 清人对晋商的研究

晋商研究可以从两个层面予以探讨：一个是理论层面，另一个是实践层面。如果认可“晋商研究始于民国时期”的话，那么其立足点就应当为学术性的理论探讨了，而著者认为真正富有意义的研究应当是理论与实践的有机结合，这种研究应当始于清际。

开“晋商研究”之先河的应当为清人李燧和李宏龄，李燧著有《晋游日记》，李宏龄著有《同舟忠告》和《山西票商成败记》[1]。正如王尚义先生所言“不认真阅读这三本书，对晋商的研究就无法谈起。”[2]

李燧所著《晋游日记》原名《雪爪留痕》，其于乾隆五十八年（1793）任山西学政幕僚后，游历了48个府州县城，记述了近四万字的日记，对所游历各城市的工商贸易情况进行了描述，同时还对各府州县的名胜古迹、山川险要、古今人物、乡土风俗等进行了记载，对于我们了解当时山西的风土人情、商品贸易状况，探究商业文化具有极高的史料价值。

李宏龄（1847—1918），字子寿，山西省平遥县源祠村人，于清同治元年（1862）经邑人推荐，在蔚丰厚票号做事50个春秋，曾任蔚丰厚票号在北京、上海、汉口分号的经理达30多年，是对晋商与票号研究最有发言权的当事人之一，先后著成《同舟忠告》和《山西票商成败记》。《同舟忠告》是李宏龄在主持北京、上海、汉口商务期间，即清光绪十六年至民国元年（1890—1912）间写给总号经理们的76封信件的汇总，之所以将此书定名为《同舟忠告》，是因为李宏龄认为“伙计与东掌、分号与总号间利害共存、得失相通，犹如共乘一舟。”《山西票商成败记》中收录了部分李宏龄倡议各票号联合改组银行的文件与信函。这两部书对于晋商研究的意义，除了极其珍贵的史料价值外，更主要的在于李宏龄本身就是晋商中人，在票号执事50年之久，在北京、上海、汉口洞悉商情，颇有建树。尤其是在票号形势危急之时，锐意改革，提出了改组为银行的具体办法。尽管未能实施，但在当时来说已是具有相当的进步性了。李宏龄作为一代晋商，其留下的资料应当客观、真实、可信。

总之，李燧所著《晋游日记》及李宏龄所著《同舟忠告》和《山西票商成败记》以记载、实录为主，为世人研究晋商提供了极其珍贵的客观史料。当然，有一个客观事实，我们是不能忽视的，那就是李燧与李宏龄毕竟都是清朝人，其有生之年晋商并未彻底衰败下来，因而他们并不能将晋商与票号置于大的社会背景下进行客观分析，其某些言词具有一定的片面性，如李宏龄将票号衰落的原因单纯地归结为“用人之故”是片面的。再者，作为封建社会学者，其对客观事物的认识也存在诸多不妥之处，如李燧在《晋游日记》中把许多省外的山川古迹记成了山西的州县，同时个别地方还有迷信的色彩，自称“曾被野鬼捉弃”。

---

① 李宏龄所著《同舟忠告》和《山西票商成败记》两本书，于民国六年（1917）自费石印出版。笔者认为虽然这两本书公开发表于民国年间，但因李宏龄本人主要生活于清朝，并且两本书所涉及内容绝大部分发生于清朝，所以，笔者认为这项晋商研究成果按时间段划分应当归属于清朝。

② 王尚义：《晋商商贸活动的历史地理研究》，科学出版社2004年版，第13页。

2. 民国时期的晋商研究状况

民国时期，大批有识之士开始关注晋商特别是山西票号，同时著书立说发表自己的见解。但纵观整个民国时期，论著少而评论性的文章较多。

迄今为止面世的、民国时期出版的、最富影响力及史料价值的两本专著分别是陈其田的《山西票庄考略》和卫聚贤的《山西票号史》。

陈其田撰写的《山西票庄考略》成书于民国二十五年（1936）五月，是第一部研究晋商的学术性理论专著。陈其田为了撰著此书，于民国二十二年（1933）曾专程到山西票号的故乡晋中一带做过调查，次年又在日本搜集有关资料，其史料价值毋庸置疑。另外，特别可贵的是陈其田有非常开阔的研究视野，他著书的主旨是为振兴民族经济有所裨益，并且力图将此项研究与我国经济制度相结合，力求革除旧式经济制度对经济建设的弊端，陈其田将晋商研究推到了一个新的起点。论著“第七章 结语”中，陈其田对山西票号总结出了两点，其一是票号的人本主义色彩，其二是票号的因循守旧。

卫聚贤所著的《山西票号史》，是继陈其田之后的又一部专著，书名由孔祥熙题名。卫聚贤是山西万泉（今山西省万荣县）人，清华大学研究生院毕业，1930年任北京师范大学研究员，1932年任上海暨南大学教授，著名考古学家、历史学家，1936年奉孔祥熙之命，到平遥、祁县、太谷考察票号，搜集资料，走访票号遗老，查看墓志碑刻。1944年其所著《山西票号史》由说文出版社公开发行。《山西票号史》的内容主要包括历史、概况、组织、人事、业务五个方面。从其体例看，与陈其田的《山西票庄考略》大同小异，但在两方面比陈氏之作较为详细：一是组织，他分了10个部分，从志成信、天成亨记合约开始，到资本组成、人员待遇、分号的设立、账簿以及各路平码及会票折算、号规行令等，用了近100页的篇幅进行了分述。二是业务部分，将各票庄的营业报告，通过各个分庄的营业数额，表报清单一一列举，从中能够清楚地查阅各个票号的具体内容。更为珍贵的是作者将各总号与分号之间的信件往来，依各家年代先后，依次录之。这部分内容是陈其田作品中没有的，同时超过了出自李宏龄之手的《同舟忠告》中所收信件的数量，尤其对“蔚泰厚”“日昇昌”“协同庆”“元丰玖”的信件，分初期、中期和后期列举了几百封，这对于了解各号之间的业务往来和各个城市票号的“存、汇、贷”情况增加了第一手可信的资料。

民国时期，除以上两本最具影响力的晋商研究专著外，许多仁人志士也开始在公开场合与报刊媒体发表自己对晋商的看法与见解，大量文章见于报端。大体而言，主要包括以下三类：①对晋商兴衰的探讨。如严慎修的《晋商盛衰记（辑录)》[①]《近年茶市之衰落状况及其原因》[②]，方达观的《华茶衰落之原因及今后补救之方法》[③]，黄既明的《汉口茶商营业之鸟瞰》[④]；②对山西票号的专题调研与探讨。如韩业芳的《调查山西票庄记》[⑤]，冀全禄的《票庄概记》[⑥]，颉尊三的《山西票号之构造》[⑦]，任汝梅的《票庄记略》[⑧]，史梦麟的《票庄起源记》[⑨]，雷士炜的《票庄起业记》[⑩]，王钰的《票庄营业论》[⑪]，赵子香的《票庄遗事记略》[⑫]，王之淦的《票庄实事论》[⑬]，刘尚学的《山西平遥县票庄记》[⑭]，王守经的《略述宝丰隆票庄之梗概》[⑮]，侯豫生的《天成亨票庄始末记》[⑯]，崔珍的《天成亨票庄记》[⑰]，《票庄协同庆始末记》[⑱]，东海的《记山西票号》[⑲]，范椿年的《山西票号之组织及沿革》[⑳]，卫聚

---

① 严慎修：《晋商盛衰记（辑录）》，民国十二年（1923）铅印本。

②《近年茶市之衰落状况及其原因》（作者不详），载《银行周报》第二卷第三十三号，民国七年（1918）八月二十七日出版。

③ 方达观：《华茶衰落之原因及今后补救之方法》，载《银行杂志》第一卷第二十一号，民国十三年（1924）九月一日出版。

④ 黄既明：《汉口茶商营业之鸟瞰》，载《银行杂志》第一卷第十四号，民国十三年（1924）五月十六日出版。

⑤ 韩业芳：《调查山西票庄记》（该文原名《山西票庄皮行商务记》），民国十年（1921）油印本。

⑥ 冀全禄：《票庄概记》，民国二十五年（1936）成文，收录于卫聚贤之《山西票号史》。

⑦ 颉尊三：《山西票号之构造》，民国二十五年（1936）成文，收录于卫聚贤之《山西票号史》。

⑧ 任汝梅：《票庄记略》，民国二十五年（1936）成文，收录于卫聚贤之《山西票号史》。

⑨ 史梦麟：《票庄起源记》，民国二十五年（1936）成文，收录于卫聚贤之《山西票号史》。

⑩ 雷士炜：《票庄起业记》，民国二十五年（1936）成文，收录于卫聚贤之《山西票号史》。

⑪ 王钰：《票庄营业论》，民国二十五年（1936）成文，收录于卫聚贤之《山西票号史》。

⑫ 赵子香：《票庄遗事记略》，收录于卫聚贤之《山西票号史》。

⑬ 王之淦：《票庄实事论》，收录于卫聚贤之《山西票号史》。

⑭ 刘尚学：《山西平遥县票庄记》，收录于卫聚贤之《山西票号史》。

⑮ 王守经：《略述宝丰隆票庄之梗概》，收录于卫聚贤之《山西票号史》。

⑯ 侯豫生：《天成亨票庄始末记》，收录于卫聚贤之《山西票号史》。

⑰ 崔珍：《天成亨票庄记》，收录于卫聚贤之《山西票号史》。

⑱《票庄协同庆始末记》（作者不详），收录于卫聚贤之《山西票号史》。

⑲ 东海：《记山西票号》，载《银行周报》第一卷第七、八号（连载），民国六年（1917）七月十日、十七日出版。

⑳ 范椿年：《山西票号之组织及沿革》，载《中央银行月报》第四卷第一号，民国二十四年（1935）一月出版。

贤的《山西票号之起源》[①]和《山西票号之最近调查》[②]，秦省如的《山西票庄在今昔经济上之地位》[③]，陆国香的《山西票号之今昔》[④]，侯兆麟的《近代中国社会结构与山西票号——山西票号历史的正确认识》[⑤]《劝设山西银行说帖》[⑥]，丁宝铨的《山西冀宁道丁［宝铨］致刘小渠［笃敬］观察劝办银行函》[⑦]，梁启超的《梁任公莅山西票商欢迎会演说词》[⑧]，王乃成的《山西票帮开团体会组织银行演说》[⑨]；③对商业及金融客观形势与出路的分析与探讨。如蒋学楷的《山西省之金融业》[⑩]，陆国香的《山西之当质业》[⑪]，李渭清的《山西太谷银钱业之今昔》[⑫]，双一的《中国各省钱业调查录·山西省》[⑬]，马寅初的《吾国银行业历史上之色彩》[⑭]，马寅初、

① 卫聚贤:《山西票号之起源》，载《中央银行月报》第四卷第六号，民国二十四年（1935）六月出版。

② 卫聚贤:《山西票号之最近调查》，载《中央银行月报》第六卷第三至第七号、第十一号、第十二号，第七卷第一号、第二号，民国二十六年（1937）三月至七月、十一月、十二月，民国二十七年（1938）一月、二月分别出版。

③ 秦省如:《山西票庄在今昔经济上之地位》，载《钱业月报》第十五卷第七号，民国二十四年（1935）七月出版。

④ 陆国香:《山西票号之今昔》，载《民族》第四卷第三期，民国二十五年（1936）三月一日出版。

⑤ 侯兆麟:《近代中国社会结构与山西票号——山西票号历史的正确认识》，载《中山文化教育馆季刊》，民国二十五年（1936）冬季号。

⑥《劝设山西银行说帖》，载《南洋官报》第112期、第113期（连载），清光绪三十年（1904）八月十六日、十八日分别出版。

⑦ 丁宝铨:《山西冀宁道丁［宝铨］致刘小渠［笃敬］观察劝办银行函》，载《北京日报》清光绪三十二年（1906）五月九日。

⑧ 梁启超:《梁任公莅山西票商欢迎会演说词》，载《大公报》民国元年（1912）十一月六日。

⑨ 王乃成:《山西票帮开团体会组织银行演说》，民国元年（1912）油印稿。

⑩ 蒋学楷:《山西省之金融业》，载《银行周报》第二十卷第二十一期，民国二十五年（1936）六月二日出版。

⑪ 陆国香:《山西之当质业》，载《民族》第四卷第六期，民国二十五年（1936）六月一日出版。

⑫ 李渭清:《山西太谷银钱业之今昔》，载《中央银行月报》第六卷第二号，民国二十六年（1937）二月版。

⑬ 双一:《中国各省钱业调查录·山西省》，载《钱业月报》第二卷第十二号，民国十一年（1922）十二月版。

⑭ 马寅初:《吾国银行业历史上之色彩》，载《银行杂志》第一卷第一号，民国十二年（1923）十一月一日出版。

戴铭礼的《中国银行界前途之危机》[①]，李紫翔的《中国银行业之史的发展》[②]，崔毓珍的《近数年来中国之金融建设》[③]，李培恩的《近百年来中国之银行》[④]，梁启超的《五十年来中国进化概论》[⑤]《论今日之银行业》[⑥]《外国银币在华之流通概况》[⑦]，Poy C. Bennet、陈树屏的《外国银币在华消长史》[⑧]，沉刚的《币制革命》[⑨]，曲殿元的《九八规元历史的考证与推想》[⑩]，杨文澜的《我国钱业之学徒制度》[⑪]，陈建璋的《吾国内地急宜发展钱业以维持小民经济及其营业方针》[⑫]，魏承铨的《吾国钱庄于金融界之位置》[⑬]，光甫的《资本家与金融界之急宜觉悟》[⑭]，诸青来的《金融与财政》[⑮]，士浩的《银行公会效能之发挥》[⑯] 和《银行过剩问题》[⑰]，李炳堂的《创设平民银行

---

① 马寅初、戴铭礼:《中国银行界前途之危机》，载《银行杂志》第一卷第二十一号，民国十三年（1924）九月一日出版。

② 李紫翔:《中国银行业之史的发展》，载《中山文化教育馆季刊》，民国二十五年（1936）秋季号。

③ 崔毓珍:《近数年来中国之金融建设》，载《中央银行月报》第七卷第四号，民国二十七年（1938）四月出版。

④ 李培恩:《近百年来中国之银行》，载《学林》第9期，民国三十年（1941）七月出版。

⑤ 梁启超:《五十年来中国进化概论》，载《最近之五十年》（上），申报馆编，民国十二年（1923）出版。

⑥《论今日之银行业》（作者不详），载《银行周报》第一卷第十七、十九号（连载），民国六年（1917）九月十八日、十月二日出版。

⑦《外国银币在华之流通概况》（作者不详），载《银行周报》第二卷第十四号，民国六年（1917）八月二十八日出版。

⑧ PoyC.Bennet、陈树屏:《外国银币在华消长史》，载《银行杂志》第一卷第一号，民国十二年（1923）十一月一日出版。

⑨ 沉刚:《币制革命》，载《银行杂志》第一卷第八、九号合刊，民国十三年（1924）三月一日出版。

⑩ 曲殿元:《九八规元历史的考证与推想》，载《银行杂志》第一卷第十四号，民国十三年（1924）五月十六日出版。

⑪ 杨文澜:《我国钱业之学徒制度》，载《钱业月报》第一卷第三号，民国十年（1921）三月号。

⑫ 陈建璋:《吾国内地急宜发展钱业以维持小民经济及其营业方针》，载《钱业月报》第二卷第一号，民国十一年（1922）一月号。

⑬ 魏承铨:《吾国钱庄于金融界之位置》，载《钱业月报》第二卷第三号，民国十一年（1922）三月号。

⑭ 光甫:《资本家与金融界之急宜觉悟》，载《钱业月报》第二卷第六号，民国十一年（1922）三月号。

⑮ 诸青来:《金融与财政》，载《银行杂志》第一卷第一号，民国十二年（1923）十一月一日出版。

⑯ 士浩:《银行公会效能之发挥》，载《银行杂志》第一卷第二号，民国十二年（1923）十一月十六日出版。

⑰ 士浩:《银行过剩问题》，载《银行杂志》第一卷第六号，民国十三年（1924）一月十六日出版。

之必要》[①]《银行之钱庄化与钱庄之银行化》[②] 和《汉沪汇兑述要》[③]，铭礼的《战争与金融》[④]《库伦商业金融调查记》[⑤]，祚的《记杭绍甬之金融及商况》[⑥]，俞希稷的《营口商业金融调查记》[⑦] 史晋生的《汉口金融界之回顾》[⑧]，何雅忱的《汉口金融市场论》[⑨] 和《民国十四年汉口金融之回溯》[⑩]，黄既明的《汉口之平民金融》[⑪]。可见，民国时期广大学者已经开始关注晋商，并对其兴衰进行了一定程度的探讨，但绝大部分学者都将目光锁定在了票商的兴衰上，研究视角有待进一步拓展。

以上所有这些对晋商研究的专著和论文都表明了民国时期学者们对晋商及其票号的关注和重视，但这一时期的研究尚处于起步阶段，研究成果或过于简略，或局限于资料的罗列，并没有深入探究晋商及其票号所包含的丰富内涵。

3. 20 世纪 50 年代初至 70 年代末的晋商研究状况

中华人民共和国成立后，晋商研究进入了一个新时期。《山西文史资料》自 1959 年 10 月创刊至 1966 年“文化大革命”前，先后发表晋商史料多篇，如《祁县乔家在包头的复字号》《晋中第一家票号——平遥日昇昌》《介休侯家和蔚字号》

---

① 李炳堂：《创设平民银行之必要》，载《银行杂志》第一卷第七号，民国十三年（1924）二月一日出版。

② 李炳堂：《银行之钱庄化与钱庄之银行化》，载《银行杂志》第一卷第八、九号合刊，民国十三年（1924）三月一日出版。

③ 李炳堂：《汉沪汇兑述要》，载《银行杂志》第一卷第二号，民国十二年（1923）十一月十六日出版。

④ 铭礼：《战争与金融》，载《银行杂志》第一卷第二十四号，民国十三年（1924）十月十六日出版。

⑤《库伦商业金融调查记》（作者不详），载《银行周报》第二卷第二十二、二十三号（连载），民国七年（1918）六月十一日、十八日出版。

⑥ 祚：《记杭绍甬之金融及商况》，载《银行周报》第二卷第二十二号，民国七年（1918）六月十一日出版。

⑦ 俞希稷：《营口商业金融调查记》，载《银行周报》第二卷第二十七、二十八号（连载），民国七年（1918）七月十六日、二十三日出版。

⑧ 史晋生：《汉口金融界之回顾》，载《银行杂志》第一卷第三号，民国十二年（1923）十一月一日出版。

⑨ 何雅忱：《汉口金融市场论》，载《银行杂志》第三卷第二、三号（连载），民国十四年（1925）十一月十六日、十二月一日分别出版。

⑩ 何雅忱：《民国十四年汉口金融之回溯》，载《银行杂志》第三卷第八、九号合刊，民国十五年（1926）三月一日出版。

⑪ 黄既明：《汉口之平民金融》，载《银行杂志》第三卷第八、九号合刊，民国十五年（1926）三月一日出版。

《太谷曹家商业资本兴衰记》等。20世纪60年代，中国人民银行山西省分行和山西财经学院共同组织了《山西票号史料》编写组，在全国范围内搜集资料，以补山西票号史料之不足。经过四五年时间的努力，编写出六七十万字的书稿并交中华书局审阅付印。但随之而起的“文化大革命”风暴，使国内晋商研究销声匿迹，《山西票号史料》也未能如期面世。这一时期，由于受客观社会条件所限，晋商研究成果相对较少。

4. 20世纪80年代初至90年代末的晋商研究状况

“文化大革命”风暴平息后，中断多年的晋商研究又重新提上议事日程。1979年，山西财经学院和中国人民银行山西省分行联合，重新开始了《山西票号史料》的编纂工作，几经作者辛勤搜罗，细心审辨，《山西票号史料》终于在1990年由山西经济出版社出版，为晋商研究奠定了坚实的史料基础。同时，研究晋商的专著、资料和论文也交相问世，形成了一定的研究氛围。

20世纪80年代的代表性论著有田际康、刘存善将前期《山西文史资料》上所载有关晋商文论汇集成册的《山西商人的生财之道》[①]，张正明的《山西工商业史拾缀》[②]。论文主要有郝建贵的《山西票号在中国历史上兴盛之奥秘》[③]，孔祥毅的《山西票号与清政府的勾结》[④]，赵汝泳的《山西商人的独特经营艺术》[⑤]，秦佩珩的《清代晋商的发展、性质及其历史地位》[⑥]，刘民山的《鸦片战争前后天津票号的兴起与发展》[⑦]，张正明的《清代晋商的股俸制》[⑧]等。

20世纪最后10年中，晋商研究在国内持续升温，形成了新一轮的研究热潮，研究成果层出不穷。1992年2月，山西省文史研究馆华而实馆长组织召开了“晋商文化研究座谈会”。1993年，晋商文化研究会在太原成立，同年8月，晋商文化研究会、山西省文史研究馆和太原市工商银行共同筹备召开了“晋商国际学术讨论会”，来自日本、澳大利亚、瑞典等国的海外学者及北京、天津、南京、上海、四川、山西的专家学者共同与会，交流研讨。这期间，专门研究晋商

---

① 田际康、刘存善：《山西商人的生财之道》，中国文史出版社1986年版。
② 张正明：《山西工商业史拾缀》，山西人民出版社1987年版。
③ 郝建贵：《山西票号在中国历史上兴盛之奥秘》，载《财经贸易》1986年第11期。
④ 孔祥毅：《山西票号与清政府的勾结》，载《中国社会经济史研究》1984年第3期。
⑤ 赵汝泳：《山西商人的独特经营艺术》，载《经济问题》1987年第6期。
⑥ 秦佩珩：《清代晋商的发展、性质及其历史地位》，载《贵州财经学院学报》1988年第2期。
⑦ 刘民山：《鸦片战争前后天津票号的兴起与发展》，载《天津史志》1988年第3期。
⑧ 张正明：《清代晋商的股俸制》，载《中国社会经济史研究》1989年第1期。

的新作相继问世，主要有葛贤慧、张正明的《明清山西商人研究》[①]，黄鉴晖的《山西票号史》[②]，史若民的《票商兴衰史》[③]，张正明的《中国十大商帮·晋商》[④]《山西商帮》[⑤]《晋商兴衰史》[⑥]和《晋商与经营文化》[⑦]，刘建生、刘鹏生的《山西近代经济史》[⑧]，王尚义等的《明清晋商与货币金融史略》[⑨]，张巩德的《山西票号综览》[⑩]，葛贤慧的《商路漫漫五百年——晋商与传统文化》[⑪]，刘文峰的《山陕商人与梆子戏》[⑫]，张正明、邓泉的《平遥票号商》[⑬]，孔祥毅的《金融贸易史论》[⑭]。除此之外，大量的晋商研究史料如潮而涌，如由乔志强先生校注的刘大鹏撰著的约200万字的《退想斋日记》[⑮]，张正明、薛慧林主编的《明清晋商资料选编》[⑯]，李希曾主编的《晋商史料与研究》[⑰]，渠绍淼、庞义才编著的《山西外贸志》（未刊稿）等。此间，以晋商为主题的论文更如雨后春笋，在相关杂志上几乎随处可见，这里笔者不再举例赘述。

---

① 葛贤慧、张正明:《明清山西商人研究》，香港欧亚经济出版社1992年版。

② 黄鉴晖:《山西票号史》，山西经济出版社1992年版。

③ 史若民:《票商兴衰史》，中国经济出版社1992年版。

④ 张正明:《中国十大商帮·晋商》，黄山书社1993年版。

⑤ 张正明:《山西商帮》，台湾万象书局1995年版。

⑥ 张正明:《晋商兴衰史》，山西古籍出版社1995年版。

⑦ 张正明:《晋商与经营文化》，上海世界图书出版社公司1998年版。

⑧ 刘建生、刘鹏生:《山西近代经济史》，山西经济出版社1995年版。

⑨ 王尚义:《明清晋商与货币金融史略》，山西古籍出版社1995年版。

⑩ 张巩德:《山西票号综览》，新华出版社1996年版。

⑪ 葛贤慧:《商路漫漫五百年——晋商与传统文化》，华中理工大学出版社1996年版。

⑫ 刘文峰:《山陕商人与梆子戏》，文化艺术出版社1996年版。

⑬ 张正明、邓泉:《平遥票号商》，山西教育出版社1997年版。

⑭ 孔祥毅:《金融贸易史论》，中国金融出版社1998年版。

⑮ 刘大鹏（1857—1942），字友凤，号卧虎山人，又号梦醒子，山西省太原市赤桥村人，由于仕途受挫，一生潜心学术，著述尤丰，除《退想斋日记》外，还著有《晋祠志》《重修晋祠杂记》《改修孙家沟幻记》《柳子峪志》《明仙峪记》《太原现状一瞥》《倭夷猾夏纪略》《乙未公车日记》《梓桥公车日记》《游绵山记》十一部著作。刘大鹏生前有写日记的习惯，他于清光绪十七年（1891）开始写日记，直至民国三十一年（1942）临终，不间断地记了51年，写了约200万字的日记，名曰《退想斋日记》。此部巨型日记历时半个多世纪，为研究和了解这一时期中国的历史，特别是山西的政治、经济、民俗等提供了珍贵而丰富的资料，同时也为晋商研究提供了相对客观、丰富的社会背景资料。

⑯ 张正明、薛慧林:《明清晋商资料选编》，山西人民出版社1989年版。

⑰ 李希曾:《晋商史料与研究》，山西人民出版社1996年版。

5. 21 世纪以来的晋商研究状况

进入 21 世纪，晋商研究有了进一步的发展，特别是走出了过去单个学者分散研究、各自为政的局面，形成了山西财经大学晋商研究院、山西大学晋商学研究所、山西省社科院晋商文化研究中心等数个极富影响力的晋商研究学术阵地，研究成果也异彩纷呈、层出不穷。

①山西财经大学晋商研究院以孔祥毅先生与黄鉴晖先生领衔的晋商研究团队，主要运用金融学理论对晋商文化进行考究与挖掘。其理论成果主要有黄鉴晖的《晋商经营之道》[①]《山西票号史（修订本）》[②] 和《明清山西商人研究》[③]，孔祥毅的《金融票号史论》[④]《山西票号研究》[⑤] 和《晋商学》[⑥]。更令学人兴奋至极的是山西财经大学晋商研究院于 2008 年初推出了一套晋商研究系列丛书，共 19 本，其中晋商研究经典文库 5 本，其分别是卫聚贤的《山西票号史》[⑦]，陈其田的《山西票庄考略》[⑧]，《中国实业志·山西省·金融》[⑨]，《晋商研究早期论集（一）》[⑩] 与《晋商研究早期论集（二）》[⑪]；晋商研究当代文库 12 本，其分别是孔祥毅的《晋商与金融史论》[⑫]，崔满红等的《商业文明演进与晋商转型研究》[⑬]，张亚兰的《中国对外金融关系史》[⑭]，乔南的《清代山西经济集聚论——晋商研究的一个视角》[⑮]，王永亮的《票号仿生论》[⑯]，陶宏伟的《民国时期统制经济思想与实践（1927—

① 黄鉴晖：《晋商经营之道》，山西经济出版社 2001 年版。
② 中国人民银行山西省分行、山西财经学院、黄鉴晖：《山西票号史（增订本）》，山西经济出版社 2002 年版。
③ 黄鉴晖：《明清山西商人研究》，山西经济出版社 2002 年版。
④ 孔祥毅：《金融票号史论》，中国金融出版社 2003 年版。
⑤ 孔祥毅，王森：《山西票号研究》，中国财政经济出版社 2002 年版。
⑥ 孔祥毅：《晋商学》，经济科学出版社 2008 年版。
⑦ 卫聚贤：《山西票号史》，经济管理出版社 2008 年版。
⑧ 陈其田：《山西票庄考略》，经济管理出版社 2008 年版。
⑨《中国实业志·山西省·金融》，经济管理出版社 2008 年版。
⑩ 山西财经大学晋商研究院：《晋商研究早期论集（一）》，经济管理出版社 2008 年版。
⑪ 山西财经大学晋商研究院：《晋商研究早期论集（二）》，经济管理出版社 2008 年版。
⑫ 孔祥毅：《晋商与金融史论》，经济管理出版社 2008 年版。
⑬ 崔满红等：《商业文明演进与晋商转型研究》，经济管理出版社 2008 年版。
⑭ 张亚兰：《中国对外金融关系史》，经济管理出版社 2008 年版。
⑮ 乔南：《清代山西经济集聚论——晋商研究的一个视角》，经济管理出版社 2008 年版。
⑯ 王永亮：《票号仿生论》，经济管理出版社 2008 年版。

1945)》[①]，孙长青的《晋商学说史概论》[②]，毛成刚、乔南的《晋商文化与家族商业研究》[③]，陈啸等的《晋商企业制度与经营管理》[④]《晋商与中国商业文明》[⑤]《晋商与经济史研究》[⑥]《山西票号研究集》[⑦]；另外还编辑发行了《晋商研究（第1辑）》[⑧]与《晋商研究（第2辑）》[⑨]论文集两部；葛贤慧的《商路漫漫五百年　晋商与传统文化》[⑩]，吴秋生的《晋商文化教育读本》[⑪]，等。

②山西大学晋商学研究所以刘建生教授领衔的晋商研究团队，主要运用经济学特别是新制度经济学的相关理论对“明清晋商”这个独具影响力的地方性商人集团进行分析与探讨。其学术研究成果主要有刘建生、刘鹏生等的《晋商研究》[⑫]、《明清晋商制度变迁研究》[⑬]《回望晋商》[⑭]，刘建生、燕红忠等的《山西典商研究》[⑮]和《晋商信用制度及其变迁研究》[⑯]，刘建生、李东的《问道晋商》[⑰]，刘建生的《晋商五百年·商贾望族》[⑱]《晋商五百年·经营谋略》[⑲]《晋商五百年·典商春秋》[⑳]，刘建生、燕红忠、张喜琴的《明清晋商与徽商之比较研究》[㉑]，等。

③山西省社科院以张正明、高春平先生领衔的晋商研究团队，主要以历史研究方法为主兼用经济学特别是金融学的相关理论对明清晋商进行研究。其主要的

① 陶宏伟：《民国时期统制经济思想与实践（1927—1945）》，经济管理出版社2008年版。
② 孙长青：《晋商学说史概论》，经济管理出版社2008年版。
③ 毛成刚、乔南：《晋商文化与家族商业研究》，经济管理出版社2008年版。
④ 陈啸等：《晋商企业制度与经营管理》，经济管理出版社2008年版。
⑤ 山西财经大学晋商研究院：《晋商与中国商业文明》（论文集），经济管理出版社2008年版。
⑥ 山西财经大学晋商研究院：《晋商与经济史研究》（论文集），经济管理出版社2008年版。
⑦ 山西财经大学晋商研究院：《山西票号研究集》（论文集），经济管理出版社2008年版。
⑧ 山西财经大学晋商研究院：《晋商研究》（第1辑），经济管理出版社2008年版。
⑨ 樊云慧：《晋商研究》（第2辑），经济管理出版社2015年版。
⑩ 葛贤慧：《商路漫漫五百年　晋商与传统文化》，山西经济出版社2009年版。
⑪ 吴秋生：《晋商文化教育读本》，山西经济出版社2009年版。
⑫ 刘建生、刘鹏生等：《晋商研究》，山西人民出版社2002年版。
⑬ 刘建生、刘鹏生等：《明清晋商制度变迁研究》，山西人民出版社2005年版。
⑭ 刘建生、刘鹏生：《回望晋商》，山西经济出版社2007年版。
⑮ 刘建生、燕红忠等：《山西典商研究》，山西经济出版社2007年版。
⑯ 刘建生、燕红忠等：《晋商信用制度及其变迁研究》，山西经济出版社2008年版。
⑰ 刘建生、李东：《问道晋商》，山西经济出版社2016年版。
⑱ 刘建生：《晋商五百年·商贾望族》，山西教育出版社2014年版。
⑲ 刘建生：《晋商五百年·经营谋略》，山西教育出版社2014年版。
⑳ 刘建生：《晋商五百年·典商春秋》，山西教育出版社2014年版。
㉑ 刘建生、燕红忠、张喜琴：《明清晋商与徽商之比较研究》，山西经济出版社2012年版。

理论研究成果有张正明的《晋商兴衰史》[①] 和《明清晋商及民风》[②]，张正明、科大卫的《明清山西碑刻资料选》[③]，张正明、孙丽萍、白雷主编的《中国晋商研究》[④]，董继武、景占魁主编的《晋商与中国近代金融》[⑤]，孙丽萍的《晋商研究新论》[⑥]，李留澜、高春平主编的《晋商案例研究》[⑦]，宋丽莉的《(山西八大文化品牌丛书)晋商家园》[⑧]，张正明、张舒的《晋商经营智慧》[⑨]，高春平的《晋商与明清山西城镇化研究》[⑩]、《国外珍藏晋商资料汇编（第1辑）》[⑪] 与《晋商学》[⑫]，李留澜的《新晋商案例研究（第一辑）》[⑬]。

21世纪以来，除上述三大晋商研究学术阵地推出的大量富有价值的晋商研究成果外，各地学者的研究成果也相继亮相，主要有张桂萍的《山西票号经营管理体制研究》[⑭]，梁小民的《小民话晋商》[⑮]，王尚义的《晋商商贸活动的历史地理研究》[⑯]，麦迪的《晋商经营天下的64个方略》[⑰]，殷俊玲的《晋商与晋中社会》[⑱]，李永福的《山西票号研究》[⑲] 与《中国晋商成功之道》[⑳]，颜军、周国宝的《山西 晋商大院 晋商五百年兴衰史的见证者》[㉑]，薛勇民的《走向晋商文化的深处 晋商伦

---

① 张正明：《晋商兴衰史》，山西古籍出版社2001年版。
② 张正明：《明清晋商及民风》，人民出版社2003年版。
③ 张正明、科大卫：《明清山西碑刻资料选》，山西人民出版社2005年版。
④ 张正明、孙丽萍、白雷：《中国晋商研究》，人民出版社2006年版。
⑤ 董继武、景占魁：《晋商与中国近代金融》，山西经济出版社2002年版。
⑥ 孙丽萍：《晋商研究新论》，山西人民出版社2005年版。
⑦ 李留澜、高春平：《晋商案例研究》，中华书局2007年版。
⑧ 宋丽莉：《(山西八大文化品牌丛书)晋商家园》，山西人民出版社2016年版。
⑨ 张正明、张舒：《晋商经营智慧》，山西经济出版社2015年版。
⑩ 高春平：《晋商与明清山西城镇化研究》，三晋出版社2013年版。
⑪ 高春平：《国外珍藏晋商资料汇编（第1辑）》，商务印书馆出版社2013年版。
⑫ 高春平：《晋商学》，山西经济出版社2009年版。
⑬ 李留澜：《新晋商案例研究（第一辑）》，中国经济出版社2008年版。
⑭ 张桂萍：《山西票号经营管理体制研究》，中国经济出版社2005年版。
⑮ 梁小民：《小民话晋商》，北京大学出版社2007年版。
⑯ 王尚义：《晋商商贸活动的历史地理研究》，科学出版社2004年版。
⑰ 麦迪：《晋商经营天下的64个方略》，企业管理出版社2001年版。
⑱ 殷俊玲：《晋商与晋中社会》，人民出版社2006年版。
⑲ 李永福：《山西票号研究》，中华工商联合出版社2007年版。
⑳ 李永福：《中国晋商成功之道》，内蒙古人民出版社2009年版。
㉑ 颜军、周国宝：《山西 晋商大院 晋商五百年兴衰史的见证者》，江苏科学技术出版社2013年版。

理的当代阐释》[①]，山西省晋商文化交流协会组编的《新晋商 新天下》[②]，朱彤的《细说晋商文化（上）》[③]，王锦萍的《走近晋商》[④]，郑文全、卢昌崇的《晋商的制度逻辑》[⑤]，张明亮的《晋商会馆》[⑥]，信德检的《明清晋商管理思想》[⑦]，等等。

除此之外，大量的晋商研究史料也如潮而涌，如穆雯瑛主编的《晋商史料研究》[⑧]，史若民、牛白琳编著的《平、祁、太经济社会史料与研究》[⑨]，黄鉴晖校注的《晋游日记·同舟忠告·山西票商成败记》[⑩]，特别是黄鉴晖老先生对1990年版的《山西票号史料》进行了增补，形成了更为充实与完善共计190万字的大型史料巨著《山西票号史料（增订本）》[⑪]。此外，山西省各级政府部门也开始着手晋商史料的挖掘与整理，特别是由山西省政协牵头于2006年7月份地市出版了累计约1 000万字的特大型史料巨著《晋商史料全览》、2007年12月出版了《晋商史料全览·商镇卷》[⑫]《晋商史料全览·金融卷》[⑬]《晋商史料全览·字号卷》[⑭]《晋商史料全览·会馆卷》[⑮]，在一定程度上为在全省推广晋商研究，抢救晋商文化遗产奠定了一定的基础。

对于近年来关注晋商的学术论文，仁者见仁、智者见智，不能一概而论，研究视角也有了很大拓宽，因其量大而繁杂，恕著者难以一一加以归结梳理。

---

① 薛勇民：《走向晋商文化的深处 晋商伦理的当代阐释》，人民出版社2013年版。

② 山西省晋商文化交流协会：《新晋商 新天下》，山西人民出版社2012年版。

③ 朱彤：《细说晋商文化（上）》，北京联合出版公司2011年版。

④ 王锦萍：《走近晋商》，中国农业出版社2011年版。

⑤ 郑文全、卢昌崇：《晋商的制度逻辑》，东北财经大学出版社2009年版。

⑥ 张明亮：《晋商会馆》，山西教育出版社2009年版。

⑦ 信德检：《明清晋商管理思想》，中国社会出版社2008年版。

⑧ 穆雯瑛：《晋商史料研究》，山西人民出版社2001年版。

⑨ 史若民、牛白琳：《平、祁、太经济社会史料与研究》，山西古籍出版社2002年版。

⑩ 黄鉴晖（校注）：《晋游日记·同舟忠告·山西票商成败记》，山西经济出版社2003年版。

⑪ 中国人民银行山西省分行、山西财经学院、黄鉴晖：《山西票号史料（增订本）》，山西经济出版社2002版。

⑫ 山西省政协《晋商史料全览》编辑委员会：《晋商史料全览·商镇卷》，山西出版集团·山西人民出版社2007年版。

⑬ 山西省政协《晋商史料全览》编辑委员会：《晋商史料全览·金融卷》，山西出版集团·山西人民出版社2007年版。

⑭ 山西省政协《晋商史料全览》编辑委员会：《晋商史料全览·字号卷》，山西出版集团·山西人民出版社2007年版。

⑮ 山西省政协《晋商史料全览》编辑委员会：《晋商史料全览·会馆卷》，山西出版集团·山西人民出版社2007年版。

（二）国外研究状况

晋商以其勤劳、智慧传承富裕、文明，足迹遍华夏、业务通欧亚，影响之大，在中国、亚洲甚至于在整个世界商业史上都占有举足轻重的地位，因此有关明清晋商的研究已经日益引起国际学术界的关注，尤以日本为最。

清光绪三十三年（1907）日本出版的《中国经济全书》就对山西票号进行了重点阐释与剖析。日本的大学、研究机构的“东洋史学”中，中国史研究的内容占有相当比重。他们把“明清晋商研究”纳入了中国明清史的研究范畴。20世纪40—50年代，日本学者内日直作、里井彦七郎、山脉悌二郎等人在关于日本华侨社会、清代矿业资本以及清代盐商和长崎贸易等的论文中，多次引用了山西商人的例证。进入20世纪60年代，佐伯富对山西商人进行了系列研究，他从1966年起先后撰写了《清朝的兴起与山西商人》[①]《清代塞外的山西商人》[②]《清代商人与内蒙古》[③]《清代山西商人》[④]《山西商人起源与沿革》[⑤]《山西商人发展的原因》[⑥]《明清的山西商人》[⑦] 等文章。同时，.日本学者寺田隆信的代表作《山西商人研究——明代的商人和商业资本》，于1972年11月由东洋史研究会刊行，接着他又写了《山西票号札记》《山西商人的历史性质》[⑧] 等论文。20世纪70年代以来研究晋商的文论还有松浦章的《山西商人范毓馪一族的系谱和事迹》[⑨]《苏州的全晋会馆》[⑩]《山西票号资料集·书简》[⑪]《山西商人张居正》[⑫]《山西商人范清济的资产情况》[⑬] 等。1986年，寺田隆信所著的《山西商人研究》[⑭] 由张正明等译成中文，该书的研究重点是山西商人兴起的原因以及明清两代的社会政治背景和经

① 佐伯富：《清朝的兴起与山西商人》，载（日）《社会文化史学》，1966年第1期。
② 佐伯富：《清代塞外的山西商人》，载（日）东方学会创立25周年《纪念东方学论集》，1973年。
③ 佐伯富：《清代商人与内蒙古》，载（日）纪念藤原弘道先生《史学佛学论集》，1973年。
④ 佐伯富：《清代山西商人》，载（日）《史林》卷六十，1977年第1期。
⑤ 佐伯富：《山西商人起源与沿革》，载（日）《东方学》第58期，1979年。
⑥ 佐伯富：《山西商人发展的原因》，张正明、孙耀译，载《晋阳学刊》，1983年第2期。
⑦ 佐伯富：《明清的山西商人》，邵继勇译，载《山西经济管理学院学报》，1992年第2期。
⑧ 寺田隆信：《山西商人的历史性质》，李凭译，载《山西地方志通讯》，1985年第4期。
⑨ 松浦章：《山西商人范毓馪一族的系谱和事迹》，载（日）《史泉》第52期。
⑩ 松浦章：《苏州的全晋会馆》，载（日）《史泉》第二十四期，1991年。
⑪ 松浦章：《山西票号资料集 · 书简》，载（日）《东洋学文献丛库》第60辑。
⑫ 松浦章：《山西商人张居正》，载（日）《东洋学报》第58册。
⑬ 松浦章：《山西商人范清济的资产情况》，孙凤翔译，山西人民出版社1996年版。
⑭（日）寺田隆信：《山西商人研究》，张正明等译，山西人民出版社1986年版。

济环境，同时对明代北部边塞军事地区资料的检索非常深入。另外，日本学者很注意家系谱牒的整理与研究，由此来探寻晋商家族经营的特点。

西方国家的学者对于晋商的研究规模与力度虽不及日本，但也不乏其人其文，如（英）科大卫的《山西票商在中国银行史的作用》[①]、（美）陈锦江的《清末现代企业与官商关系》[②]、（美）郝延平的《十九世纪的中国买办：东西间桥梁》[③]等，说明在西方学术界也开始关注“明清晋商”这个颇具影响力的地方性商人集团。

（三）晋商研究有待突破的三大关键——视角、史料与方法[④]

著者认为，目前影响晋商研究成果推陈出新的关键在于研究视角的狭窄性、晋商史料的局限性及研究方法的滞后性，为此我们必须力求在这三方面有所突破。

1. 晋商研究视角的突破

目前，晋商研究成果层出不穷，但是细心考究起来，却不难发现大量的晋商研究成果存在许多重复乃至雷同现象，究其原因在于研究视角的局限性，著者认为，为了使晋商研究成果能够推陈出新，我们有必要谋求晋商研究视角的新突破。

第一，拓展明清晋商营业范围的研究视角。过去，我们对于明清晋商的研究，往往着眼于一些具有垄断性且影响力极强的行业，如盐业、茶业、金融业、运输业等，其实明清之际山西商人还有许多营业内容同样值得研究，如平定商人的印染业，盂县商人的氆氇业，晋东商人的矿产业等，都有深入研究的价值。

第二，拓展明清晋商在省内分布区域的研究视角。目前，我们对于明清晋商的研究，主要集中于对晋南商人与晋中商人的研究，事实上，晋东商人与晋北商人也实有深入探究的学术价值。

第三，拓展单个山西商人及其商人家族的个案研究视角。现在众多学者在对明清晋商进行探究时，目光主要集中在一些豪商巨贾与豪门望族上，而忽视了许多中小商人及其家族，这本身就是一大疏漏，我们应加大对明清时期山西中小商人及其家族的研究力度，“这种由微观入手、采取另种视角的考察，对在宏观分析中可能被忽视的某些细节，应该会有所补充……这为我们加深对晋商发展历史的了解，也许不无裨益。”[⑤]

① （英）科大卫：《山西票商在中国银行史的作用》，晋商国际学术研讨会 2005 年 8 月版。

② （美）陈锦江：《清末现代企业与官商关系》，中国社会科学院出版社 1997 年版。

③ （美）郝延平：《十九世纪的中国买办：东西间桥梁》，上海社会科学院出版社 1988 年版。

④ 参见王智庆：《谈晋商研究的学术定位与方法改进》，载《山西高等学校社会科学学报》2006 年第 11 期。

⑤ 郭松义：《清代北京的山西商人》，载《中国经济史研究》2008 年第 1 期。

第四，拓展明清晋商商业运营线路的研究视角。目前，对明清晋商商路的研究虽有少量文章述及，但是缺乏系统完善的研究，特别是对于山西省境内的商路及通道研究有待加强。

第五，拓展对商贸重镇商品贸易状况的研究视角。目前，对于明清晋商的研究，许多学者不乏从晋商与各商贸重镇商品贸易状况的内在联系角度加以归纳与梳理，但是对于商贸重镇的选择都无一例外地选择了北京、汉口、上海、包头等大城镇、大商埠，而对散布在全国各地的中小商贸集镇则少有述及，是为一大缺漏，这一方面我们应力求突破。

2. 晋商研究史料的突破

广大学者、同仁之所以存在前述五方面研究视角的局限性，一个很主要的原因在于明清晋商史料的匮乏，因此，绝大多数的晋商研究者只能在仅有的史料上做文章，而要在上述诸方面谋求新的突破，史料的增补是必不可少的，同时笔者认为，随着新的客观史料的不断涌现与有效利用，原有的学术观点可能会与客观事实大相径庭，故而无论是谋求研究视角的拓展，还是研究方法的突破，都必须在掌握与利用既定史料的基础上谋求更多的史料突破，这应当是一项长久的永不停滞的基础性工作。

3. 晋商研究方法的突破

晋商学作为一门新兴学科方兴未艾，前景无量，但是要想把这项研究进一步引向纵深，那么最终必须实现理论研究与现实经济的双重互动，如其不然，就史论史，只是发思古之幽情，这样的研究必然做起来枯燥无味，出来的成果如“海市蜃楼”，可望而不可即，其社会认可度与发展前景可想而知。鉴于此，我们必须在研究方法上力求有所突破，以便使此项社会科学研究能够带来尽可能大的社会效益。就晋商学的研究方法而言，我们可以从以下几方面着手改观：

首先，打破“明清晋商论”，突破时间界限，研究山西商业通史。明初，由于“开中制”的实施，晋商已经开始崭露头角，通过逾百年的资本积累与业务拓展，在明中叶已经正式形成了一个强大的地方性商人集团，即我们通常而言的“晋商”。清代初期其货币经营资本已逐步形成，不仅垄断了中国的北方贸易和资金调度，而且插足于整个亚洲地区，甚至把触角伸向欧洲市场。特别是清道光三年（1823），山西平遥商人雷履泰首创中国第一家票号“日昇昌”，开创了中国近代金融业的先河，同时也将晋商的发展推向了顶峰，使其执中国金融业之牛耳近百年，创造了中外商业史上的奇迹。有鉴于此，多数人提及晋商，直观的感觉认为都是讲明清时期的山西商人，其实不然。笔者认为，要说“商帮”，一般而言晋商可能是特指“明清晋商”，但是我们研究一种客观的社会经济现象，势必应当对它的过去、现在与未来进行通盘考虑。山西的商业活动最早可能应追溯到原始社会末期。传说原始社会末期，以物品交换著称的舜，就是以河东的食盐为主要商品，频繁活动在山西的南部。早在春秋时期，随着山西省境内大量城市的涌现，致使山西已经成为中国北方的一个中心商业区。先秦时代，山西南部就已经出现了“日中为市，致天下之民，赞天下之货，交易而退，各得其所”的商业交易活动，同时也涌现出了不少豪商大贾，如计然和猗顿，他们成功的经商理财策略与商业贸易战术均给后来的山西人经商以无限的启迪。随后的历朝历代，尽管长期受到封建社会“士、农、工、商”传统等级思想的严重束缚，但是山西的商业活动始终没有中断过,《史记》有言“汉使马邑下人聂翁台歼出物与匈奴交”，隋唐时期出现了“朗朗闻街鼓，晨起似朝时”的景象，宋元时期都市繁荣，“行”大量增加，其时“边州置榷场，与藩人互市”。可见，山西的商业活动并非明清时期才开始，只是其前没有形成一个地方性商人集团而已。再者，虽然清末民初，晋商作为一个地方性商帮出于内忧外患悄然退出了历史舞台，但并不意味着山西的商业中断了，山西没有人从事商业活动了，李彦宏、郭台铭、孙宏斌、阎吉英等山西巨商以惊人的业绩和特有的社会轰动效应证实了笔者的这一观点。故而，我们研究晋商决不能停留在“明清”时期，要从其历史渊源与后续发展进行纵向研究，防止研究中出现“只见树木，不见森林”的贫视症。

其次，开展晋商研究不能就史论史，要展开多学科的综合、交叉研究，其研究成果应当能为当前山西乃至全国的经济发展和企业管理提供强有力的理论借鉴作用。晋商作为一个称雄数百年的商帮，必然与当时山西乃至全国的政治、经济、文化、民风民俗等社会生活的各个方面发生着千丝万缕的联系，其并非单纯的经济学或历史学的研究范畴，还要涉及社会变迁、宗教、文化、建筑、思想、伦理、妇女、人口、家庭、婚姻、家谱、地域、民间信仰、民俗活动、矿产资源等诸多领域。因此，我们决不能仅仅站在历史学或者经济学的角度来探讨与研究晋商，而应当对这门博大精深的新兴学科开展多学科的综合、交叉研究。我们可以运用一些现代研究方法与理论，如可以在研究中引入发展经济学、制度经济学、计量经济学、现代市场营销学、国际经济学及博弈论的观点与方法。当然，我们对晋商进行研究，必须考虑其所处的特定时代背景与客观社会经济条件，必须运用历史唯物主义与辩证唯物主义的观点进行实事求是的分析，以求得出客观公正的结论。开展晋商研究既可以站在宏观角度进行研究，也可以从微观角度入手攻关，因此其理论成果既可以对宏观经济运行进行理论指导，也可以为企业进行内部管理提供决策借鉴。值得一提的是，在对晋商研究理论成果进行借鉴时，必须考虑当时其所处的客观社会经济条件与目前的区别，我们要有辨别性地进行借鉴引用。作为晋商研究学者，我们应始终站在发展的高度对祖辈给我们留下的这笔宝贵文化遗产进行挖掘，一定要考虑其所处的特殊社会经济环境及客观自然环境，只有这样才能去伪存真，使晋商学保持长久的生命力。

最后，打破“就晋商论晋商”的思维屏障，通过国内甚至国际间不同商帮的横向比较来探讨并深入挖掘晋商文化的精髓所在，以引申一套较新的商帮研究思路与方法。明清时期，有所谓的十大商帮在中国大地上纵横驰骋，我们在对各个地方性商人集团进行研究时，不仅应当看到每个商人集团所处的独特的客观自然环境、经济特点、人口分布、社会风俗等，而且更应当注意到各商帮之间既有共性，又有个性，它们之间相互制约、相互竞争、相互补充。我们以各个商帮为载体对明清时期的社会经济状况特别是明清商业史进行研究，如果不进行商帮之间的横向比较，便难以把握经济发展的全貌。因此，进行国内商帮的比较甚至国际间商人集团的横向比较就显得尤为必要。

纵观已有的地方性商帮的理论研究成果，绝大部分都是就某一商帮而论某一商帮，缺乏通盘考虑，横向比较，除刘建生先生等的《明清晋商与徽商之比较研究》与《晋商研究》、张海鹏先生的《中国十大商帮》、张正明先生的《晋商兴衰史》和为数不多的少量几篇论文有所述及外，很少有学者同仁专门从事这方面的研究。在对各大地方性商帮进行横向比较时，可以从其产生的社会经济背景、从商人数与规模、经商资本、活动范围与区域、经营项目、活跃时间、商帮文化特性等多方位进行审视与比较。在比较与研究的过程中，既要注意到共性寓于个性之中，又要注意到不同的商帮由于受客观社会经济条件、自然环境、文化差异、社会风俗的影响而形成的独特的商帮文化。相信通过对商帮文化的横向比较特别是将“博弈论”引入到晋商学的研究之中，一定可以在较大程度上引申与升华晋商学的研究工作。

通常情况下，物质资源是有限的，并非取之不尽、用之不竭的，故而我们从经济学角度充分提倡实施可持续发展战略，发展循环经济。但是，作为文化资源的晋商文化却截然不同，真可谓韵味无穷，不仅可以给当代山西人乃至全体国民以精神的洗礼，更重要的在于其理论研究成果可以在很大程度上指导当前乃至以后的经济运作并为各类企业的内部经营管理提供决策参考。著者相信，如果我们能够在晋商研究的视角、史料及方法上有所突破的话，那么一定可以起到事半功倍的效果，推出大量具有较高学术价值与理论参考意义的可行性研究成果，实现理论研究与现实经济的双重互动，将晋商学的研究推到一个更深、更广的层面。

二、晋商文化自信及其现实应用

明清晋商纵横驰骋商界五百余年，创造了中外商业史上的奇迹，可与世界著名的威尼斯商人与犹太商人相媲美，给我们留下了一笔泽被后世、恩泽万代的宝贵文化遗产。坚定晋商文化自信，以古鉴今、内外联动，有利于激发广大山西民众创业创新精神原动力，统筹利用各种资源，切实推进山西经济的现实转型与可持续发展。

（一）中央及国家领导人高度赞誉并倡导大力挖掘与宣扬晋商文化，服务现实经济转型与发展

2013 年 3 月 23 日，习近平总书记在莫斯科国际关系学院发表题为《顺应时代前进潮流 促进世界和平发展》的演讲时，指出："中俄两国的能源合作不断深化，继 17 世纪的'万里茶道'之后，中俄油气管道成为联通两国新的'世纪动脉'。"习近平总书记提到的这条"万里茶道"，就是 17 世纪至 20 世纪初由晋商开拓并主导、沿线商民共同参与运转的一条从福建武夷山到俄罗斯恰克图、跨越亚欧大陆的万里茶路和商贸大道。2017 年 6 月 21—23 日，习近平总书记视察山西时讲道："山西自古就有重商文化传统，形成了诚实守信、开拓进取、和衷共济、务实经营、经世济民的晋商精神"，并强调"历史上山西是'一带一路'大商圈的重要组成部分，晋商纵横欧亚九千里，称雄商界五百年，彰显的是开放精神"，指出：山西要积极营造公平竞争、诚信经营的市场环境，营造依法保护企业家合法权益的法治环境，营造尊重和激励企业家干事创业的社会环境，打造新型政商关系，真正把山西发展的软环境建设好，让人们愿意到山西投资，放心在山西发展。2016 年 1 月 4 日李克强总理在太原考察晋商博物馆时指出："晋商精神讲究行大道、重仁义，这样才能有更多朋友、顾客，生意才能越做越大。晋商不仅讲'钱'，更重'义'，不仅创造物质财富，更有精神财富作为支撑。诚信进取的晋商精神是山西人的品德，也是华商精神的精髓……山西有两座富'矿'：有形的是得天独厚的地下煤层，无形的是行走天下的晋商精神。山西当前尤其要从过度依赖自然资源，转向更多依赖人力资源，既要开掘煤炭资源，又要挖掘好晋商精神这座取之不竭、用之不尽的富矿。"中央及国家领导人关于晋商的重要讲话，不仅是对晋商精神作为山西省宝贵文化资源和精神财富在经济与文化建设中发挥重要作用的肯定，而且也为山西省进一步扩大改革开放、加快产业转型升级和促进经济持续、健康、快速发展指明了方向。

（二）《山西省第十一次党代会工作报告》对于坚定文化自信，特别是晋商文化自信提出了明确要求

《山西省第十一次党代会工作报告》（简称《报告》）指出："山西五千年文明发展所孕育的优秀传统文化、在党和人民伟大斗争中孕育的革命文化和社会主义先进文化，是我省得天独厚的文化资源和精神标识。要坚持中国特色社会主义文化发展道路，下大气力把文化资源优势转化为发展优势和竞争优势，为经济社会进步提供丰润文化滋养，加快文化强省建设步伐。"

同时，《报告》明确强调："历史上晋商曾开辟万里茶路，纵横欧亚九千里、称雄明清五百年，当代也一定会涌现更多诚实守信、开拓进取的新晋商，在对外开放、振兴崛起中再创辉煌！"《报告》要求："积极培育和践行社会主义核心价值观……挖掘炎帝农耕文化、尧舜德孝文化、关公忠义文化、能吏廉政文化、晋商诚信文化等传统文化的时代价值。"可见，《报告》既高度评价了历史上晋商所创造的辉煌业绩及其所孕育的独特文化，又强调必须将文化资源优势转化为发展优势和竞争优势，实现文化与经济的双重互动，最终服务于山西当前的经济转型，建设与打造文化强省。

（三）目前实践进程及基本情况

目前，政界、学界、经济界、文旅界等对于"坚定晋商文化自信、助推山西转型发展"在思想上已经达成了高度共识，在实践中积极推进，基本情况如下：

1. 山西省委、省政府高度重视、多措并举、积极推进

历届山西省委、省政府均深层次认识到了晋商文化之精髓与价值所在。1991年，孔祥毅与张正明合撰的《山西商人及其历史启示》一文，时任山西省委书记王茂林批示要求全省县处级以上干部认真学习，1991年11月18—19日《山西日报》用两个专版公开发表此文，在全省引起强烈反响。为了真正起到"古为今用、内外联动"之客观功效，切实服务于山西当前的经济转型与可持续发展，近五年来，山西省委、省政府牵头，主办了三次大规模的晋商主题会议：①2012年8月20日，首届世界晋商大会在太原召开；②2014年9月2—4日，第二届世界晋商大会在太原召开；③2017年3月16日，以"新晋商、新发展、新机遇"为主题的"晋商晋才回乡创业创新"工程启动大会在北京召开。

《2017年山西省政府工作报告》中，多项重点工作富涵晋商精神及其人文元素，具体有："推动晋商银行启动上市""组建晋商人寿保险公司""做强晋商民俗旅游品牌""启动实施'晋商晋才回乡创业创新'工程""筹备建设晋商博物馆"。

2017年4月21日，山西省委办公厅、省政府办公厅联合印发了《关于实施晋商晋才回乡创业创新工程的意见》，旨在进一步推动和引导晋商晋才回乡创业创新，促进山西创新驱动、转型升级。

2. 在学术界，数个晋商研究专门学术机构先后组建，研究团队初步形成，理论成果层出不穷，社会反响强烈

为了真正促进晋商文化的挖掘、传承、应用与推广，山西财经大学组建了“晋商研究院”、山西大学组建了“晋商学研究所”、山西省社科院组建了“晋商文化研究中心”，均独立建制、配备专职研究人员开展晋商文化主题研究；2016年12月24日，依托山西大学牵头组建的“山西省晋商学与区域经济发展协同创新中心”正式挂牌成立。伴随上述晋商学专门研究机构的创设、各种资源的整合、研究团队的形成，理论研究成果大量呈现、层出不穷，社会反响强烈，囿于篇幅，不再赘述。

3. 在经济界，长期推进并践行着晋商文化自信

2016年12月8日，由山西晋商行文化传媒有限公司主办的《晋商的文化自信》主题研讨会在太原举行，众多晋商研究专家及企业家代表积极参与，围绕“熔炼晋商的文化力、探寻晋商的复兴路”进行了主旨讨论，成效明显。2017年3月25日，三晋文化研究会晋商文化交流促进会在太原举行了挂牌仪式，积极响应山西省委、省政府提出的“晋商晋才回乡创业创新工程”号召，旨在“立足晋商故里、凝聚晋商晋才、面向全球海外、传播晋商文化。”另外，范浩里先生领衔的晋商文化应用研究团队，历时20多年，在深入剖析并汲取晋商文化之精髓的基础上，研发出了一套《三维（PEC）战略管理模型》。它倡导三本（资本、成本、人本）融合、循环贯通，作用于制度安排、能力修炼、流程再造、绩效调控、文化整合和激励兼容六步流程，在激活运行机制中实现了思维引领变革、责任引领资本、文化引领管理、道德引领规则、战略引领未来，大量企业实践应用效果颇佳。全国各地及海外业已建立了众多民间晋商商会组织，在实践中传承、应用并推广着晋商文化。

4. 在文化旅游界，始终不失时机地宣传与推广晋商文化

近年来，伴随众多以晋商文化为主题素材的影视剧目（《晋商》《龙票》《白银谷》《乔家大院》《白银帝国》《走西口》《立秋》等）热播，晋商故里旅游景点（平遥古城、乔家大院、王家大院、常家庄园、渠家大院、曹家大院等）及晋商展馆（北京晋商博物馆、太原晋商博物馆、山西博物院·明清晋商场馆等）对外开放、广纳客源，晋商文化逐渐被国内外大众所认知，历史记忆与人文意识在日渐复苏与传播。

（四）当前存在的主要问题及其原因分析

坚定晋商文化自信，在具体的现实应用与社会推广中，仍然存在着一些不容忽视的问题，具体体现为以下几点。

1. 晋商文化的内涵理解与诠释存在一定程度的偏颇

当前，主流观点认为晋商文化的核心是诚信，著者认为这样的定位有失偏颇。晋商文化客观上是一个多维一体的文化体系，不仅仅包括诚信文化，而且包括精神文化、商业文化、管理文化、科技文化、企业文化、家庭文化、民俗文化、建筑文化、德育文化、人文文化等。再者，明清晋商之所以能够纵横驰骋商界五百余年，创造出中外商业史上的奇迹，其根本原因在于秉持着一种“不畏艰险、开拓进取、和衷共济、与时俱进”的创业创新精神，这也正是当前山西省经济转型、浴火重生迫切需要的精神原动力。晋商精神是晋商文化的精髓所在，其核心是创业创新精神。

2. 晋商文化自信的终极定位较为模糊，亟待明确、内化与推广

坚定晋商文化自信，已为政界、学界、经济界、文化旅游界所共识，但广大民众对其认知度却相对薄弱、有待提升，究其原因在于定位的模糊性。晋商文化自信仍然停滞于历史与表象层面，并没有真正入心、入脑、入行动、入实践，只在其表、不在其内，有待内化。我们坚定晋商文化自信，不仅仅是为了“摅怀旧之蓄念、发思古之幽情”，而是为了“取其精华、古为今用、服务现实”，只有明确这一定位，才能为大众所认可、内化与推广。

3. 理论研究与现实应用较为脱节

当前，晋商文化重理论研究、史料挖掘与脉络梳理，轻规律总结、实践应用及现实推广，理论研究与现实应用相对脱节，没有真正实现文化与经济的双重互动。当前，以晋中地域为核心的晋商文化旅游品牌基本打响，但不同景区旅游资源及产品的开发极具雷同性、大同小异，并且缺乏特质性晋商文化精神元素的有机融入，既不利于吸纳更多外来游客，又不利于多元化晋商文化的对外传播。

4. 外部晋商优势资源没有得到深入挖掘与充分利用

山西拥有许多外部晋商优势资源，如百度李彦宏、乐视贾跃亭、融创孙宏斌等，尽管这些无形的外在人力资源已经引起了一定程度的关注，但客观上讲，并没有得到深入挖掘与充分利用，我们应当通过特殊的乡情纽带衔接，借力其技术、资金、人脉、信息等优势资源助力山西经济转型。

（五）对策及措施建议

坚定晋商文化自信，切实助推当前山西转型发展，可以从以下几方面着手。

1. 明确定位，全面、透彻剖析并宣扬晋商文化

我们坚定晋商文化自信，旨在古为今用、服务现实，通过梳理客观史料与深入剖析经验性成果，归纳与总结其内在规律性，切实指导当前的文化与经济建设，服务山西经济转型。我们不能仅仅停滞于文化挖掘的表象层面，必须向文化要经济效益，实现资源型经济向文化型经济的转型。晋商文化博大精深、内涵丰富，集创业创新精神、卓著的商业文化、高效的运作模式、清晰的产权结构、完善的治理机制、精湛的工艺技巧、多维的企业文化、有序的家庭治理、多元的民俗文化、经典的建筑构架、绵延的传统美德、综合的人文素养于一身，其“利以义制、名以清修”“劳资共创、激励兼容”“产业链接、集群发展”“家国兼济、回报社会”的主流特质，不仅成就了明清晋商数百年的辉煌业绩，而且昭示后人、立足现实、开拓创新、勇攀高峰。我们既要全面、深入、透彻地剖析晋商文化，更应当加大宣传、推广及应用力度，真正服务于现实经济转型。

2. 突出对晋商“创业创新”精神的挖掘、传承与推广

晋商文化是一个复杂式多维系统，在宏观考量的同时，更应当着眼于当前客观现实，谋求重点突破。晋商文化的灵魂与精髓在于“创业创新”精神，明初晋商借机“开中制”涉足并逐步垄断盐业，踏出了一条从南到北、横跨亚欧的“万里茶路”，首创“日昇昌”票号、开中国近代金融业之先河、执全国金融之牛耳近百年，创新企业内部治理机制、所有权与经营权两相分离、首创并成功践行了“人身顶股制”，抢抓机遇、谋求转型，以“保晋公司”为代表，实现了传统商业资本向近代工业资本的转型，开创了山西近代煤业史的新纪元，奠定了山西近现代基本的煤业格局。当前，我们坚定晋商文化自信，必须传承、秉持并发扬“不畏艰险、开拓进取、和衷共济、与时俱进”的“创业创新”精神，彻底摆脱对资源的过度依赖，谋求转型突破。我们必须真正促进创新发展理念落地生根，不断推动理论创新、制度创新、科技创新、文化创新等各方面创新，建设具有山西特色的创新体系，用创新驱动培育新的动力源泉。

3. 山西省各级地方政府应当围绕重点工程，统筹利用各种资源，有机协调政商关系，切实保证各项招商引资政策的贯彻落实与稳定持久

明清晋商之所以能够成就数百年的辉煌，很大程度上取决于政商关系的有机融通，当然，客观上也起到了增加政府财政收入、缓解就业压力、活跃商贸市场、发展对外贸易、优化市场结构、繁荣区域经济、促进地方城镇兴起、引领社

会风尚变革等多方面作用。当前，山西经济转型升级，必须倍加重视和大力扶持民营经济发展，应当紧紧围绕“晋商晋才回乡创业创新工程”，借鉴明清晋商的成功经验，构建“亲”“清”新型政商关系。

近年来，山西省的反腐成绩令人瞩目，但两方面的负面效应也随之而来，其一，许多商界人士认为山西政界官员高危、不稳定，不敢与之深交，唯恐殃及自身；其二，许多政界官员为了明哲保身，生怕被拖下水，内心产生了“疏商而不亲商”的畏商惧商情结。这种心结与隔阂，必须有效破解。山西省各级地方政府及其官员应当统筹利用政策、人力、物力、财力等各种资源，切实服务于民营企业发展，多办排忧解难的实事，各项招商引资扶持政策必须一诺千金、稳定持久，树立良好的政府与公权形象，真正消除商界人士的后顾之忧，实现政商良性互动，加速山西经济转型。

4. 多措并举、深化打造晋商文化旅游品牌

首先，我们应当明确其心智定位是“晋商文化游”，必须在点点滴滴的设计与布局中，将晋商文化的活力与灵魂注入其中。

其次，以晋中一带票号故里、晋商大院遗迹为核心，兼及晋南晋商发迹地（河东盐池）、晋商外涌主通道（右玉县杀虎口）、晋商转型实践地（晋东保晋历史文化园）等，以明清晋商兴衰的历史脉络为序，整合重组晋商文化旅游资源，分点布局、由点串线，提升整体绩效。

再次，各晋商文化旅游景点，必须通过开发富有自身特质的旅游产品、文艺表演、影视剧目等，打造自身的特色与亮点，避免同质化、雷同化。

最后，各景区不仅仅应关注旅游产品的开发与经济收益的获取，更应当加强自身管理，将无形的晋商文化人文素养内化于心于行，通过广大国内外游客在迎来送往中宣扬与传播晋商文化。

5. 构建与打造新型晋商会馆模式，借力国内外民间晋商组织，实现内外良性互动，助力山西经济转型

明清晋商以遍布全国的“会馆”为联络纽带，联乡情、笃乡谊、互通信息、聚众议事、定行规、议行事、维护同乡同行利益、祭祀神灵、聚岁演戏、举办庆典、购置冢地、行慈善、做公益，是山西商人在外的聚集点与情感归属地。当前，为了实现山西省内外联动，有必要大力开拓晋商会馆项目，使其成为国内外消费者认知山西各企业品牌的纽带、山西产品在全国突围的市场窗口、传播山西文化的有力载体、山西人在当地的“家”，构建与打造“当代晋商的会客室、晋商品牌的集结地、晋商产品的销售点、晋商企业的接待办、山西文化的展示厅、山西资源的对接处”六位一体的晋商会馆模式。目前，全国有至少 68 家晋商或山西

商会，海外成立了美国晋商总会、英国山西商会、新加坡晋商商会、日本山西商会、澳洲山西商会、达拉斯山西商会、俄罗斯山西商会、加拿大山西商会、多伦多晋商联谊会等民间山西商会，其他国家山西商会多以老乡会形式存在。我们应当不失时机地加强与这些国内外民间晋商组织的沟通、交流与合作，互惠互利、合作共赢，共谱山西经济发展的新篇章。

总之，只要我们坚定晋商文化自信，不断从中汲取养分，就可以充分激发全省干部群众蕴藏的巨大潜在创造力，就一定能在转型发展上取得重大突破，实现山西经济浴火重生、再振雄风。

三、本著作的研究内容、研究思路、研究方法及创新之处

（一）研究内容

本著作在研究过程中，以明清晋商人力资源管理为特定研究对象，主要开展了四个方面的专题研究：①明清晋商人力资源管理的理念定位，②明清晋商人力资源管理的制度创新，③清末晋商转型期的人力资源管理，④明清晋商人力资源管理的现实启示。

（二）研究思路

本著作在整个研究过程中，遵循“据史料推导史实、据史实探究机理、据机理提炼品质”的总体思路，由简到繁、由易到难、由浅入深，在综合利用大量客观史料的基础上提炼完成。

第一，客观分析了明清晋商当前的研究状况，较为全面系统地对现有理论研究成果进行了梳理与总结，并且有针对性地提出了深化明清晋商人力资源管理研究的具体方略。

第二，以史为基，客观分析并总结出了明清晋商“尊崇儒学、讲诚重义；先家后企、地缘为基；深谙机理、物质激励；人品为要、多元培育；重视人才、知人善用；不拘一格、能者居上”的人力资源管理理念。

第三，重点剖析与研究了明清晋商人力资源管理的八方面制度创新，即“员工的招聘与甄选——荐举担保制；员工的培训与开发——学徒制；人才的激励与稳固——人身顶股制；行为的约束与管理——号规制；商号的组织与管理——经理负责制；员工的薪酬与待遇——辛金福利制；员工的劳作与休假——班期制；人力的统筹与配置——联号制”。

第四，以山西近代最大的商办民营工矿企业“保晋公司”为例，在客观分析其企业性质与管理体制的基础上，对其人力资源管理方略与具体举措进行了较为系统的梳理与剖析，旨在透视明清晋商衰落之际谋求转型的人力资源管理走向。

第五，研析了明清晋商人力资源管理对于当前经济建设特别是企业管理的现实启迪与警示，旨在“古为今用”，实现历史文化研究与现实经济的双重互动。

（三）研究方法

在研究过程中，作者力求打破学科界限，开展多学科综合交错研究，既运用文献研究法、野外考察法等历史学研究方法，又涉足定量分析法、定性分析法等经济学研究方法，还包括实地研究、调查研究等社会学研究方法，同时还利用管理学研究方法对以保晋公司为典案的晋商企业人力资源管理进行了较为深入的剖析。

（四）创新之处

本著作的创新之处主要体现在以下三方面。

1. 研究视角的创新

尽管前人不乏对于明清晋商人力资源管理研究的著述，但总体而言相对分散与零乱，并不系统与深入，而本著则以明清晋商人力资源管理的理念定位与制度创新为特定视角，对其进行了客观、系统的梳理，视角新颖与独特。

2. 研究范畴的创新

此前学者对于明清晋商人力资源管理的研究，偏重于“经理负责制”“学徒制”“人身顶股制”“号规制”等具体人力资源管理制度与策略的研析，而本著作则放眼于宏观视角，不仅研究制度本身，而且先期剖析与研究其管理理念与思想渊源，追根溯源。同时，对于“荐举担保制、辛金福利制、班期制、联号制”等前人述及较少或剖析相对浅薄的人力资源管理制度也进行较为深入的剖析。

3. 研究方法的创新

此前学者对于明清晋商人力资源管理的研究绝大部分都立足于历史学的研究方法，就史而论史，研究成果大都滞留于回答“是什么”的层面。本著作则综合运用经济学、管理学、社会学等研究方法，除解决“是什么”的问题外，同时更深层次地探索“为什么”及“怎么做”，力求本项课题研究成果在还原历史一个本来面貌的基础上，能够对当代企业运营提供一定的借鉴作用，真正体现历史文化研究的现实意义。

4. 学术观点的新颖

绝大部分学者认为明清晋商的成功很大程度上归功于制度设计，特别是人力资源管理制度的科学设计与有效运作，同时，将这些富有绩效与活力的人力资源管理制度的设计单纯归因于儒学思想与人本理念，却根本上忽视了明清晋商其实是“大智若愚”，其早已窥探并深谙“经济第一、物质首要”的人力资源管理规则与刺激效应，本著作提出并将这一思想与理念进行了深入剖析与流程贯穿，是为一大学术亮点与理论突破。

四、深化明清晋商人力资源管理研究的具体方略①

鉴于目前明清晋商人力资源管理研究的客观现状，著者也认同，该项研究工作要想取得重大突破，基本史实的研究必不可少，但是，我们不能一味地就事论事，要想取得实质性进展，必须站在战略高度，进行宏观审视与总体把握，最终实现历史文化研究与现实经济的双重互动，我们应当从以下五方面着手改进，最终真正提升本项专题研究的效能。

1. 客观准确地界定研究目标

明清晋商人力资源管理专项研究，是一项系统而复杂的社科工程。社会科学类研究课题，主要包括理论研究与应用研究两大类型，本项课题属于理论研究的范畴，这一点毋庸置疑。但是，著者始终认为，尽管是理论研究课题，但绝不能定位于单纯的学术性研究，其研究成果必须进行现实回归，我们不能一味地停留于“是什么”“为什么”层面，其研究目标应当最终定位于指导现实社会经济发展特别是当代企业管理和运作。本项最终研究成果应当真正体现品牌效应、指导效应、启迪效应、警示效应、回归效应等社会价值。当然，我们也应当清晰地认识到，这一目标绝不可能一蹴而就，也不是哪位学者单打独斗便能完成，更不可能单凭几篇文章或几部著作就能将其具有丰富内涵和深厚底蕴的人文价值全面而系统地展现于世人面前，但是我们的研究定位必须立足高远，同时进行现实回归，只有这样，我们的研究工作才可能更深入、更持久，研究成果才可能真正经得起客观史实的检验、广大民众的检验、现实社会的检验和历史的检验。

2. 全方位、立体化地拓展研究视角

客观上讲，目前学界同仁对于明清晋商人力资源管理的研究，一般都是就制

① 王智庆:《论保晋公司研究的学术意义、社会价值与研究方略》，载《山西高等学校社会科学学报》，2012年第10期。

度而论制度，研究视角具有很大的局限性。著者认为，为了深化明清晋商人力资源管理的研究力度，必须进行研究视角的拓展。一方面，我们应当把突破思维屏障，从思想渊源入手，探究明清晋商的人力资源管理理念与方略；另一方面，绝不能仅仅停滞于史学与理论层面，必须服务当前的经济建设特别是现实的企业管理。

3. 研究主体的拓展及其组合方式的转变

当前，晋商文化的研究者与挖掘者主要集中在三类群体，即专业学者（历史学、经济学、管理学、社会学等学科的研究者）、地方文史爱好者、晋商后人。其实，著者认为，为了搜寻更多的晋商一手史料、为了引起社会各界的广泛关注与支持、为了使相关研究成果可以顺利面世、为了使既有成果能够真正在社会上流通、运用、反馈并适时修补与完善，晋商文化的研究主体应当大众化。诚然，我们要让所有的人来关注并研究晋商文化并不现实，也不可能，但是我们应当在山西省形成一种较为浓厚的晋商文化研究氛围，通过各种有效载体，宣传、鼓励并吸纳各行各业的晋商文化爱好者参与其中，真正走本域大众化研究的道路。再者，对于晋商文化的研究，尽管参与人数众多，但几乎都是各自为政、单打独斗，缺乏必要的沟通与交流，因此，我们众多的研究者应当通过“山西省晋商文化研究会”等平台与纽带，把分散的学术力量集中起来，合理分工、重点突出并统筹协调，实现由个体研究向群体研究的转变，适时进行融通与交流，发挥集体的智慧和才能，把晋商文化的研究进一步引向纵深。

4. 拓展研究方法，创新研究方式

实事求是地讲，目前学界同仁对于明清晋商人力资源管理的研究，主要运用历史学研究方法，着眼于基本史实的界定，没有更多地从制度层面、技术层面进行探究，因此，研究成果与现实经济的互动效应较弱，社会影响也较小，客观上讲，这种局面在一定程度上缘于研究方法的单一性与局限性。著者认为，我们在开展此项专题研究过程中，应力求打破学科界限，开展多学科综合交错研究，既运用文献研究法、野外考察法等历史学研究方法，又运用定量分析法、定性分析法等经济学研究方法，还运用实地研究、调查研究等社会学研究方法，同时还应利用管理学研究方法对晋商商号的管理体制与运作机理进行相应的绩效分析，特别是在定量分析研究中，我们还可以运用计算机技术等现代化手段进行数据统计与处理，提升研究的效率与准确性。

5. 争取政府与社会的支持，建立与完善研究保障机制

“物质决定意识、经济基础决定上层建筑”，社会科学研究属于意识形态和上层建筑的范畴，各项社会科学研究能否顺利开展并取得高水准的研究成果，除受

研究人员思想动态、职业情操和专业技能的影响外，更大程度上取决于以物力与财力为依托的保障机制的建立与完善。著者认为，不管是晋商文化专项研究的开展，还是其他社会科学研究项目的研发，没有资金作保障是寸步难行的。

如前所述，之所以许多研究成果停留于表象层面，尽管不乏研究目标定位、研究视角、研究主体、研究方式与方法的原因，但更大程度上归因于研究保障机制的不健全、不完善，研究资金的长期匮乏是制约晋商文化专项研究难以向纵深发展的瓶颈，如果这个问题得不到有效解决，晋商文化研究的进度、深度与广度及成果面世将受到很大制约。著者认为，为了繁荣社会科学研究事业，真正将山西建设并打造为文化旅游强省，各级政府及社会各界应当关注、支持社会科学研究工作，进行专题立项，建立相应的人力、物力、财力保障机制，由纯粹的专业研究者、民间爱好者分散研究向各级政府机关及大中型企业开展专题立项研究转变。诚然，任何一项专题研究，要想获取政府及社会的支持，必须事先取得一些基础性、前瞻性，同时富有一定社会价值并极具说服力的前期研究成果。目前，关于晋商文化的挖掘，山西省目前已经提上了议事日程，建议加速步伐，完善相应的保障机制，以期将该项研究进一步推向纵深。

第2章

明清晋商人力资源管理的理念定位

在封建社会，商人居四民——“士、农、工、商”之末，而晋商则以商为荣。柳林县《杨氏家谱》称：“天地生人，有一人莫不有一人之业；人生在世，生一日当尽一日之勤；业不可废，道惟一勤。功不妄练，贵专本业。本业者，所身所托之业也。假如侧身士林，则学为本业；寄迹田畴，则农为本业；置身曲艺，则工为本业；他如市尘贸易，鱼盐负贩，与挑担生理些小买卖，皆为商贾，则商贾皆其本业。此其为一，虽云不一，然无不可资以养生，资为送死，资以嫁女娶妻。……无论士为、农为、工为、商为，努力自强，无少偷安，则人力定可胜矣，安在今日贫族，且不为将来富矣。”明代蒲州籍人席铭，学业不成，又不喜农耕，说道：大丈夫不能立功名世，难道不能振兴家业吗？于是游历各地，经商致富，“懋迁居积，起家巨万金，而蒲称大家，必曰南席云”[①]。榆次常家，九世常万玘、常万达兄弟，学习成绩优良，学成后却未参加科举，而是随父常威到张家口经商。十二世常麒麟，已选拔贡，需赴京入国子监，但他却弃儒为商。其子常维丰，初年就读，辞章秀美，考入国子监，后实授游击，仍弃官为商。十四世常旭春，清末举人，曾任法部员外，书法诗词名冠三晋，也弃儒经商。由于常氏子弟恪守“吾家世资商业为生计”的祖训，以商为荣，以学保商，经营有道，因而在商业上取得巨大成功。[②] 由于山西人以商为荣，因而民风随之大变。雍正二年（1724）山西巡抚刘于义奏称：“山右积习，重利之念，甚于重名，子弟之俊秀者，多入贸易一途，其次宁为胥吏，至中材以下，方使之读书应试。”雍正皇帝朱批道：“山右大约商贾居首，其次者犹肯力农，再次者谋入营伍，最下者方

---

① 韩邦奇：《苑落集》卷六《大明席君墓志铭》。

② 张正明、张舒：《晋商兴衰史》，山西经济出版社 2010 年 5 月版，第 220—225 页。

令读书。”一些民谣也反映了山西人的观念和风气。如“有儿开商店，强如坐知县”；“要想富，庄稼带店铺”；“买卖兴隆把钱赚，给个县官也不换”。在以士为首的封建社会中，能以商为荣，应该说是社会的进步，这恐怕是山西经商人才辈出的一个原因。明清晋商为了保障商号的持续稳定运营，不断壮大商号规模与进行业务拓展，十分重视商业人才的挖掘、培育与使用，在人力资源管理方面奉行“尊崇儒学、讲诚重义；先家后企、地缘为基；深谙机理、物质激励；人品为要、多元培育；重视人才、知人善用；不拘一格、能者居上”的理念。

一、尊崇儒学、讲诚重义

中华民族在五千年的历史长河中，创造了灿烂的文化。在这博大精深的文化宝库中，儒学思想占据着十分重要的地位。在儒家学说中，始终贯穿着一个重要的思想主线，那就是以人为本。

（一）管理者要“以德取人”

中国古代统治者为维护君主专制的统治，总是以“王权神授”的理论来迷惑与约束广大劳动人民，用天意、天命为其统治涂上合理的色彩。与此同时，古代的先哲提出了“以人为本”的历史命题，尤其是先秦时期的诸子百家从不同角度论证了“以人为本”的重要意义。“以人为本”最早出现在《管子·霸业》：“夫霸王之所始也，以人为本。本治则国固，本乱则国危。”中国古代社会是以血缘关系为纽带的社会。进入封建社会后，由于氏族社会的解体不像西方那样充分，氏族社会宗法制度及其思想意识大量积淀下来。社会管理、政治设施紧紧地维系在亲情血缘关系之上，因而，反映宗法制度和宗法观念的伦理道德就成为儒家人治管理思想的核心。儒家以人为本的管理思想强调的是：政治清明、社会风尚的好坏取决于管理者的道德素质；管理者的道德素质表现在用人上，用人得当，便是人君有德，用人不得当，便是人君无德；用人要“以德取人”，所取之人重在修身律己。

“以人为本”的思想在儒家管理思想中始终占主导地位，认为人是构成国家整体的第一要素。《尚书·五子之歌》中说：“民可近，不可下；民为邦本，本固邦宁。”儒家把人作为管理的重心，提倡“爱人贵民”。孔子提出“以人为本”的“仁学”。要求管理者对人民实行宽惠，“君子学道则爱人”。孔子曾对子产说：“有君子之道四焉：其行己也恭，其事上也敬，其养民也惠，其使民也义。”[①] 这体现了

①《论语·公冶长》。

孔子既要用人，也要养人，还要“使民以义”的人本思想。因此，提出“为仁由己”，强调了人的自主性与能动性。孟子进一步指出了“人”的重要作用。他认为：“凡为天下，治国家，必先务本而后务末。所谓本者，非耕耘种植之谓，务其人也。”[①]J他分析“桀纣之失天下也，其失民也；失其民者，失其心也。得天下有道：得其民，斯得天下矣；得其民有道：得其心，斯得民矣。”正是基于这样的认识，孟子指出“民为贵，社稷次之，君为轻”[②]，以及“仁者无敌”。孟子还提出了“唯民是保”的“保民”观点：“诸侯之宝三：土地、人民、政事”，“保民而王，莫之能御也”[③]。

（二）管理者要“知人善用”

以人为本，人才更为重要。《中庸》中说：“哀公问政。子曰：‘文、武之政，布在方策，其人存，则其政举；其人亡，则其政息。人道敏政，地道敏树。夫政也者，蒲卢也。故为政在人。取人以身，修身以道，修道以仁。”朱熹在解释这段话时说：“以人立政，犹以地种树，其成速矣。”“人君为政，在于得人，而取人之则，又在修身；能仁其身，则有君有臣，’而政无不举矣。”对于治理国家，人才是极其重要的。

人才不是自然产生的，需要培养教育。孔子认为人才不可能自然成长，必须经由教育培养，故提倡“学而优则仕”。教育的主要内容是“文、行、忠、信”，即文化、德行、忠诚与守信。他说：“政者正也。”“其身正，不令而行；其身不正，虽令不从。”[④]所以要求管理者首先必须是道德完善的人，能以身作则；把“修己以安百姓”作为最高的政治理想和教育的根本出发点。对人的培养应是循序渐进的，引导他们在理性认识的基础上，发展道德情感，树立道德信念，追求远大理想；由“知之”到“好之”，由“好之”到“乐之”，形成行为习惯；而“从心所欲，不逾矩”，则是道德自觉性的高度体现。孟子曾说，得天下英才需要培养教育。他认为教育的作用比政治的作用更有效果，他提出要注意培养“明人伦”的君子或大丈夫。他说：“教以人伦，父子有亲，君臣有义，夫妇有别，长幼有序，朋友有信。”孟子提出的君子是指能够实行“仁政”和“王道”的管理者，是能够“居仁由义”的人，并做到“富贵不能淫，贫贱不能移，威武不能屈”[⑤]。

①《吕氏春秋·孝行》。
②《孟子·尽心章句下》。
③《孟子·梁惠王上》。
④《论语·子路》。
⑤《孟子·滕文公下》。

许多政治家、思想家深知合理用人对于治国安邦的重要作用，提出了大量宝贵的用人策略。孟子认为："尊贤使能，俊杰在位，则天下之士大悦，而愿立于其朝矣。"[①]荀子提出："尚贤使能，而等位不遗。"[②]"贤"主要是指人的思想境界、道德品质，"能"主要是指人解决问题、完成任务的本领。他认为没有能力的人不能被任命为官吏，每个官吏的等级地位，应当与他们的贤能程度相当，这也就是"量能而授官，皆使其人载其事而各得其所宜"[③]。用人必须先知人，知人是合理用人的前提。司马光认真总结了历代王朝兴亡更替的经验教训，发现无一不与当朝者用人政策相关，因而得出"兴亡在知人"的结论。只有知人，才能做到"任其所长，不任其所短。故事无不成，而功无不立。"[④]

（三）管理者要"用人不疑"

用人不疑，疑人不用，这是使用人才的一个重要原则。欧阳修指出："任人之道，要在不疑。宁可艰于择人，不可轻任而不信。"[⑤]意为宁可择人时多费一些精力，看准了再用，也不可轻易任用却不信任，不敢放手让其施展才干。用人不疑，就是对人才的充分信任，是一种重要的精神激励，能够增强人的事业心、责任感与向心力。

人才选择合理与否，直接关系到事业的成败得失。我国历史上有作为的政治家、军事家都很重视招贤纳士、延揽人才。选人思想主要体现在选人的标准、引人的条件与择人的方法等方面。孔子主张"君子不器"[⑥]，即不能把人才当作器具使用，而应以礼相待，尊重他们的人格，尽可能地发挥他们的积极性、主动性与能动性；当然，从另一个侧面讲，有才之士不能拘泥于形式与教条，应当胸怀天下、兼收并蓄。

中国历朝历代执政者都特别重视"德才兼备"之人才。"哀公问曰：'何为则民服？'孔子对曰：'举直错诸枉，则民服；举枉错诸直，则民不服'。"[⑦]鲁哀公问道，如何让百姓信服呢？孔子回答道，让品德高尚的人处于领导位置，百姓就信服，让品德低下的人处于领导位置，百姓就不会信服。东汉哲学家王符对德薄

---

①《孟子·公孙丑上》。
②《荀子·王制》。
③《荀子·君道》。
④《管子·形势解》。
⑤（宋）欧阳修：《论任人之体不可疑札子》。
⑥《论语·为政》。
⑦《论语·为政》。

能鲜者身居高位之负面效应作了深刻剖析，“德不称其任，其祸必酷；能不称其位，其殃必大。”王符指出：一个人的品德与职务不相称，或其能力与职务不适应，都会带来严重后果；只有选用德才兼备者，才是唯一正确的选择。

（四）管理者对人才要以礼相待

杰出人才虽然不唯命是从，但只要以礼相待，尊重他们，就能充分调动他们的积极性。管仲说：“夫争天下者，必先争人。”[①] 而争人的一个重要原则，就是“圣王卑礼以下天下之贤”，意即高明的统治者应甘心居于贤士之下，即所谓礼贤下士，对贤者要“通之以道，畜之以惠，亲之以仁，养之以义，报之以德，结之以信，接之以礼，和之以乐，期之以事，攻之以言，发之以力，威之以诚。”[②]，主张关心人才、尊重人才、信任人才。对人才不仅要亲近、爱护，还要“富之贵之”“敬之誉之”。孔子也说：“君使臣以礼，臣事君以忠”[③]，认为只有国君做到了以礼待臣，臣子才会忠心地辅佐君主。古代思想家提出的“以礼招才”思想，已被历史证明是非常正确的，从某种意义上讲，礼遇、尊重比高官厚禄更能吸引人才。

（五）晋商的“贾而好儒”

晋商贾而好儒，将儒家思想践行于日常的商业运营管理过程之中。明清晋商，一部分人是读书人经商，从小受儒学熏陶，其思想观念带有浓厚的儒学色彩；另一部人则是家境贫寒，自力更生、艰苦创业，一旦家境稍殷实，便让子弟“读书明理”，而后子承父业，进而实现家业大兴。明代张士毅“舍儒就商，用儒意以通积贮之理，不屑纤细，惟择人委任，赀计出入”。[④] 作为商人不计纤细小利，而是从儒学中领悟商号经营的诀窍，进而凝练出取予积贮、审时应变、赀计出入的经营之道。盐商张允龄“购诸经传疏义及史汉诸书，车寄之”[⑤]，让其子弟从小涉猎古代经史典籍。渠本翘以儒入仕，后继承祖业，以官经商。他汲取了儒学之精华，以信义诚厚而深孚众望，在新旧时代变革中，多谋善断，应变自如，成为晋商的领袖。

晋商怀着谋生“不可责之他人”，经商“不辱其身”的信念，将儒学引入商道，

---

①《管子·权修》。

②《管子·幼官》。

③《论语·八佾》。

④ 葛贤慧：《商路漫漫五百年　晋商与传统文化》，华中理工大学出版社 1996 年 8 月版，第 181 页。

⑤（明）张四维：《条麓堂集·卷三十》。

使儒学与经商紧密融合。常家第十二代的常麒麟是拔贡出身，精通儒学，从商之后，有人劝其弃商业仕，他说："子贡亦贤人也，吾从子贡。"子贡作为孔子的学生，经商有道，所以，常麒麟以子贡为楷模。晋商大多数人对儒家所宣扬的仁、义、礼、智、信等思想十分崇尚，他们把儒家思想作为安身立命之本。为此，他们不仅把儒家的学说当作自己正心、修身而"杜邪教之人"的必修课，而且把它作为经营好商号的根本宗旨。比如李宏龄"君虽治商，而好读儒生性理诸书，有所得，服膺而躬行之。"[①]在他们看来，只有对儒家文化深入学习，才能深谙立身为人、处世为商之道，也才能在经商活动中伸展自如，进退有据。修儒学，其根本在于提高商号的经商品位，赢得社会的认同，获取更多的商业利润。因而，贾而好儒成为晋商独具的商帮特色。

（六）晋商主张"重义忠诚"

晋商一贯主张"重信义、除虚伪、节情欲、敦品行、贵忠诚、鄙利己、奉博爱、薄嫉恨、喜辛苦、戒奢华"，反对采用任何卑劣手段骗取钱财，不惜折本亏赔也要保证商号信誉。在义利的取舍上，强调见利思义，不发不义之财。"仁中取利真君子、义内求财大丈夫"，义利相济相通。在义利相通观的影响下，先义后利，以义制利，成为晋商伦理哲学的核心。诚信戒欺，重视商誉是山西商人的商业道德观。

许多事情往往是谈起来容易，践行起来则相当困难。明清晋商要在行动中践诺"诚、信、义、利"的伦理观，则不是一件轻而易举的事。因为，"诚"即摈弃了人借欺瞒而走捷径的路途；"信"则是在时时处处事事上都要坚守信任准则，让别人信赖自己，自己也信赖别人，不敢有些微的疏忽，否则良好的交易网络和交易环境就会荡然无存，日后的商路将寸步难行；"义"强调在面临生死存亡抉择之际，放弃利益、放弃生命、放弃事业，要做到这一点，没有长久的修炼、崇高的道德水准是绝对不可能的；"利"则为众多商人孜孜以求，在坚守与秉持"诚、信、义"前提下而谋利，其难度可想而知。

晋商认为要培养高素养的商业人才，需要"百年树人"，正如孔子指出的"修身、正己、齐家、治国、平天下"的道理。孔子劝诫人们要修身正己、每日三省，从自己言行举止的每一个细节来检查、自控，以自我约束始，最后达到实现人生理想。也就是说人要不懂得自我约束，那么在家庭、社会中与人相处时，就会任意妄为，无伦理观念，无道德约束，仅有一己私利，将与野兽无异，也就失去了

① 陈立三：《平遥李君墓表》。

人真正存在的意义。做人首先应当从善，激发内在荣辱观，使其产生一种无形的自我约束力量，在这个基础上再齐之以法，就会使人“有耻且有格”。晋商正是遵循了这个准则，将对子女、员工的道德伦理教化寓于日常生活的点点滴滴，并一以贯之，最终实现“树人”的目的。

乔致庸最器重的是长孙乔映霞，他认为映霞天资聪颖，心地忠厚，是个经商之材，于是特意培养他。他首先授意他立身之道“唯无私才可颂大公，唯大公才可以无怨”，“气忌燥、言忌浮、才忌露、学忌满；胆欲大、心欲小、知欲圆、行欲方”；又说“为人做事怪人休深，望人休过，待人要丰，自奉要约。恩怕先益后损，威怕先紧后松”。这既是乔致庸一生的经验所得，又是对后辈的殷殷期望。

除了像乔氏这样在家中随时教育子孙后代外，晋商在自办的家塾、学堂中也处处体现立身教育的重要性。如晋商办的河东运学之办学宗旨为：“师道立而教化行，理义明而风俗美”，以“师道”“理义”贯穿于子弟的学习中，为此，运学后来出了众多的精英人才。

（七）晋商企业的两权离别

晋商企业的治理机制是两权分离的“委托-代理”制度，东家把商号的经营管理权都交给掌柜，财产管理、人事调配、日常运营等，全由掌柜随机定夺，东家不仅毫不过问，还有一系列限制东家干预号事的详细规定。一个账期期满（通常情况下，一个账期为 3 年），掌柜才向财东报告财务，结算盈亏。对东家来说，谓之“用人不疑、用人不疑”；对掌柜的来说，谓之“受人之托、忠人之事”。这种深信不疑的用人策略，给了掌柜极大的个人尊重和施展才能的天地，掌柜们也都尽心竭力，无不克勤克己地替东家着想。但是并不是每个人都有经商的才能，为了选对人、用对人，晋商总是百般考察和挑选，但一旦选中，则用人不疑，疑人不用，会赋予经营管理的全权。这种制度可谓“人本管理”思想的一种现实应用。

如前所述，中国传统文化对晋商影响颇深，像会馆、商号、招牌、匾额都用诚、信、义、仁、和、廉、德、祥、协、昌、盛等字来命名。一方面他们祈望生意红火兴盛，另一方面又不失时宜地宣传了儒家的伦理道德，将儒家伦理道德与经商有机地融合在一起。晋商在商号的管理过程中，始终坚持以人为本的思想，在对人的选拔、培养、使用、考察上都体现了其受中国传统文化，尤其是儒家思想的影响。

晋商深谙“得人心者昌”“任人唯贤”的用人之道。在其经营实践中，充分认识到，治理国家与治理商号道理相同，用人问题是头等大事，“得人者昌，政界固然，商界何独不然？”“得人者昌”，其核心是在用人。一定要用“贤人”，坚持任人唯贤的用人之道。“贤人”就是德才兼备之人。晋商用人的另一个规矩是“用乡不用亲”。在商号的经营过程中，只有任人唯贤，才能得人；只有用“贤人”，才能“举直错诸枉”，才能凝聚人心，员工们才能干得顺心，干得起劲，商号才能昌盛。李宏龄在总结协同庆票号的兴衰时说，协同庆的兴盛与孟子元、刘肃斋、赵厚田这几位分不开，正是在这几位贤人的经营下，“全局营业恒操胜算”“营业发达，与年俱进”。①

二、先家后企、地缘为基

儒家文化以“修身、齐家、治国、平天下”为己任，认为只有通过不断提升自身修养，才能进而“治国、平天下”。曾子说过“吾日三省吾身”②，孔子要求人们应该“见贤思齐焉，见不贤而内自省也”③“躬自厚而薄责于人”④。孟子也主张“爱人不亲，反其仁；治人不治，反其智；礼人不答，反其敬。行有不得者，皆反求诸己”⑤。《中庸》提倡“慎独”之修养方法。这些思想，均反映了儒家贤哲非常重视道德操守，不断反省自己的言行举止、修身正己。

（一）晋商的“修身”

在儒家思想的影响下，晋商特别注重自身和伙计的道德品质修为，严格恪守“黜华崇实”“修己安人”的训诫，他们不仅对自己严格要求，而且在成功之后，也不得意而忘形，对自己的子孙也不娇惯、不溺爱，让其在接受各种知识教育的同时，制定了严谨的家规，为晋商后续发展培养了众多优秀传承人。

（二）晋商的“齐家”

在晋商大族中，有些家族兴盛时间较长，子弟有前途者多，而有些家族则衰败较快。其中有一个重要原因，就是前者重视家规家风，后者家规弛、家风差、

---

①（清）李宏龄：《山西票商成败记》，载黄鉴晖（校注）：《晋游日记·同舟忠告·山西票商成败记》，山西经济出版社2003年5月版，第221页。

②《论语·学而》。

③《论语·里仁》。

④《论语·卫灵公》。

⑤《孟子·离娄上》。

败家子弟多。如祁县乔氏，其始祖乔贵发与一秦姓人合伙在包头经商发迹后，秦某返回原籍筑房置地，过起财主生活。结果坐吃山空，加之秦氏子弟吃喝嫖赌，样样俱全，挥霍浪费，入不敷出，逐渐从包头商号内抽股出去，而原来本由乔秦两家平分秋色的复盛公十四个财股中秦家只剩下了一厘二毫五。而乔贵发在发迹后只是在旧院里盖了个像样的四合院。他深知，买卖有赚就有赔，既要赚得起也要赔得起，才能立于不败之地。当秦家抽出股份时，乔家就立刻补上，并且在买卖兴隆时，乔家便把赚下的银子积存起来，以备不测。乔氏家族教导子女，要勤俭持家，绝不能奢侈浪费。到乔致庸时代，为了吸取秦家的教训，"在中堂"又比较明确地制定了家规家法，约束子弟。其家规主要是：一不准纳妾，二不准虐仆，三不准嫖娼，四不准吸毒，五不准赌博，六不准酗酒。此外，乔致庸还将《朱子格言》作为其儿孙启蒙必读之书。他常劝告儿孙戒"骄、贪、懒"三字，并教育儿孙"唯无私才可大公，唯大公才可成器"；"气忌燥、言忌浮、才忌露、学忌满；胆欲大、心欲小、知欲圆、行欲方"；"待人要丰，自奉要约"。若儿孙有过错，则责令跪地背诵《朱子格言》。如若浪费粮食，则命跪诵若干次"一粥一饭当思来之不易，半丝半缕恒念物力维艰"，直到承认错误，磕头谢罪。乔致庸还把亲拟的对联挂在内宅门上，以育其儿孙，其对联称："求名求利莫求人，须求己；惜衣惜福非惜财，缘惜福。"

（三）晋商的"地缘为基"

明清晋商足迹遍布大江南北、长城内外，甚至远至俄罗斯、日本、朝鲜、印度、新加坡，经营范围包括盐、茶、粮食、账局、典当、票号、运输、杂货、手工业等无所不包，但是却从来没有走出同乡的圈子。晋商的雇员、经理绝大部分都来自山西老家。这一现象的形成，一方面出于模仿效应和团体竞争效应；另一方面也处处体现了晋商利用同乡圈子的力量来监督、制约员工行为的思想。

晋商用人要用同乡，还要了解其祖宗三代的人品和经历，以判断被聘人员的家教如何，除此之外，还必须要求有名望的人作保，如果被推荐之人有何不轨之行，那么保人将颜面无存，甚至要赔付损失。在晋商中还有一个大家约定俗成的规矩，即一个人如果被一家晋商商号辞退，则别家商号也再不雇用，这样非但断了自家的财路，还有辱祖先荣耀，以至于族人都不许其死后进入祖坟，这是一个多么强大的无形惩罚措施，对员工、经理的约束比那些明文规定还要入心入行，而不敢有丝毫违规。

晋商这么做，恰恰是有效利用了社会的非正式约束力量，但是这一约束力量作用的发挥是需要一定条件的。首先，必须有群体内共同认可和遵守的价值标准；其次，个体对这一价值标准的遵守和违背的信息，会迅速在这一群体内散布开来，随着信息的传播，群体中就会有对这一信息的评价、判断；最后，采取统一的行动，起到来自社会的非正式约束的激励与惩罚作用。

拿这个标准来判断，晋商雇用同乡，恰恰是基于同乡这个群体内有共同的价值标准，而晋商的“相与”大都为实力雄厚的商人，多半也是晋商，他们在全国各地修建“关公庙”，设立商业会馆，既是联情聚谊、研讨商业事宜的特定渠道，也是加强沟通信息与传播的一种便捷、高效途径。晋商喜欢光明磊落地做事，就是把自己置于社会的监督之下，靠社会舆论来规范、引导晋商全体从业人员的行为，这样的准则一以贯之，就会形成一些约定俗成、共同认可的价值判断，思想上达成共识，行动上达成一致。明清晋商创建的这个无形激励惩罚机制，既促进了晋商的持续发展壮大，又保障了其正常良性运转。

三、深谙机理、物质激励

人类在同大自然的长期斗争中，一步一步趋向文明。自从产生国家以来，不管是在奴隶社会、封建社会、资本主义社会，还是社会主义社会，人类奋斗的目标都在于本民族、本阶级和个人家族的物质利益，从而推动着社会的发展和进步。

人类的历史经验使山西商人悟出一个道理，要办好企业也必须坚持物质利益原则，正确处理好资本家与职工之间以及高级职工与一般职工之间的物质利益关系。这些关系处理得当，资本家和职工物质利益得到满足，企业就会兴旺发达。在物质利益关系上，不论偏于资本家还是偏于职工，企业都是不能办成功的。偏于资本家利益，职工物质利益得不到改善，甚至生活每况愈下，那么职工就会出工不出力，以至纷纷离去，或者罢工不断，企业就不可能成功。偏于职工物质利益，资本家利益受损，当然资本家就会收回资本，不再办企业。

山西商人是包括资本家（即财东）与职工在内的统一体，尽管他们所处的地位不同和利益关系不同，但能结合在一起，有其利益相一致的一面。财东出资开设企业，无疑是为了剥削职工的剩余劳动而获利，使资本积累不断扩张，为其生活享用。职工之所以要背井离乡，告别父母和妻子，受雇于各个商号，去山南海北做工经商，是通过出卖劳动力，为换取一定的收入，养家糊口，改善家庭生活。这说明，职工与财东利益有矛盾的一面，也有相一致的一面。这种一致性，就是物质利益。

山西的资本家和总经理们从先辈那里学到了这一理论，很懂得用物质利益原则管理企业、激励职工的劳动热情，做到了东掌同心协力，同舟共济，劳资双赢。明清山西商人对从业员工的物质激励方式主要有：提升辛金与福利、出重金招才纳贤、推行人身顶股制等。晋商在明清两代500多年商业运营中，很少发现由于物质利益关系处理不当而招致企业衰败的事例。可见，山西商人深谙机理，将“物质激励”原则运用得炉火纯青。

四、人品为要、多元培育

明清晋商在选人用人时，将人品与人性的考量作为录用与培养的首要先决条件，实行一票否决制，同时，又注重从业人员专业技能与综合能力的多元化培养。

（一）注重职业道德培训与提升

晋商是一个群体称呼，在这个群体中，有东家、掌柜、先生、伙计①、相公②等角色。山西商人开设的各类型企业，拥有大量的职工。职工来源，不外从相公开始培养和推荐招聘两种方式。一般而言，无论是相公熬成伙计，还是推荐招聘而来的职工，都是综合素质比较好的，否则是不会雇用的。但是，人生活在不同的社会环境影响下，可能会随时发生变化，“近朱者赤、近墨者黑”。昔日孟母择邻而居，就是这个道理。因此，如何管理好职工，就成为办好企业的头等大事，也是保证“得人者昌”的必然环节。管理职工是一种手段，其目的在于造就企业需要的人才，为企业的发展服务，也就是为出资人谋利。企业的性质各不相同，尽管需要的人才也各有差异，但最基本的方面则是相同的。山西商人管理职工的内容多反映在号规中。即用号规去规范职工的行为，塑造职工的形象，提升从业人员的职业道德修养。

1.培养吃苦敬业的奉献精神

一个企业的兴盛，首先要拥有一批敬业奉献的职工。山西商人的企业遍布全国，既有繁华的大都会，又有众多的荒野和不毛之地；既有舟车可以代步的地方，又有跋山涉水、走草地、过沙漠，人烟稀少的地方。在恶劣的环境下，如果一个人怕苦、怕累，那企业要取得成功显然是不可能的。另一层，不论年轻人还是年长者，不论在总号供职还是在分庄供职，也不论总号设在山西境内还是设在外省其他地方，都是不准带眷属的，是清一色的男子汉，这又有别离父母妻子之

① 伙计地位比相公高，可以跟随先生参与买卖，学习记账、写信等营生。

② 相公指初入商号之人，等级低于伙计，每日给先生、掌柜端茶倒水，但不得参与生意，3年期满可晋升伙计。

苦。苦是多方面的，但一切苦，经过磨炼，就会遇苦不以为苦，养成吃苦耐劳的奉献精神。有了这种吃苦精神，不论被派往何地，是离家乡近还是远，是繁华的大都会还是偏僻村镇，是北方人适应的气候还是不适应的湿热气候，都会勇往直前，愉快地去任职。不然，像汉口那种湿热的地方，广西有瘴烟毒害的地方，库伦、科布多、乌里雅苏台等不毛之地，拉萨高原缺氧的地方，都不愿意去，山西商人的店铺是不可能遍布全国的。

为了培养职工这种精神，具体表现是班期的规定。班期长短因从业地点距故里远近而异，最初通常为三年或四年。班期内，不准回籍探亲。驻满班期，方准回总号。总号在原籍的当然可以探亲；若总号设在外省，探亲不知多少年才有一次。晋商商号用班期制，也就是用几年时间去磨炼职工吃苦耐劳的精神，从而使每位职工都成为适合企业经营所需要的人。

这种班期，还具有考核职工才能的意义。事靠人做，实际才干如何，必须有一个过程，任职时间太短，不利于造就人才。只有在一定时间内，使其经营业务的才能，由不懂不熟到精通熟练，从而考核其应变和不同情况下交易的能力，决定职工的升迁。因为评价一个职工的才能与业绩，不能就一事一时而论，而要放在一定时期内，观察其全部过程，这也是班期的一个本意。正是这样，许多企业都有职工驻满班期之后，评论其功过、加薪或减薪、加股或减股之规定。

2. 崇高人格的塑造

所谓人格，既指人的道德品质，又是人的气质、能力、性格的总和。人格的存在确立了人的本体存在，而人格的优劣则决定着自我的回归和失落。做事先要做人，做人先要端正人格，确立自我，使自己具有合乎道德规范的品行，合乎大众准则和社会需要的气质、能力和性格。

山西商人自明朝初期开始兴起，明中后期业已称雄中国商界，清朝前期晋商得到了更为长足的发展，清中后期执中国金融业之牛耳近百年，兴盛长达数百年。从清嘉庆年间国外鸦片输入中国以来，吸食鸦片、赌博、娼妓之恶习横行社会，风气败坏。在这样一个时代，山西商人要出淤泥而不染，要把企业办好、办成功，对职工人格的塑造就显得特别重要。不然，尽是一些习染社会恶习、贪财挥霍之辈，事业是不可能取得成功的。山西商人为拥有适合自己经营需要的人才，并使好人不至于变坏，对人格的塑造下了很大功夫。而这种塑造或培养，用条规形式固定下来，即使职工有了明确的锻炼目标和行为约束条款，又使总经理考核职工有据可依，实现了规范化管理，从而使所有从业者都明白：做一个优秀职员的标准与要求，做到了号规面前人人平等。晋商商号关于职员人格的塑造，其基本要求如下。

（1）杜绝社会恶习，严禁吸食鸦片、赌博、嫖娼　吸食鸦片，耗资、伤身、消磨意志，甚至骗人钱财、偷盗、卖妻卖子，成事无益、败事有余。赌博、嫖娼、戏妓同样会使人失节乱行，贻误号事。所以，晋商商号规定，凡有吸食鸦片、赌博、嫖娼者，一经发现，一律辞退出号。在鸦片、赌博、娼妓横行的时代，山西商人能杜绝恶习于企业之外，造就一批不染恶习的职工，既保证了商号事业的成功，又不使一个职工变质学坏，其用心良苦难能可贵，极大程度上弘扬了中华民族艰苦朴素的传统美德。

（2）倡导廉洁奉公，严禁徇私舞弊　一切从事商业和金融业的企业，职工既与商品、货币打交道，又与各商家往来，一个私心重的人，必然要贪污受贿，或者向商家浮挪暂借、买货不付款，或者赊欠久久不还。如果发生上述种种不良行为，对内企业经济遭受损失减少赢利，对外则败坏企业声誉，影响往来商家的关系，甚至商家不再愿与本企业交易。故而，每家晋商商号都要制定条规，来约束职工的不良行为，塑造其廉洁奉公、不谋私利的职业操守。如果有职工冒犯号规，轻则教育降薪罚款，重则辞退出号。由于山西商人重视塑造职工的人格，很少发生过职工贪污的事件。

（3）推崇团结友善，严禁欺上瞒下　和为贵，不论是企业还是家庭，都至关重要。人常说，和气生财，和衷共济，同心合力一切事情就好办了。如果上不爱下，不关心职工痛痒，下不尊上，不听从指挥，各吹各的号，各唱各的调，相互不团结，形不成合力，企业是绝对办不好的。所以，山西商人开设店铺，不论大小，都十分重视企业职工的团结，忌讳和反对不团结，用种种条规来规范上下左右人员的行为。“各码头人位，皆取和衷为贵，在上位者固宜宽容爱护，慎勿偏袒；在下位者亦当体量自重，无德放肆。倘有不公不法之徒，不可朦胧含糊，外请者就便开销；由祁铺请用者，即早着令下班回祁出号。”[①] 为确保和衷共济，防止相互诬陷和挑拨是非，进一步规定，除“各处首领赴冬月内与祁铺首领写一保荐人位贤愚封口信，务要秉公实呈，以凭赏罚”外，“其内外伙友，不准致函总号。万一有不通之事，只可写开口信，俟后报祁。若有一字隐瞒，即以号规论处”。[②]

（4）提倡公私分明，严禁损公肥私　山西商人所谓的公私分明，就是商号的财物不能占为己有，该自己花的钱不能让企业开销，要井水不犯河水，车走车

① 张正明、薛慧林：《明清晋商资料选编》，山西人民出版社 1989 年 1 月版，第 144 页。
②《大德通号规》。

路，马走马路，一清二白。自我国有了民信局及清末的国家邮政起，在外地的职工给家里买些需要的物品寄送就方便多了。可是，起初大家不在意，往往职工个人的物品与字号公用的物品打包一起寄回，增加了企业费用支出。为此，有的企业规定，职工物品少许也就罢了，若重量在“二十斤以上，脚价自出，记入支使账，由薪金内扣除”。

总之，山西商人开设的商号为把职工培育为企业需要的合意人才，从多方面去规范与约束职工的行为，使其人格升华，赢得社会赞誉，为其发展和成功奠定了精神与物质基础，对于当今各类企业用人育人具有普遍借鉴意义。例如，当今的行业不正之风，其之所以久禁不止、愈演愈烈，与对职工没有明确的人格规范与教育有着至关重要的关系。当然，山西商人对职工的管理，以现代人眼光来看，也有它落后的一面，过于不相信人的自尊，在很大程度上将人身自由也相对剥夺了。这主要表现在，职工给家寄信寄物不准直接寄家要由总庄转交，下班不能先回家等等方面。

（二）加强专业技能与综合能力的培养

晋商商号会选派年资较深的专业人士任教师对学徒与员工进行商业技能与综合能力的全面培训。学徒要学习包括珠算、楷书、记账、写信等经商基本技能。由于晋商的商业活动遍及内蒙古、东北、新疆，甚至远至外蒙古、俄罗斯、日本、韩国等国家，所以学徒还要学习蒙语、满语等民族语言，也要通俄、日等外语。这和今天考硕士、博士要求外语达到一定等级的要求是一样的，不过，今天对外语的要求，尚停留在书本上，而晋商对学徒的要求则以交流畅通为目的。同时，票号员工必须熟记与辨别银两成色。除此之外，还要对从业人员的言行举止、穿着服饰等方面进行相应的培训。

五、重视人才、知人善用

一切工商业和金融业，都是在市场竞争中发展的。市场竞争，说到底，是人才的竞争。不论从事商品生产和商品流通，还是从事借贷业务，从业人员都必须有知识、懂技术、会经营。在一定程度上，人才是企业的根本，是企业生死存亡的关键所在。

（一）晋商的“得人者昌”

“得人者昌”，治理国家如此，治理企业亦然。山西商人深深地意识到：“得人者昌，政界固然，商界何独不然！”[①] “得人者昌”的核心，是在用人问题上必须坚持任人唯贤的原则，反对任人唯亲。只有任人唯贤，才可以“得人”，才可以昌盛；也只有任人唯贤，伙计们才干得顺心，干得有劲，心往一处想，形成凝聚力。以事业为重者，必然重视知识、尊重人才和重用人才，不徇情，不嫉贤，不分亲疏远近，甚至内不避亲，外不避仇，贤者用之，不贤者罢之，财东、经理与伙计同心同德，则商号繁荣昌盛。反之，只为揽权，任用无才亲朋，不听良言，则往往人心涣散，企业衰败势在必然。

（二）晋商的“任人唯贤”

任人唯贤，要使贤才得以充分发挥其才能，还必须知人善任，用人所长。人的能力取向是有区别的，有人善于开拓进取，有人善于稳健推进，有人善于社会交际，有人善于撰著文书，有人善于统筹规划，有人善于专攻业务，必须用人所长、各得其所。如果将有帅才的当一般职工使用，或不多言语宜做文书的派去任分庄经理，不仅浪费人才，往往只能事倍功半，对企业发展十分不利。知人善用，既包括资本家聘用的总经理，也包括总经理选人、用人。这里，著者以山西票号的例子来加以说明。

首先，各家票号因为年代久远，总经理一代接一代，有的多达五六代。由首任到末任，多是前任年老去世，资本家才选后来者继任的。

其次，票号虽然在全国八九十个城镇设庄，但京城、汉口以及后来的上海始终是票号最重要的码头。正由于这三个城市在票号业务中占据重要的地位，所以各票号总是把最能干的人才派去当分号经理。平遥县蔚丰厚票号，30年来先后派李宏龄去京城、上海、汉口分号任经理，既是这些重要码头的客观需要，又是充分发挥李宏龄才能的必然。其之所以要轮番调派李宏龄，是因为票号派往分号的伙计有个班期，每班期三四年，必然调换一次。

李宏龄（1847—1919），字子寿，平遥源祠村人，是山西商人中唯一留有传世著作的票号中人。宏龄才华出众，对形势的判断超过总经理，因而不仅主持的分号取得成功，并帮助别的分号赢利，还能居安思危提出创新性的改革建议，可谓票号业中一位盖世英才，其个人品性与主要事迹如下：

（1）逆境中求发展　清光绪中叶前后，帝国主义掀起瓜分中国的狂潮，连续发动了中法战争、中日甲午战争、庚子年八国联军入侵北京等侵略战争。每次

① （清）李宏龄：《山西票商成败记》，载黄鉴晖（校注）：《晋游日记·同舟忠告·山西票商成败记》，山西经济出版社2003年5月版，第221页。

战争，对各行各业都会造成重创，众多商号都身处逆境而飘摇不定。李宏龄一方面对帝国主义侵略战争义愤填膺，表现出中华民族同仇敌忾的气节；另一方面对清政府的腐败无能、丧权辱国、求和贪生的面貌也有深刻的认识，所以他认为战争是一时的，必然以求和终结，不会长期影响票号业务，因而他采用“人缩我进、人弃我取”的方针开展业务，取得丰厚盈利。光绪二十年（1894），中日宣战，京城人心惶骇，官吏携眷纷纷外逃，各票号均停止收交汇兑款项。李宏龄反其道而行之，急电各分号照常收交汇兑，但要汇费加增，交款期延长。同时，将收汇款项和揽储的存款调往南方分号放账，事平后再调回京城。这样一来，使京号获利颇丰。同年冬，因上海分号业务不景气，总号调李宏龄去上海。他由京路经扬州时，扬号正按总号指示收缩业务，要将所有存款退还存户，并停止收汇上海款项。李宏龄大不以为然地认为，扬号向来靠做上海、南京的生意，如此与谋利之道相悖，当即告知扬州经理：“旧存款不但不还，有新款尽管收存，皆归上海借用。如有汇沪款项，若扬号放出能赚利，也尽管收汇上海，利归扬号，若有失利，与扬号无干，宏自能上达总号。”结果，扬号生意发达，年终结利三万多两，总号夸奖扬号经理经营有功，岂知是李宏龄之策谋。光绪二十六年（1900）冬，宏龄由上海下班回里路经汉口，汉号经理侯克明对他说：“江西省被派每月协济甘肃饷银三万两，当局言定让咱南昌分号独家汇兑，而总号因庚子战争电信俱至，要江号递禀退卸。南昌钱庄闻得此信，纷纷来汉探听兑费，准备包揽。如照总号信电办理，来年和局一定，江号恐不能站脚。”李宏龄答曰：“总号既措置乖戾，何不寄信拦阻？”李宏龄与侯克明合信致达总号说：“总号不知外情，我等坐视成败，岂能对人？”李宏龄因地制宜、因势利导、相机行事，使众多票号转危为安，逆境中获利。相反，李宏龄不主持的和没有路经的分号，却是另一种情形，损失巨大。庚子年八国联军侵入京师，京城各分号都撤庄回籍。蔚丰厚京城分号经理撤庄时起运现银1万多两，行至彰仪门即被侵略军抢劫。

（2）款无巨细，人无近疏，广揽广交，多中取利　李宏龄深知，作为银行业，获利靠多收存款，多收汇款，才能多放贷款，增加赢利。所以，他总是施展才能，想方设法开展业务。光绪二十年（1894）冬，李宏龄由京调上海，就是因为那里前任经理能力有限，业务不得发展。他到任后，注重调查研究，与伙计座谈，分析市场，从而得知从前杨叶荣经理主持号事时生意极多，如今生意之所以减少，是前任经理不甚懂银行业务又只想做大宗生意，不准收汇零星款项，也不准从钱庄揽银两信汇，日久人人皆知，均不来号汇款，以致生意大减。另外，对官款汇兑，连领汇、交汇的库费和平码都不知道，就更谈不上揽做公款汇兑了。

于是，李宏龄向伙友们布置，凡有零星汇款，不可过于较量，应权宜收之；银两信汇要多办；官款汇兑肥厚最多，不可不贪。并且说："上海汇往京师的信汇银两，多是京官，往往款项不用，立一个折子，不知何日取完，可以增加浮存。且京官今日当差上海，明日放差他地，其后交友愈广，生意愈多，人己两益，何乐而不为。"事后，宏龄从上海下班回总号，总经理侯星垣对于李宏龄在上海的业绩给予了高度赞誉"狼行千里吃肉，阿伙计此番住申，大为出力，可嘉可嘉！"

（3）吸取历史经验，依势模仿取胜　市场经济下，银根松紧与贴水涨落具有一定的规律性，会反复出现，尤其遇到战乱，表现尤为突出。所以，李宏龄在开展业务中，十分重视吸取历史经验。民国元年（1912）九月，李宏龄又被派驻京号。当时由于受辛亥革命的影响，各地市场银根奇紧，特别是长沙现银奇缺，以票换现银，每千两贴水七八十两。由此，李宏龄想到清同治初年，因太平军西进的影响，湖北沙市现银紧缺，开头每千两贴水数两，后来竟涨至700两。李宏龄想若长沙出现沙市那种情形，情况不堪设想，于是立即发信汉口分号，请汉号速收汇长沙银十来万，以应不测。汉号接信亦认为宏龄意见极为正确，以每千两贴水90两，很快收汇交长沙银12万两。进入腊月，长沙贴水涨至400两，以12万两计，即省银或赚银5万两。嗣后，贴水竟涨至800余两，千两票据只当现银100余两。可见，李宏龄的深谋远虑起了决定性作用。

（4）收清旧贷款，再做新放款，分清责任，严防呆账　分号经理是不断更换的，每任最多干三四年，少则两年一调换。每任期的经营成效，是评价每位经理才能的依据。李宏龄之所以每任成效不凡，很少坏账呆账，他牢记着前辈的经验："尔等日后凡改驻码头，前手外放款项总应收清，然后徐徐贪做，才能底清心明，不然前手坏账就成了尔等的坏账。"李宏龄心领神会，觉得这话很有道理，他以为银行业靠放账生利，如果对借户情况不甚了解，不了解他们的还款能力，旧贷新贷一直往上垒，是危险最大的。要预防坏账，也就得勤收，所以每到一处管事，他都按前辈经验去做，获益匪浅。光绪二十四年（1898）五月，他调职汉口，命伙友把外放款项一律收清，有的伙计对其做法很不理解，难免有些疑惑。当他这一举措实现之时，不幸在八月汉口惨遭大火，伤人数千，烧毁房屋、货物难以计数，为数百年来之大火灾。灾后，因各货帮损失惨重，困难重重，甚至歇业不能再做，银钱业吃亏者甚多，而李宏龄负责的蔚丰厚票号无丝毫损失。正是这样，李宏龄先后在京号管事20年，从来没有巨额的倒欠款项，成效卓著。当然，作为经营银行业者，要做到无丝毫倒欠，那是不可能的，即使有一些倒欠，也深为总经理所理解。比如，李宏龄在京号多年，曾发生过京官零星拖欠3 000来两和清外务部某官短欠7 000余两的坏账，总经理宽勉地说："向来买卖交易，总是有赔有赚，要通盘核算。有的往来多年，今日所欠之款，皆昔日所赚之款的一部，不能以倒账论。”总号经理深明事理，李宏龄深为感激。

（5）居安思危，屡倡改革　清末，由于帝国主义列强军事和经济的入侵，国内经济危机此起彼伏，市场千变万化，票号传统的运行规则多不适应。比如，票号总经理常住平遥总号，靠与各分号的书信往来指导业务，对各地市场不尽深入了解，这就不断导致指导性失误。李宏龄认为要改变总经理指导业务的失误，总经理以及资本家就必须到各市场走走看看，了解外情，才能有的放矢，为此他多次写信建议，最后一次信说：“方今时局，日新一日，情形迥非昔比……弟所以力请此行者，实于号事大有裨益。星垣兄若能周历各处，归来调动一切，胸中自有把握。弟实为号中大局起见，毫无私心，兹仍函请四东早为吩咐，即望将前次之信转呈一看。方今学界、官界，皆派人出洋考察。惟商界并无此举。弟以为，出洋原可不必，而京城、天津、上海、汉口数处不可不往一看。火车、火船往来甚便，亦不甚辛苦，不过往返数月，细思有利无弊。”①

伴随帝国主义的经济入侵，洋商遍及沿海沿江各口岸，于是华洋商人之间的交易不可避免。为适应这种形势的需要，李宏龄极力建议总号培养通习外语的人才，使语言文字相通，便于办事。“现在各国通商，必须语言文字相通，方能便于办事。国家所以设立学堂，亦因外交而起。弟意我同行亦须培养人才，择年少才美者数人，或送学堂学习三年，或同人公立一学堂，延请教习，俾各号各码头皆有一二通习各国语言文字之人，则不但华商可交，即洋商亦可交易”。②

票号长时期操纵着各市场的吞吐大权，是降息还是升息，是收存还是出放，都是它说了算，账局、钱庄无不追随其后。国家创办户部银行（后改名大清银行）后，情况发生了很大变化，户部银行享有发行钞票和代理国库藩库的特权，拥有的资本超过全体票号近一倍，因而随着户部银行分支机构的扩展，票号在金融市场的大权旁落，改由户部银行主宰，同时公款汇兑也几乎为户部银行尽夺，票号遇到了强大的竞争对手，发生了生存危机。这时，尽管票号的总经理和分号的经理成百上千，唯有李宏龄看到了票号生存的危险，于是他联合在京三帮票号的经理，并邀请著名绅商渠本翘为总负责人，向总号发出倡议合组三晋汇业银行，作为票号的后盾，以挽救晋人生计。这项倡议，得到了社会各界和全国各地票号分号经理们的广泛支持和赞同，由于种种原因，尽管没有成为事实，但表明李宏龄

① （清）李宏龄：《同舟忠告》，载黄鉴晖（校注）：《晋游日记·同舟忠告·山西票商成败记》，山西经济出版社2003年5月版，第131—132页。

② （清）李宏龄：《同舟忠告》，载黄鉴晖（校注）：《晋游日记·同舟忠告·山西票商成败记》，山西经济出版社2003年5月版，第124页。

是一个审时度势、与时俱进、开拓创新的票号改革者。

（6）重视人才、重用人才、不徇私情　李宏龄长期担任分号经理，被总经理重用，为蔚丰厚票号创造了辉煌业绩，说明人才是企业的生命；同时，作为分号经理，李宏龄又是一个善于指派领导他人的人，具有重视人才、重用人才、不徇私情、大公无私的品格。他认为“码头之兴衰，全恃一头行人”，“号事之兴衰，全在人位之高下。”[①]道出了一号之首领和职工素质的重要性，也是他举贤任能之准绳。为此，李宏龄十分重视对职工素质和能力的考察，其考察方法是“观其行而识其才”，重实绩，不看表面。如此一来，“不数年间，某人才，某人不才，派某人到某处任某事，加股减股，辛伙皆然，无不因其人之才具劳绩，秉公行之，无一毫私意情面，日久则人才奋起，各码头蒸蒸日上，自无不兴旺之理”。[②]

秉公行事，毫无私情，人才自然奋进，是带有规律性的认识，对一个企业在用人问题上具有普遍指导意义。李宏龄身体力行，该重用者便重用，该贬者毫不念私情。刘承基多年在京号任文书，功底厚，懂业务，是李宏龄报告业务、写书信的得力助手。一次总号要调刘去扬号管书信，李宏龄认为既属同职不是升迁，又从重要码头调至一般码头，是对人才的浪费，故致信总号恳留在京号。郭某因不守号规从成都调回总号，可又派其到天津任副经理。李宏龄知其不才，致函劝阻，总号不听。结果，郭在天津滥放外账达三四十万两，有的成为疲账，使票号遭受损失惨重。事后他无不感触地寄信总号说：“从古兴衰之判，在乎用人。人才之兴，全凭鼓舞。若赏罚之际不能允洽，则贤能无由奋起，而不肖者反得寅缘而进，成败所关，岂浅显哉！”[③]京号侯中杰、梁鸿基是分管业务和账务的，从业1年多，既无差错贻误，跑街颇为得力，内事皆可指靠，李宏龄主张破格提拔，或薪金格外从丰，不必拘泥3年班期驻满再议加股，遂向总号建议：“现在时事多艰，国家用人尚且破格，我号又岂可拘守成例？其二人与弟并非亲故，务析照行是幸。”[④]相反，李宏龄推荐的毛兰亭，被总号派驻湖南常德，他听说毛兰亭习染上鸦片嗜好，与号规相违，他写信请总号派人调查，“如果属实，即可另派妥

① （清）李宏龄：《同舟忠告》，载黄鉴晖（校注）：《晋游日记·同舟忠告·山西票商成败记》，山西经济出版社2003年5月版，第139页。

② （清）李宏龄：《同舟忠告》，载黄鉴晖（校注）：《晋游日记·同舟忠告·山西票商成败记》，山西经济出版社2003年5月版，第149页。

③ （清）李宏龄：《同舟忠告》，载黄鉴晖（校注）：《晋游日记·同舟忠告·山西票商成败记》，山西经济出版社2003年5月版，第111页。

④ （清）李宏龄：《同舟忠告》，载黄鉴晖（校注）：《晋游日记·同舟忠告·山西票商成败记》，山西经济出版社2003年5月版，第146页。

人前往。总之，号事以妥实为主，岂可因弟汲引在先，遂而袒护。凡事秉公，不必瞻徇也。若必如此拘拘，恐以后无敢保荐人者。无论弟所荐之人，并非弟之亲故；即是弟之亲故，亦不能容推。而至于他人，无论为何人所荐，均不能姑容也”。①

六、不拘一格、能者居上

晋商在人才的选拔与任用上，不拘一格、能者居上。以下就以侯氏家族为例，加以详述。

介休市北贾村，出过一户赫赫有名的晋商巨族——侯氏家族。早在康熙年间，侯家就靠贩卖苏杭绸缎而兴盛发达。乾隆年间，侯家资产已达百万两白银，故其家长侯兴域，人呼“侯百万”。“侯百万”有六个儿子，把家产分了六份。不料，六兄弟中，老大、老二早死，老四、老六无子嗣，老五虽生过一子，却过早去世了；只有老三侯庆来，精明能干，人才出众，便一手掌握了侯家的全部买卖。他为了纪念父亲，就根据父亲的字蔚观，把侯家的几处生意都改为蔚字当头的字号。侯家虽是介休人，但北贾靠近平遥，他家的好几处字号便都设在平遥城里。其中，蔚泰厚绸缎店和全国第一家票号日昇昌只隔着一家烧饼铺。日昇昌改为票号后，生意兴隆，日进斗银，使邻居侯财东看得十分眼馋。侯庆来几次和他儿子侯荫昌商量，想把自家的绸缎店也改为票号，但他们对票号业务一概不懂，社会上也聘不到懂行的掌柜，这可把侯氏财东难住了。

正在侯财东冥思苦想，一筹莫展之际，忽闻“日昇昌票号”内部起了风波：大掌柜雷履泰和二掌柜毛鸿翙发生了权利之争。毛鸿翙不甘心长期排在雷履泰之后，雷履泰也担心毛鸿翙篡夺自己的掌柜大权。两人先暗斗，后明争，一直闹到剑拔弩张。终于两人之间的矛盾到了有你无我的地步，毛鸿翙在雷履泰的强压下不得不辞号。侯荫昌看到这是个机会，便秘密约见毛鸿翙，说明自己想将蔚泰厚改票号的打算并重金聘请他过来当大掌柜。毛鸿翙闻侯之言，深谢侯荫昌对他的知遇之恩，当即表示答应受聘，并发誓一定要让蔚泰厚票号超过日昇昌。就这样，毛鸿翙刚从日昇昌辞去二掌柜，便到蔚泰厚掌管了号事。他按照自己的经验，稳妥地把绸缎生意移交其他支号去办，按照票号规则，把蔚泰厚改组为票号。改组第一年，就取得了可观的经济效益，侯荫昌一高兴，索性把蔚丰厚、新泰厚、蔚

---

①（清）李宏龄：《同舟忠告》，载黄鉴晖（校注）：《晋游日记·同舟忠告·山西票商成败记》，山西经济出版社2003年5月版，第146页。

盛长也一律改为票号，全部交给毛鸿翙掌管，并给毛鸿翙在蔚泰厚已顶了一股生意之外，又给他在新泰厚也顶了一股。

毛鸿翙受宠若惊，万分感激，更加卖力地为侯家服务。他仿照东家拉他出来的办法，将日昇昌的两个业务能手，郝名扬、阎永安拉了过来，安排在蔚丰厚任职。后来，侯荫昌、毛鸿翙又把天成亨也改组成票号，形成了侯家蔚字五联号的格局，在整个票号中形成了与日昇昌的抗衡势力！侯家因开办票号更加富有，毛鸿翙也因在蔚泰厚、新泰厚票号中各顶有身股，及入有银股若干而暴富。到了毛鸿翙的孙子毛履泰当家时，其占两票号的股份近 1/4，实际上与侯家共同在控股。

侯氏家族的用人之道，只是晋商用人之道的一个代表，其他著名的晋商如乔家、曹家，只要看准你是人才，且效忠财东者，就不惜代价，破格提拔，另加身股，授予经营大权，或派驻大城市，负责经管一个商号或几个商号。

如曹家有一个小商号掌柜张子宽，为人精明，办事颖敏练达，接连办了几件扭亏为盈的买卖，深得曹氏信任，遂被聘为锦生润票号的首任掌柜兼关外各商号的总当家。又如金德账庄的大掌柜戴世封，管理有方，盈利倍增，曹氏不仅给予最大权力，且每年结账时可以入身股参与分红，所分红利达白银万两。又如秀才出身的高介臣、杨济溥等，能文善写，也被曹氏破例录用为掌柜。

乔家在包头的复盛西粮店，下属有一个小粮店，此粮店虽小却生意兴隆，年年盈利。而之所以如此，全靠小店的掌柜马荀。此人虽没文化，但是却善动脑子、肯吃苦，把个小店经营得红红火火的。而其归属的老字号复盛西粮店，却年年亏损，连续两三个账期都是赔钱，反要让此小粮店为其补窟窿。亏损归亏损，可老字号的复盛西粮店的伙友们的架子不倒、待遇不减、地位不变，仍然是高高在上。而连年盈利的此小粮店，却无论是报酬、待遇还是地位都不及复盛西粮店。这就极大地影响了小店店员们的积极性，引起了店员们牢骚满腹，消极怠工。

为了改变这种不合理的现象，为了提高职员们的劳动积极性，马荀毅然决定在年终岁末回家探亲时，去探访乔财东，向其反映真实的情况。马荀是祁县姜堡人，乔家堡就是他回家的必经之路。马荀因急于见财东，也就顾不得先回家，便风尘仆仆直奔乔家。

长途奔波，再加上他衣冠不整，显得他蓬头垢面，以至于进乔家大院时，竟被看门的当成了乞丐而被拦截在大门之外。马荀急中生智，称自己是马大掌柜从包头回来，有急事要见。

乔致庸听到禀报，感到惊奇，因为没有哪个下级敢在乔东家面前自称“大掌柜”的。只见马大掌柜不卑不亢，思路敏捷，声音洪亮，三言五语，把复盛西和小粮店的经营情况说得一清二楚，有理有据，并提出了解决方案。

乔致庸根据丰富的识人经验断定，这是个人才。敬业精神，着实令人钦佩。乔掌柜立即吩咐家人给他备厚礼一份，并用自己的车，送他回家。第二年，新年一过乔致庸立刻拨付一笔资金给马荀所在粮店，准其独立经营，由马荀全权处理粮店事宜。

明清晋商奉行并在实践中推行的上述人力资源管理理念，尽管时过境迁，但对于当前企业的人力资源管理仍不乏借鉴意义与启迪效应。

第3章

明清晋商人力资源管理的制度创新

在经营实践中，晋商注重人的管理，“借驾驭人理来变幻物理，借调度人性来开发物用，借策动人心来提升物价，借操纵人事来消弭物争”[①]，从而实现商业活动中最大限度地获取利润。他们深深地体会到，“事在人为，得人则兴，失人则衰”[②]，因此“以‘留意人才、培养人才、挑选人才、鼓励人才’为第一要义”[③]。晋商把人看作商号经营的第一要素，用人来驾驭、调理事物。

曾任蔚丰厚票号汉口、上海、北京等地分号掌柜的李宏龄，从事票号经营50年。李宏龄通过回顾自己从事票号50多年的从业生涯，总结了许多票号得失成败的经验之谈。在其所著的《山西票商成败记》中，总结了协同庆的兴盛在于得贤才。“其以区区数万金，崛起于咸丰末叶，得人独盛者，厥惟协同庆一业执事孟子元明达士也。年仅不惑，知人善任，虽老成亦有所不及，一时识拔人才，除刘君肃斋为契友外，如陈君子弼、雷君文山、梁君廷诒、温君仲献、张君星斋、雷君润堂等，皆于立谈之顷，引为同调。而于赵君厚田尤能一见倾折，拔之寒素，畀以重任，而不疑其后，冒险姑苏，急难皋兰，回翔于成都、重庆之间二十余年，能使全局营业恒操胜算，皆赖赵君之力。得人者昌，政界固然，商界何独不然！”[④]协同庆票号之所以能兴旺发达，主要得益于那些优秀的经营管理人

---

① 贾嘉麟:《商家智谋全书》，中州古籍出版社2002年2月版，第2页。

②（清）李宏龄:《同舟忠告》，载黄鉴晖（校注）:《晋游日记·同舟忠告·山西票商成败记》，山西经济出版社2003年5月版，第122页。

③（清）李宏龄:《同舟忠告》，载黄鉴晖（校注）:《晋游日记·同舟忠告·山西票商成败记》，山西经济出版社2003年5月版，第139页。

④（清）李宏龄:《山西票商成败记》，载黄鉴晖（校注）:《晋游日记·同舟忠告·山西票商成败记》，山西经济出版社2003年5月版，第221页。

员，历任经理在当时都是出类拔萃的人物，具有较高的经营管理才能，使协同庆票号“营业发达、与年俱进”[①]，生意兴隆。同时，李宏龄对于协同庆票号最终衰落的原因，也进行了相应的剖析，“厥后继起者，大率按部就班，绝非应变之材。故不逾十稔，一误于连号之牵制，再误于庚子之铺张。轰轰烈烈之事业，竟一落千丈矣！履霜坚冰，其来者渐，岂待辛亥革命全体糜烂，而始一蹶不振哉！统观始末，其成败得失，皆系乎人。人存则举，人亡则废，凡事皆然。”[②]李宏龄认为协同庆票号之所以走向衰败的原因，关键还是用人。后来的经营者“绝非应变之材”，使“轰轰烈烈之事业，竟一落千丈矣！”

同时，李宏龄在《同舟忠告》中，也剖析了新泰厚票号衰落的原因。“即如新泰厚赵辉亭，近年以来任用私人，遂致各码头生意大为减色，兼之内外无人，远不及以前之得手。今日所用年少之人并请辛伙，如果秉公拣选，人人得力，则他日执掌号事自然出色，而号事必日有起色。虽东家殷实，招牌极老，亦非人不可。弟所以谓号事之兴衰，全在人位之高下，非特新泰厚如此，即协同庆亦然。他号已往之事，皆我号未来之戒。”[③]“票庄之生计在于用人”[④]。因而，“整顿之道虽多，大要以用人为第一要务。”[⑤]在李宏龄看来，要使商号经久不衰，最关键是选人用人。

明清晋商认为经营成功与否，离不开天时、地利、人和，三者之间则“天时不如地利，地利不如人和”，人是第一因素，影响制度执行力靠的是人。明清晋商在长期的商业运营过程中，探索并有效践行了“荐举担保制、学徒制、人身顶股制、号规制、经理负责制、辛金福利制、班期制、联号制”等一系列人力资源管理制度。

---

① （清）李宏龄：《山西票商成败记》，载黄鉴晖（校注）：《晋游日记·同舟忠告·山西票商成败记》，山西经济出版社 2003 年 5 月版，第 221 页。

② （清）李宏龄：《山西票商成败记》，载黄鉴晖（校注）：《晋游日记·同舟忠告·山西票商成败记》，山西经济出版社 2003 年 5 月版，第 222 页。

③ （清）李宏龄：《同舟忠告》，载黄鉴晖（校注）：《晋游日记·同舟忠告·山西票商成败记》，山西经济出版社 2003 年 5 月版，第 141 页。

④ （清）李宏龄：《同舟忠告》，载黄鉴晖（校注）：《晋游日记·同舟忠告·山西票商成败记》，山西经济出版社 2003 年 5 月版，第 143 页。

⑤ （清）李宏龄：《同舟忠告》，载黄鉴晖（校注）：《晋游日记·同舟忠告·山西票商成败记》，山西经济出版社 2003 年 5 月版，第 143 页。

一、从业员工的招聘与甄选——荐举担保制

（一）荐举担保制的原则

1. 用乡不用亲

用乡是为了利用乡情加强凝聚力，而且本乡本土，知根知底，落叶归根，某人在号中表现不端被开除出号，不仅断了一家人的财路，又有辱祖宗的面子，其他家族成员亦不依，死后都无法进祖坟；用乡是为了便于约束，不用亲是为了严格管理制度，尤其不用三爷（少爷、姑爷、舅爷）。

2. 择优保荐

择优就是选择优秀的人才；保荐是实行担保制度，学徒、员工进入商号，一般都是有身份与威望的当地人引荐，并需要殷实商铺为之担保，如果被担保人出事，不仅累及担保人名誉，担保人还要负责经济赔偿，这也是一种有效的约束。

3. 破格提拔

晋商商号一律选用山西省人，这样既便于管理，又惠及同乡，将就业机会留给同乡之人，也利用乡情加强凝聚力。学徒或员工新入商号，必须有家道殷实者担保，被保证人“徜有越轨行为，保证人负完全责任。”① 由于保证人责任重大，如无特殊关系，并不易找。如果保证人破产，失去继续担保的资格，或者自己要求撤保，被保证人必须迅速另找，否则有被停职的可能。

（二）荐举担保制的实施方法

有了保证人的担保，还须通过相应的考察与考试。考察与考试的内容，主要包括两个方面：①询问被考察者的身世，祖上三代作何职业，出身贵贱，本人履历资格。所以询及三代，是担心祖上为人不正，恐有不良遗传。②测试智力、文字。测试分笔试与口试两种，据以对被测试者的能力做出判断。所有测试全部合格，即可“择日进号”，名曰“请进”，这是为了表示对新进者人格的尊重。同时向其明白宣示，人人都有升任经理的机会，以鼓励其安心服务，充分发挥个人的聪明才智。

---

① 中国人民银行山西省分行、山西财经学院、黄鉴晖：《山西票号史料》（增订本），山西经济出版社 2002 年 10 月版，第 611 页。

（三）荐举担保制的意义

1. 票号经营红火，员工发家致富

由于票号创立后，经营蒸蒸日上，员工报酬稳定，使票号职员职位被人们看好。更为重要的是，山西票号的各级经理人，许多是由普通员工晋升而来，一旦达到这个位置，则报酬丰厚，受到尊敬，家道也因此而兴旺。所以，进入票号任职，在许多人眼中，是一条求取富贵的便捷途径。求职者越多，票号的选用标准也随之严格，有的甚至极为苛刻。例如，志诚信票号选用职员规则规定：招收员工，年龄必须在 15 ～ 20 岁，身高 5 尺，家世清白，五官端正，毫无残缺，语言清晰，口齿伶俐，举动灵敏，善珠算，精楷书。而且，保证人必须与票号有利害关系。协成乾票号除了对年龄、家世、书算方面的要求外，还要求求职者仪态大方，习于礼貌，适应长年远行的生活。招收条件如此之高，这就要求求职者具有极好的教养与素质。这种严格的选拔制度，尤其是重视出身与品德的选拔标准，为票号的经营提供了用人保证，使票号在日常的经营中，很少由于员工的失职而遭受损失。

山西票号都有这样的明文规定："非本省同乡不得入内"。"按山西票庄组织之纲领，最有可观者，惟雇用店员一项，为他商所费及。查山西票庄同业者，关于雇用店员之规定，限于山西人，他省之人不得援用。其表面上虽为推广山西人之生活，实则由资本主利用本省之人而便于节制也。又按山西票庄营业规则，凡分设支店，皆隶属于本店，并不假分店以自主之权，故其用人，亦属本店为人选定。其所以倚重本店者，实因本店为资本主之所在地，凡事必由资本主裁夺，不令财权旁落故也。其规则之严如此。所以，山西票庄营业，自清初迄今，其同业间未闻有危险之事，未始非雇用人之限制，有以绝其弊端耳。"① 明清晋商巧妙地运用地缘乡情，压实了许多从业人员的责任感，有效调动了其从业积极性与创造性，无疑是晋商成功的原因之一。

2. 员工的个人素质得以保证

新员工进入票号，还须经过一段时间的训练，才能够独立从事工作。新员工的训练，均在总号进行，时间一般为三年，有聪明出众的，两年即可完成训练；也有过于愚笨的，不到三年即被开除出号。完成训练之后，往往被派往分号工作，"一经外派，身价立高，勿问在分庄担任何项职务，皆有二老板之身份。"②

---

① 中国人民银行山西省分行、山西财经学院、黄鉴晖：《山西票号史料》（增订本），山西经济出版社 2002 年 10 月版，第 612—613 页。

② 李谓清：《山西太谷银钱业之今夕》，载 1937 年 2 月《中央银行月报》第 6 卷第 2 期。

晋商对店员的选录非常重视，其程序相当严格，除了需要有身份、有地位、有声望的人荐举担保，还必须通过业务技术、职业道德的培训和考察，然后量才、德使用。当了伙计只是人才培养的第一步，此后的培养考察过程往往要延续十多年，具体的考核办法为："练习生成熟，再测验其做事能力与道德，如：远则易欺，远使以观其志；近则易狎，近使以观其敬；烦则难理，烦使以观其能；猝则难办，猝间以观其智；急则易爽，急期以观其信；财则易贪，委财以观其仁；危则易变，告危以观其节；久则易惰，班期二年以观其则；杂处易淫，派往繁华以观其色。"[①] 如果掌柜认为其或缺乏志向、或没有恒心、或不懂礼节、或机智匮乏、或欺上瞒下、或不忠不诚、或临危倒戈、或懒惰怠工、或腐化堕落，就会以"不堪造就"为由，将其毫不留情地辞退出号。

李宏龄是山西票号进入没落时期，思想解放，奋起图存的一位杰出的改革家。他长期担任蔚丰厚票号住外庄掌柜，在北京、汉口、上海等地都任过职，并取得过显著成绩。他在北京分号任职时间最长，在总号中也很有影响和地位，但他在任用人员上从不凭资格、徇私情，始终出以公心、举贤荐能，受到全号上下的同声称赞。

李宏龄这样出类拔萃的人才，其职业修养、业务能力都是长期学来的，他并非一进入蔚丰厚票号就被委任为掌柜，而是经过长期的磨炼，一步步从学徒、伙计成长起来的。李宏龄从长期经营管理中，深深认识到："号事之兴衰，全在人位之高下。"[②]"事在人为，得人则兴，失人则衰。"[③] 李宏龄认为："从古兴衰之判，在乎用人。人才之兴，全凭鼓舞。若赏罚之际不能允洽，则贤能无由奋起，而不肖者反得夤缘而进，成败所关，岂浅显哉！"[④] 在人才的选拔上，李宏龄认为一个好的人才除自身的修养和品德应具有良好的个人品德和素质（包括奉公守法、公正廉洁、诚恳谦虚、善领导、善应变等）外，还必须具备以下条件：①要有博大的胸怀和气度。度量大的人，才可以兼容并包，重用良才；能够见其远者大者，方能够支配环境而不为环境所支配，简言之，方能成其人事。②要有事业心。建功立业，事业心是成功人士赖以成功的凭借，离开了对事业的追求，便只有失

① 卫聚贤：《山西票号史》，说文出版社 1944 年版，第 57—58 页。

②（清）李宏龄：《同舟忠告》，载黄鉴晖（校注）：《晋游日记·同舟忠告·山西票商成败记》，山西经济出版社 2003 年 5 月版，第 141 页。

③（清）李宏龄：《同舟忠告》，载黄鉴晖（校注）：《晋游日记·同舟忠告·山西票商成败记》，山西经济出版社 2003 年 5 月版，第 122 页。

④（清）李宏龄：《同舟忠告》，载黄鉴晖（校注）：《晋游日记·同舟忠告·山西票商成败记》，山西经济出版社 2003 年 5 月版，第 111 页。

败，永远没有成功的希望。以事业为前提的人，一定实事求是地干，脚踏实地地做，决不敷衍塞责，决不以私害公，欺己欺人，不以现实为满足，精益求精，奋斗进取，不断进步。对于这种事业型人才，“有意用功、无意成功”，名利不求自得。③要能善用光阴。善用光阴，就是要惜时如金，充分利用时间、把握时间、争取时间。具体来讲，即：要准确、严格遵守时间，在一定时间内，做一定的工作；要迅速，做事要雷厉风行，既要好又要快，讲求工作的效率；要支配恰当，按照规律来办事，有恒心，能持久，不但时间不致浪费，而且工作者的身心能随之得到调节，事业随之进步。④会自己找事情做。这种人不是被动地奉公守职，而是能够在自己主管的范围内，富有创造精神，积极主动地自己找事情做，以进取的精神不断推动事业的发展。⑤有判断力并能解决与处理疑难杂务。这样的人往往富有主见，能随机应变，当机立断。在企业的分层管理中，唯有这样的人，才能认清自己的岗位，恪尽职守，将事情办好。

晋商“荐举担保制”的推行，在源头严把用人关，既确保了新录员工质量，在很大程度上防范了用人风险，又吸纳了人才，为商号的长足发展注入了新鲜血液与动力，促进了晋商的长期兴盛。

二、员工的培训与开发——学徒制

（一）学徒的遴选

明清晋商商号对于学徒的遴选有相当严格的规定，下面我们以山西票号对于学徒的遴选加以说明。

1. 地域限定

山西票号奉行传统晋商“用乡不用亲”的选人用人理念，在籍贯上的选择，非山西人，一概不用。这种情况，山西票号创建之初，就已形成了社会舆论。宣统二年（1910）贺黻晃指出：“按山西票庄组织之纲领，最有可观者，唯雇用店员一项，为他商所弗及。查山西票庄同业者，关于雇用店员之规定，限于山西人，他省之人不得援用。”[①] 因为山西票号在人事任用上，推行“荐举担保制”，而事实上，只有在票号中顶有较多身股的业务骨干，才有资格推荐学徒，而这些业务骨干全部来自山西票号故乡，因此，票号选用的绝大部分学徒也几乎都来自票号故乡——平遥、太谷、祁县、介休、汾阳、文水一带。

①《中国经济全书》第11册，第192页。

2. 荐举担保规定

学徒进入票号，必须有保荐人（保证人）推荐，而保荐人（保证人）还“必须与总号有利害关系”；票号的东家不得向本票号推荐学徒。如大德通票号1904年的号规就规定：“各连号不准东家荐举人位，如实在有情面难推者，准其往别号转荐。”[①] 保荐人（保证人）与被保荐人（被保证人）具有责任连带关系。学徒如有舞弊行为，保荐人（保证人）必须赔偿损失。卫聚贤《山西票号史》记载：“练习生有保荐人而无押金，将来如有舞弊情事，由当日保荐人赔偿损失。”[②] 保荐人要为练习生的舞弊行为赔偿损失这一规定，决定了保荐人绝对不会轻易向票号举荐练习生，更不会举荐自己并不了解或没有深交的练习生。

3. 基本素质要求

山西票号对于学徒有许多基本素质要求，尽管各号略有差异，但总体而言大同小异。如“志成信所定招收伙友规则，年龄必须十五以上，二十以下，身高须满五尺，家世清白，五官端正，毫无残缺，语言辩给，举动灵敏，善珠算，精楷书；”“又如协成乾招收伙友规则，除年龄身家大致相同外，更须仪态大方，习于礼貌，书算合格，不惮远行者方为合格。”[③]

4. 考试进号

学徒经过考试并合格后方能进入票号学徒。“票号收练习生，以为培养人才的根基。欲为练习生，先托人向票号说项，票号先向保荐人询练习生的三代做何事业，再询其本人的履历，认为可用，再分口试和笔试两种。”[④] 口试与笔试均通过，方可入票号学艺。

山西票号对学徒的遴选是极其严格的。这种严格的遴选制度，就为其后的严格训练、严格管理以及票号的成功，奠定了基础。

（二）学徒的培训与开发

通常情况下，一名合格的票号学徒，需要历经十年的全方位培养与岁月磨炼，三年总号练习，七年各地分号历练。

---

① 中国人民银行山西省分行、山西财经学院、黄鉴晖：《山西票号史料》（增订本），山西经济出版社2002年10月版，第599页、第613页。

② 中国人民银行山西省分行、山西财经学院、黄鉴晖：《山西票号史料》（增订本），山西经济出版社2002年10月版，第612页。

③ 李谓清：《山西太谷银钱业之今夕》，载1937年2月《中央银行月报》第6卷第2期，第187页。

④ 卫聚贤：《山西票号史》，说文出版社1994年版，第57页。

1. 职业道德培养

山西票号强调的基本道德规范主要有：重信义、除虚伪、节情欲、敦品行、贵忠诚、鄙利己、奉博爱、薄嫉恨、戒奢华等。其中，信用教育和信义教育是重点和中心。信用是人们之间的一种承诺关系，是人们信守自己的承诺不随意改变行为的选择，也是人们利用承诺来达成某种交换关系的社会活动方式。信用作为一种承诺关系，其实质和核心就是诚实。在中国传统伦理道德中，信用被奉为立人之本，成事之基，是人们必须遵循的社会交往准则。

票号对学徒进行职业道德教育，就是要求学徒，必须恪守信用，言而有信，不食其言；要做到重承诺，守信用，以诚待人，表里如一；绝不能朝三暮四，翻云覆雨，说的是一套，做的是另一套。只有做到恪守信用，言行一致，才能受到他人的尊重、得到他人的理解、肯定和扶持，才能保证自己行为的顺利和有效。否则，将会受到他人的鄙视、猜疑、阻挠，会造成寸步难行的尴尬局面。

利以义制，以信义取利，是晋商的传统美德。许多商号都是通过尊奉和祭祀关公，进行这一传统美德教育的。晋商祭祀关公，不仅是因为关公是山西人，更重要的在于关公“义行天下”“义薄云天”“义冠古今”的人伦师表，在人们的心目中，关公就是“义”的化身。票号教育学徒，崇拜关公、祭祀关公，就是要求学徒必须做到“仁中取利、义中求财”，必须守信用、保信誉，绝不做坑害他人、买空卖空等伤天害理的事。大德通票号1884年的《号规》就规定：“各码头凡诸物钱盘，买空卖空诸事，大干号禁，倘有犯者，立刻出号。”[①]

2. 专业技能培训

票号要求学徒具备的业务技能，包括珠算、手抄拟文稿、办理汇兑、存放款业务、能说蒙俄语、熟记银两成色及其平码歌诀等。进号十年内不设座位，通常叫“站柜台”。每天早上6：00开门营业，到晚上10：00左右关门，除吃饭和大小便外，要站十几个钟头。晚上练字打算盘。但由于山西票号的身股制度，拓宽了遴选人才的视野和渠道，各总号与总号之间，或分号与分号之间，都是三五天通一封信，互报市面行情，而这些信件，多半都是由学徒来写的。“说起打算盘，要求也很严。背口诀，记位数，既要快，又要准。晚上管账先生结账时，让小伙计们坐下来打算盘。他故意把数字念得特别快，就看谁出手快，打得准。念完后，让各人报数。打对了，没说的。如果两次三次打不对，管账先生就把算盘一夺，

① 中国人民银行山西省分行、山西财经学院、黄鉴晖：《山西票号史料》（增订本），山西经济出版社2002年10月版，第595页。

撵你出去，以示惩罚。”[①]至于背诵砝码及“银色歌与平码歌”，更是要求快而又快，准而又准。设在边陲地区的分号，伙友们都必须精通外语、会骑马。徐珂在《清稗类钞》中，有这样一段描述：“其在蒙古者通蒙语；在满洲者通满语；在俄边者通俄语。每日昏暮，伙友皆人手一编，习语言文字，村塾生徒无其勤也。”[②]另外，为了在少数民族地区开展业务，还针对这些地区缺医少药的状况，学习医疗知识和针灸技术等内容。

3. 日常实践与综合提升

不论是职业道德培养，还是专业技能培训，票号训练学徒强调学习和使用相结合，在干中学、学中干，边学边干。山西票号这种训练学徒的办法，从日昇昌票号创办之初就开始了，此后上百年间，由众多票号一代代传承下来。曾在山西票号当过学徒、做过业务的乔殿蛟回忆说：

“票号用人，全要经过总号训练。训练以后，总号派出去驻号，分号无权用人。总号训练学徒一般是三年，到期派往分号做事。……训练期间，有三个阶段：

第一阶段，主要是练基本功，做日常事务，打水、扫地、擦抹桌椅，侍候掌柜等一切杂活，晚上练习写字和打算盘。每个学徒差不多都要做一年多这样的活。其所以必须经过这个阶段，一来票号杂勤之事理必得有人承担，二来掌柜为的是从平素生活中看学徒有没有出息，心眼多不多，为人正不正，宜不宜做票号的生意。一句话，要看学徒是否对掌柜忠诚、是否勤俭。大家都是抢着干活，只怕掌柜的不要，没有敢偷闲的。

第二阶段，掌柜口传训练，教念‘平码银色折’，而且必须背熟记牢。平色对票号做生意很重要，要记不住，出去就做不了生意。即使做了，也要把有利的事，做成没利的。因为各平码的折算虽然一般都合理，但因为小数中还有一定差异，所以收缴银两该用什么平码对票号是有关系的。除这些以外，开始做些帮账、抄信的事。

第三阶段，对少数学徒，也是掌柜认为最有出息的学徒，还要教做生意的办法。”[③]

经过多年实践总结，在许多山西票号中流传着这样的学徒歌谣：

“黎明即起，侍奉掌柜；五壶四把（茶壶、酒壶、水烟壶、喷壶、夜壶和笤

---

①《我所目睹的复恒当号规》，载李希曾：《晋商史料与研究》，山西人民出版社 1996 年版，第 396—397 页。

② 徐珂：《清稗类钞》第 17 册“农商类”，第 70—71 页。

③《乔殿蛟访问记录》1961 年 1 月，载中国人民银行山西省分行、山西财经学院、黄鉴晖：《山西票号史料》（增订本），山西经济出版社 2002 年 10 月版，第 613 页。

帚、掸子、毛巾、抹布），终日伴随；一丝不苟，谨小慎微；顾客上门，礼貌相待；不分童叟，不看衣服；察言观色，唯恐得罪；精于业务，全会精髓；算盘口诀，必须熟背；有客实践，无客默诵；学以致用，口无怨言；每岁终了，经得考验；最所担心，铺盖之卷；一旦学成，身股入柜；已有奔头，双亲得慰。”①

4. 学徒制的具体内容与规定

明清晋商流传下来的众多习商谚语说明了其对学徒之严。“十年寒窗考状元，十年学商倍加难”；“忙时心不乱，闲时心不散”；“快在柜前，忙在柜台”；“人有站相，货有摆样”。在晋商著作《贸易须知》中，记述了学徒的许多规矩，现择录部分内容如下：

①学徒，第一要守规矩，受拘束。不守规矩，则不能成方圆；不受拘束，则不能收敛深藏。顽石须经琢磨，方成器耳。

②学徒，清晨起来，即扫地、掸柜、抹桌、擦椅、添砚池水、润笔、擦戥子、拎水与洗脸、烧香、冲茶，俱系初学之。

③学徒，要站在柜后，照看柜里柜外，看人做生意，听人说甚话的买卖，彼此交谈问答，对答贯串，必须听而记之。

④客到，俟客坐定，即斟茶。双手之请茶奉过，退两步，再回头走。茶吃过，即奉烟，请烟。如客坐多时，再茶再烟。客去即将茶盅烟袋归于原处，不可东搭西掼。

⑤进柜学徒者，全在流动活泼第一，必须先学眼前一切杂事，谙练、熟猾、伶俐、精灵，手脚勤快。然则用心学人，戥子、银水、算盘必通。次之，听人言谈，学人礼貌。以上种种，如是，方入生意之门。

⑥学徒，不可嘴快插言多嘴，如众人在一处议话，你可耳听，勿使眼望。又道：紧眼睁，慢开口。

⑦学徒，切莫嫌大人嘴啰嗦。他说你，则是教你做人，不然说你怎的。你若嫌他琐碎行于脸上，下次当说你也不说了。系小人不教不训，何以成人，你去思之。

⑧学徒，不要口钝怯，但凡戥子、银水、算盘、笔道、言谈、礼貌诸事，须要请教人：某老爹、某大爷，求指教、教导。切不可拙口钝腮，一言不发，犹如木头船。一如此者，学到老亦是不中用的。

⑨学徒，假如在店内二人，一人说你，一人不说你。反道说你者是坏人，不说你者是好人。岂不知不说你者，烂肚肠也。说你者，不只受人之托。嗣后你成人者，则知说你者是恩人，不说你者是坏人。初学者，不可不明辨此理也。

① 曹振武：《晋商习俗》，载李希曾：《晋商史料与研究》，山西人民出版社1996年版，第490页。

⑩学徒，切不可拗强。拗强者，蠢笨之根也。如那人指点你、说你，他必定比你高些，才能够说你。你若对嘴、对舌，不肯服他，你的生意，就是学一世也是不能成功的。

⑪学徒，切勿嘴馋，或在灶上拈食，或偷钱在外买东西吃，或要人的东西吃，如此者，不但无品性，且丧志。戒之，戒之。

⑫学徒，先要立品行。行有行品，立有立品，坐有坐品，吃有吃品，睡有睡品。以上五品，务要端正方成。体统行者，务须平身垂手，望前看足，而行如遇尊者，必须逊让。你獐头鼠目，东张西望，摇膊乱跑，卖呆望人，如犯此样，急宜改之。立者，必须挺身稳立，沉重、端严，不可倚墙、靠壁、托腮、咬指。坐者，务必平平正正，只坐半椅，鼻须对心，切勿抑坐、偏斜、仰腿、赤足，如犯此形，规矩何在。食者，必须容缓食，箸碗无多菜，须省俭，不可厌、贪、吞、抢、噎。还嘴麴鼻，扒手桌上，这样丑态，速速屏去。睡者，贵乎屈膝侧卧，闭目吻口，先睡心，后睡目，最忌者瞌睡岔脚，露膊弓膝，多言多语，粗声呼气，一有此坏样，趁早除之。

⑬学徒，要有耳性，有记才，有血色，有活气，此四种万不可少。有耳性者，则听人吩咐、教导。有记才者，学了的事就不能忘却了。有血气者，自己就顾廉耻了。有活气者，则有活泼之象，又是个生意脸蛋，而人人见了欢喜你、夸奖你，岂不美哉。

⑭学徒，要受教听说。你若受教听说，那人只管尽自己才情尽行教你，他心里都是欢喜的。你若不受教听说，教你一次、二次、三次，你终日不改，只是贪玩，那人不但不说你，反把高帽子与你戴。何也？你不受教，自然你就不喜人说了，那随你混去了，说你怎的。又道：久谏成仇。

⑮学徒，扫地先将水洒，可免喷灰。次之，一帚压一帚，轻轻而扫，毋使尘飞。再者，恐地下有银钱，拾起来交与店主，此乃试你之心，看你可爱银钱，切勿上腰私藏，慎之，慎之。倘有字纸，捡入纸篓。

⑯学徒，掸柜，务将灰掸于一处，然后吹之，恐有银末蘸于盘银之内。

⑰学徒，饭后闲暇无事，可以在柜上习学写字；如有事，切不可。圣人云：行有余力，则以学文。

⑱学徒，学习算盘，日间不可学打算盘，生意之家，忌白日打空算盘，务要在晚上，无事学习算盘，请教人指明算法，全要揣悟自省。

⑲学徒，一称戥子，将毫理清，拿定提好，勿使一翘、一懒，总要在手里活便。称小戥子，务必平口。称大戥子，务必平眉，不可恍惚，高低标准，方可报数。看银水成色，整锭者，看其底脸，审其路数，是哪一处出的银子。但成色

一样，细察要紧。如整锭无边者，销铅无疑。有云：有银无边，那是假。如疑惑，认不真者，剪开便知明白。块头者看其宝色、墙光、底脸、容口，纹银是纹银底脸，九五是九五底脸。如底脸不相符者，必须存神。又道：银无二色。如在墙光打闪滑头滑脑者，即剪开，则见铜矣。

⑳学徒，说话要响响亮亮，高高郎朗，切不可糊里糊涂，说在肚里，使那人听不见。亦不可胡言乱道、嘻嘻哈哈，总要诚实妥帖，才成学生意之道。

㉑学徒，学得周年两载生意，有点眉眼，有点门路，就要硬着头在柜上勉强做生意，不可退后。如你做不下来者，自有旁人接应。你一回两回，胆大者就好向前做了。如你不向前，终是担心，何能展放，到什么时候才能够做生意。又道：若要会，人前累。

㉒学徒，叫着你到街上买东西，或叫你到别店，有事将事办完，急速回店，切不可久耽搁，贪玩好嬉。如此者，就不把生意放在心上了。谨记，谨记。

㉓学徒，初学者总要自己谨慎、小心、惧怯、怕人，不可放荡、轻狂。至嘱，至嘱。

㉔学徒，生意之家，务须早起。早起者，不但神清，而且气爽。柜内柜外，掸扫洁净，摆列齐整，亦是店面之光彩也。

㉕学徒，在开张铺面之家，切不可在店内打盹、看书、伸腰、打呵欠、混闹、嘻嘻哈哈。

㉖学徒，柜台做生意者，必须健身稳立，礼貌端庄，言谈响亮，格外神清，眼观上下，察人真伪，辨其贤愚，买物之人，则不轻视你了。

由上可见，学徒制内容十分丰富，制度很严格，从而培育了不少人成为晋商的骨干力量。

5. 练习期满的后续历练与考核

学徒在总号三年训练期满并经考核合格后，才能被派往分号做事，这样的历练与考核又通常需要经历七年时间。票号对于学徒期满的考核，特别强调通过实践来检验人，识别人；特别注意侧重实际能力，他们认为“人心险于山川”，难于知晓，“故用人之法，非实验无以知其究竟”。所以，学徒通过学徒期满考核后，还必须进行班期考核。班期考核是更为重要的考核。

（1）练习期满后的历练　山西票号的业务，大半是分号在外经营的，所以总号与分号的关系、分号与分号的关系，都十分密切。学徒被派往分号后，就要将所学到的经营知识，运用于存款、放款、汇兑等业务活动中，自然而然，站柜台、记账、跑街、写信等日常工作，都是必不可少的。

学徒在分号班期做事时期，既是学徒将训练期间所学到的知识和技能运用于具体业务实践的时期，同时也是票号对学徒继续进行业务考核的时期。这七年或七年以上的考核至关重要，事靠人做，实际才干如何，必须有一个实践锻炼过程，任职时间太短，不利于造就人才。只有在较长的班期内，通过具体的业务实践，经过由不懂、不熟到精通和熟练的锻炼，才能真正掌握必要的应变能力和交易能力。要正确评价一个员工的才能与业绩，必须放在一定的班期内，观察他的整个做事过程，这也就是设置班期的初衷。最初班期多是4年，除与其账期结账分红相吻合外，也有节省费用的意思。在交通不便的时代，派往分庄的职工，近则数百里，远则数千万里，虽沿江河有舟船行驶，但徒步行走和雇用车马是最多的，所以职工往返一趟，不仅费时数月，且要耗用大量路费，加大企业成本。从节省费用着眼，也不允许班期太短。当光绪中叶我国开始修建铁路以后，特别是京汉、正太、京沈、津浦、沪宁铁路通车后，城镇间运行时间大为缩短，旅费亦大幅度下降，所以，京、津、沈、沪、汉等沿铁路的分庄，班期也有减为三年、两年半或两年的，但没有铁路的许多地方，班期依旧三年或四年。

晋商认为，“凡人心险于山川，难于知天，故用人之法非实验无以知其究竟。远则易欺，远使而观其忠；近则易狎，近使而观其敬；烦则难理，烦使而观其能；卒则难辨，卒间以观其智；急而易爽，急期以观其信；财则易贪，委财以观其仁；危则亦变，告危以观其节；久则易惰，班期二年以观其惰；杂处易淫，派往繁华以观其色，期在练或磨不砾，涅而不淄，方足以任大事。”票号为了使学徒得到全面锻炼，为将来独当一面或担任经理奠定基础，学徒在分号班期期间，还要不断调动。据颉尊三《山西票号之构造》记载：“票号之用人，何尝按公例而行，特以久办外事者，常常喃规律之太严，久办内事者未经求人之难，均是只知其一，不知其二，每因各执一词，辩论不清，引起意见之争，碍于业务。故久办内事者必使其去办外事，久办外事者必令其办办内务，彼此事理通达，自能免除隔阂；并含有互相监督，各守本分之效果……再者，一旦升为领袖，如学得片面知识，设遇不肖同事，欺尔不明，易于发生盗账诈取各弊。未内外明白，不能防患未然……市面情形，因地而异，老游于此，彼庄之事，未必详明。故有一班而调任数处，或一处一班而不克续班之例，意在使号之人对各地情形知底细，设有一庄领袖另有调用，别人前往接替，下马便可能伸手做事，并可防杜同人弊端。盖一经交替，须交代清白，负责报总号也。”[①]

（2）练习期满后的考核　学徒在分号做事期间，对其考核，极端严格。有的

① 颉尊三：《山西票号之构造》（1936年未刊稿），载中国人民银行山西省分行、山西财经学院、黄鉴晖：《山西票号史料》（增订本），山西经济出版社2002年10月版，第611页。

票号规定："自本店选定派往分号之后，经过三年，必令回山西本店一次，由资本主传询一切，无差误者，仍派遣各支店就业。如有劣迹可疑，即拘送地方官追询；若确有浮支冒滥等弊，有家产者，则没收其家产；无家产者，奴其妻子，以为赔偿，决不宽容。"①

学徒被派往分号做事期间，三年或五年不准回家，就连给家里写信、捎东西，都要经过总号检查后，才能转交家人。卫聚贤《山西票号史》记载："分号路远者，如东三省蒙古新疆等，每五年回家一次，名为'下班'，在家居一年，后改为三年。现在平津上海等地，因交通便利，每两年回家一次。在太原及祁县者每年给予假期两个月，到分号上下班的路费，均归号中。下班时先要到总号，将己身随带衣物，录一花折，开明支使银两，随身如数结束。"②

可见，山西票号对于学徒期满的后续考核也是相当严格的，近似苛刻的。学徒经过几年的培养，能留下的往往不到一半，如日昇昌一次招了29个学徒，最后只有10人过关成为店里的伙计。晋商学徒制，为商号的可持续发展储备了大量后备人才，培养了大量商界精英，成就了明清晋商的数百年辉煌，对于当前我国发展应用型教育事业与企业实用型人才培养实有借鉴之价值。

三、人才的激励与稳固——人身顶股制

（一）人身顶股制的前提——两权分离

晋商的股份制已有现代股份制的特点：一是实现了股权多元化和有相对控股的大股东，很多有名大企业资本雄厚，都非一家一户投资，而为多家共同投资；二是实现了两权分离，即所有权和经营权的分离。两权分离是晋商在经营上的又一独到之处。所谓两权分离，是指资本所有权与资本经营权二者的分离。这种分离不是将二者截然割裂开来或对立起来，各行其是，而是二者之间的有机结合。它是资本所有者与经营者相互配合，以使资本产生更大效益所采取的一种经营之道。

晋商采取的这种经营方式，在其未经营票号之前早已有之，但在其经营票号后，则更对此予以了强化。究其原因，主要就是票号多为合资而非独资。票号的资本数额一般都相当大。票号的资本，既有本族至亲者所出，也有志同道合者所

---

①《中国经济全书》第11册，第192页。

② 卫聚贤：《山西票号史》，说文出版社1944年版，第59—60页。

出，而后者，在票号发展的全盛时期，所占比重更大。由于合作者是作为票号的股东之一，它只拥有资本的一部分，因此，经营票号可以获取厚利，却也具有相当的金融风险。在金融市场竞争激烈的情况下，对资本经营的好坏，直接关系到资本所有者的利益。这样，物色一个能谋善断、驾驭全局的经营者由其经营企业，便成为资本所有者的祈盼。所以，资本所有权与经营权的分离，它既是晋商的商业资本转向金融资本后资本的组成方式发生重大变化的必然产物，也是商品经济条件下资本运作的必然趋势。

从传统的角度讲，在中国，大到江山社稷，小到祖产家业，历来都是父死子承，代代相沿、世世相袭。富商大贾们的产业，也是如此。历史上晋商中的不少大户望族，都是以这种方式延续下来的。然而，在看到这一传统的同时，也不能不注意到晋商经营理念中一个很重要的东西，这就是恪守信义。无论对合伙经营者，还是对同行同业者，都把能否恪守信义视为取舍的一个重要标准。这一商德虽然并没有触动世袭的传统，但它却在一定程度上为资本的所有者与经营者之间的合作奠定了思想感情方面的基础。晋商奉行“用人不疑、疑人不用”，即是其在用人上的信条。实际上，在票号业兴起之前，晋商中便有不少的商号，其财东即聘请经理、副经理，将号中的财务、经营乃至聘人用人等权力交给他们，不再过问号事而把自己“解脱”出来，当上了“甩手掌柜”。晋商中不少人之所以将经营权交给他人来掌，除了用人上的这个信条之外，最根本的原因还在于财产上的得失。因为经商要比务农容易致富，并且由于经济的充裕，再加上商人们走南闯北，见多识广，极易导致生活上的奢侈挥霍。因此，其家业“其兴也勃，其衰也忽”，有些商人，终生辛劳，才挣得一份家业，因知其来之不易，故还能克勤克俭、兢兢业业，而他们的子孙则不尽然，有一些能继承父业，再接再厉，有的则躺在财富堆里，无所事事，尽情享乐，很快把祖上的遗产挥霍殆尽。对此，有的商人对后辈采取了消极的防范措施，即不让自己的子弟经营号事，并在其开销上予以限制，或者将那些不成器的纨绔子弟圈在家中，满足其嗜好。如有的子弟染上吸食鸦片的嗜好，商人就供给其鸦片，因为在家吸食鸦片，毕竟数量有限，而如果让他们跑出去再嫖赌起来，就可能把家产很快销蚀于无形。有的商人则采取了积极的态度，他们经过物色，聘请德才兼备者，给予权力，经营号事，“将资本交付管事（即大掌柜）一人，而管事于营业上一切事项，如何办理，财东均不闻问，既不予定方针于事前，又不施其监督于事后，此项营业实为东方之特异之点。”①

当然，这种聘请不是任意而为，而是有一定的程序和规范的。聘用者与被

①《山西票商盛衰之调查》，载《中外经济周刊》，1925 年 7 月 4 日，第 119 页。

聘用者之间也是订有契约要履行各自的权利和义务的。“财东起意经营聘请经理，由介绍之人说项，或自己注意察访，确实认定此人有谋有为，能守能攻则以礼招聘，委以全权。”[①]“被委之经理，事前须与财东面谈，侦察财东有否信赖之决心，始陈述进行业务及驾驭人员之主张。如果双方主见相同，即算成功。”而后“财东自将资金全权委诸经理，系负无限责任，静候经理年终报告。平素经营方针，一切措施，毫无过问……经理既受财东依赖与委托，得以经理全号事务……领导同仁，崎岖前进，其权限尽乎独裁，而非独裁，实即集权制也。”[②]经理若经营有方，使商号赢利，财东还予以加股、加俸，若遇年终亏赔，只要不是决策失误、人为失职或能力欠缺造成的，财东不仅不责怪经理，反而多加勉励，补足资金，令其重整旗鼓，振作经营。而当票号业兴起之后，双方在各自权利和义务方面的规定就更加明确具体了。

可见，晋商在经营上实行的两权分离制，是有其一定的历史渊源的，它有着一个演化发展过程；同时，它也不是偶然的，而是由多方面因素共同形成的。其中，商品经济的发展，市场规律的支配，以及晋商的与时俱进，则是几个主要的方面。它说明，在商品经济日益发展的新形势下，那种传统的资本所有权与经营权一体化，且具有世袭性的经营方式，已经在窒息着企业的活力，而把这两种权力分离开来，资本所有者才能够更好地从宏观上把握资本的运用，不致陷入繁杂的事务之中，得之一隅而失之全局；从经营者来说，也才能不为资本所有者的主观意志所约束，而是按照经济规律和市场变化采取应有的对策，从而使资本效益最大化。同时，两权分离的产生和发展，也揭示了这样一个不争的事实，即只有商品经济的发展，才能更有效地打破企业封闭自守的藩篱和封建世袭的传统，加快企业改革并走向市场的步伐。因此，从这个意义上讲，晋商实行的两权分离，对于现实无疑有着积极的启示作用。

（二）人身顶股制的内涵及其现实运用

允许普通员工顶身股，是晋商的特殊制度。这一制度产生于明代中期，比美国的期权制度早了400多年。当年晋商在与沿边（长城）商人合作纳粮中曾经通过合约实行“朋合营利”。明隆庆年间（1567—1572），总理屯田都御史庞尚鹏的《清理延绥屯田疏》可以证明：“间有山西运商前来镇城，将巨资交与土商朋合营

---

① 中国人民银行山西省分行、山西财经学院、黄鉴晖：《山西票号史料》，山西人民出版社1990年版，第598页。

② 中国人民银行山西省分行、山西财经学院、黄鉴晖：《山西票号史料》，山西人民出版社1990年版，第598页。

利，各私立契约，捐资本者，讨利若干，躬输纳者，分息若干，有无相资，劳逸共济。”后来演变为委托代理关系的所有权与经营权两权分离，并且给经理人员顶以股份，“有钱出钱，有力出力，出钱者为股东，出力者为伙计，东伙共而商之。”人身股是晋商人力资源管理的重大创新。

晋商人身股制度的基本内容就是所谓身股，又称人力股。拥有身股，称为顶身股，顶人力股，或者顶生意。这一制度的主要内容是：

1. 顶人身股的条件

根据史料，山西商人的人身股不是每个职工都能得到的待遇。按商号惯例，员工初入商号，仅享受薪金、衣资、号中伙食等待遇，但随着年资的增长，便会具有顶身股的资格。一般而言，待服务一二十年，无甚过错，薪金增至一定程度，约“可得七八十两时，则有资格顶身股一二厘了”[①]。顶身股资格的获得，既无特殊要求，也无名额比例，只要忠实敬业，不犯过错，待服务至一定年限，人人都有顶身股的机会。例如，大德通票号的分红账，即可反映这一状况。据光绪十五年（1889）分红账记载：光绪十一至十五年（1885—1889）账期共获余利 24 723.03 两。参与分红股份共 29.7 股，每股分红 850 两。其中银股 20 股，分属乔中堂等 5 个股东，人身股 9.7 股，分属马培德等 23 名职员，其中有 3 名是已去世的职工，人身股总俸数不及银股的 1/2；到光绪三十一年至三十四年（1905—1908）账期，获利 743 545.25 两，银股和人身股共计 43.95 股参与分红，其中，资本股仍为 20 股，仍分属 5 个股东，而人身股却增至 23.95 股，顶股职员为 57 人。这样，不仅人身股俸数及其持有者增加一倍有余。而且，参与分红的人身股俸数超过了银股的俸数，即在利润的分配上，劳动力所分割的份额，超过了资本分割的份额。[②]可见，顶身股制度的实施，有利于广大商号员工，也因此极大地调动了员工的积极性，大大减少了因员工失职而造成的损失。

2. 人身股的考核与晋升

谁可以顶股，股份多少，由财东和大掌柜根据职工任职时间、能力、贡献大小决定。每遇大账期，都要进行人事考核，以“结利疲账定功过”，根据劳动者的品质、能力和绩效来决定是否晋升，晋升多少。有功者，增加人身股厘数，记入股本账（万金账）。这说明，当时晋商已经把劳动力当作了资本，对劳动力资本的衡量与考核，已经注意到了劳动者的劳动数量和劳动质量。

① 陈其田：《山西票庄考略》，商务印书馆 1937 年版，第 88 页。

② 中国人民银行山西省分行、山西财经学院、黄鉴晖：《山西票号史料》，山西人民出版社 1990 年版，第 635—638 页。

3. 人身股的分红

人身股的收益来自分红，在大账期（会计年度）结账时，掌柜伙计的“人身股”与财东的银股一起参与企业利润分红。在不同的企业，一股货币资本的数量是不同的，有的企业一股高达一万数千两白银，如大型金融类企业；有的只有数百两之多，如一些中小型商号。所以，不同企业的人身股的含金量是不同的。

4. 人身股的继承和退出

一般企业的货币资本股是不清退的，但可以转让。人身股不能转让，享有人身股的职工被辞退、解雇或者自动离职，当即终止人身股。享有人身股的职工退休以后，其原有股份照常分红；顶股员工死亡之后，还可在一定时间内参与分红，这时，其身股被称为“故股”，但是家属子女不能继承。大德通在光绪三十年（1904）的号规中规定：“号伙故股，一厘至三厘者以三年清结，四五厘者以四年清结，六七厘者以五年清结，八九厘者以六年清结，一俸者七年清结……当过领袖者以八年清结。”① 也就是说，普通员工也可根据拥有身股的不同，在身亡后享受3~7年的红利分配，如果曾担任过经理人，红利分配还可延长至8年。

著名大商号大盛魁、长裕川、大德通、日昇昌等都实行这种“人身股”制度，并且为它的财东带来了极高的经济效益。最典型的是太谷商人王相卿和祁县史大学、张杰合作开设的大盛魁。该企业成立于康熙初年，历经230多年，职工人数达到7 000多人，它规定每三年为一个大账期（会计年度）进行一次决算分红。分红时把公积金的积累和运用放在重要的地位，以公积金的增长为衡量3年经营成果的主要标志，然后才是每股分红，最盛时一股可分到一万两白银，财东和掌柜及顶股员工均受其益。每遇账期总结，都要评定职员功过，检查3年的成绩和问题，整顿人事，调整“身股”厘数。大盛魁后期“人身股”总数已经超过了股东的资本股总数。

（三）人身顶股制制度透析

晋商人身顶股制是根据劳动者的品质、能力和绩效来决定的。总结起来，可归纳为以下四点。

1. 一个职工身股有起点与上限

在很长时间内身股的起点为1厘，上限为10厘即1股。顶1股者多为商号的总经理或副总经理，1厘到10厘是10个等级。到后期，因为顶身股的职工愈

① 中国人民银行山西省分行、山西财经学院、黄鉴晖：《山西票号史料》，山西人民出版社1990年版，第604页。

来愈多，10 个等级已不好区分，于是在 1 厘到 10 厘之间，每一厘之间又增加了一个半厘，等级变为 19 个等级。但不论身股是多少个等级，职工顶身股数，总是 1 股者少，几厘者多。

2. 顶身股者份数的增加，体现着贤者多增、次贤者少增的区别对待原则

例如，大德通在光绪十五年（1889）时，王振铎身股 5 厘、赵调元身股 2 厘。20 年后，光绪三十四年（1908），王振铎身股 7 厘、赵调元身股 4.5 厘。由此说明，王振铎身股等于原先 140%、赵调元身股等于原先 225%，区分十分明显。

3. 顶身股比重的变化，显示着资本家向职工让渡利益的多寡

在光绪中叶以前，各企业的身股占不到银股的一半，而到了清末各企业身股普遍超过了银股，表明企业的利润一半多让给了职工。比如，志成信（1863）银股 17 股、身股 6 股，身股为银股的 35.3%, 大德通（1889）银股 20 股、身股 9.7 股，身股为银股的 48.5%。大德通（1906）银股 20 股、身股 23.95 股，身股为银股的 119.75%。银股身股比重的变化，是因为银股不变，而身股的不断增多形成的，表明利润让渡给职工的一年比一年多。

4. 财东让利于部分员工，本身利润也可观

资本家将一部分利润让渡给职工后，资本家的利润率也是相当可观的，对于愿让一部分红利给打工者的资本家来说，用银子把打工者中的“白领”阶层拉入资本分红的行列，有利于保持商号的稳定和兴旺，使资本家可以获得更长远、更多的利润。

以大德通为例，在公元 1888—1908 年的 20 年间资本额随着每个分红年，由 10 万两增至 22 万两，资本增长 1.2 倍，其中每个分红年度每股的资本额分别为 5 000 两、6 500 两、7 000 两、8 000 两、9 000 两、11 000 两，而每股分红为 850 两、3 040 两、3 150 两、4 042 两、6 850 两、17 000 两。按资本利润率计算，折合为年度的分别是 4.26%、11.60%、11.25%、12.58%、19.03%、38.64%。这个资本利率大大超过当时的放款月息，资本家当然有利可图。

晋商建立起来的顶身股制是一种协调劳资关系、调动工作积极性的制度。凡山西商号中的掌柜、伙计，虽无资本顶银股，却可以凭自己的劳动力顶股份，与财东的银股一起参与分红。总经理身股多少由财东确定，商号内各职能部门负责人、分号掌柜、伙计是否顶股、顶多少，由总经理确定。身股的多少按照每个人的工作能力和工作效率来确定。晋商通过顶身股这一制度把店员个人利益、商号利益与财东利益紧密联系在一起，下层伙计和学徒为了获取高位、多顶股份，都殚精竭虑地努力为商号工作。

顶身股这一制度着眼于长期激励员工的积极性与促进商号的长远发展，以

顶“身股”的多少确定其工作人员在商号中的等级地位和贡献大小，进而满足了员工的“归属感”与“成就感”，由此产生的最大功效是激起了企业员工的工作积极性。如此，作为打工者也不愿轻易辞职“跳槽”了，而商家用身股笼络住了打工者中的骨干，等于稳住了整个打工者的队伍，从而不仅有利于企业的稳定发展，而且使企业不会对加大力气培养员工有后顾之忧，从而形成了人事管理上的良性循环。

（四）人身顶股制的特定历史作用

明清晋商推行的“人身顶股制”在特定的历史条件下，发挥了积极的作用，至今仍不失借鉴意义。

1. 人身顶股制体现了人力资本的产权价值，使企业各层次劳动力之间的产权关系明确而清晰

货币资本是物化劳动投入企业的资本，人力资本是活劳动投入企业的资本。任何企业的生产经营过程都是实物资本与人力资本相结合的过程。晋商人身股解决了劳资双方对立的矛盾，协调了劳资关系，实现了劳资双赢的经营格局。因为人身股是在不减少财东利益的前提下，从增量财富（利润）中分割出一块让渡给员工，作为员工拥有的资产，这样就使员工从纯粹的无产者变为有产者。这种做法之所以能为财东接受，是因为财东并没有无偿割让既有的存量资产，只是期利的承诺。这种做法之所以也能使员工接受，是因为员工在获得劳动收入的同时，还可以从利润中分割出一块作为自己的资产。在可以获得一定资产的预期下，员工热情高涨、积极主动地投入工作，使得企业的增量财富（利润）大幅增加。人身股制度使员工的利益、财东利益、商号利益统一起来，上下一心、同舟共济，劳资关系得以协调，经营效益得以提高。人身股对掌柜及伙计来说，既是一种物质上的激励，也是一种精神上的激励。人身股多少，标志着个人的能力、地位、贡献，激发员工的“成就感”和“归属意识”，实现了物质激励与精神激励的协调一致。

2. 人身顶股制是一种长期有效的激励机制和动力机制

因为顶身股者只有在大账期才能参加对企业利润的分红，一般一个账期是3~5年时间不等，这一机制具有延期支付的特点，是一种长期的激励机制，可避免掌柜与伙计的短期化行为。由于物质刺激，这一激励机制会呈现一种良性循环：人身股→掌柜伙计努力工作→企业绩效提升→利润分红增加→继续努力→提升人身股→商号业绩继续上升→经理伙计收益继续扩大。收益的无限性必然产生激励的无限性，从而极大地增强了这一激励机制的可持续性。

（五）人身顶股制的局限性

明清晋商推行的人身顶股制，在很大程度上调动了广大从业人员的积极性、能动性及内在潜力，前期发挥了极强的正面功效，但后期其缺陷与负面效应也日渐显现，并且给晋商的发展带来了不小的困惑。

晋商用动态的、有差别的物质奖励调动员工的积极性的确可取，但普通员工凭股份同资本家和经理平等分享利润值得商榷。一般职工，即生产成员的工作状态对于企业这种团队生产方式无疑也是很重要的，为此采取一些适当的激励方法，特别是物质刺激十分必要，但生产成员和经理、投资者有着本质的区别。普通员工相对于经理人员，他们的报酬形式王要是经理决定下的固定合同收入；与资本家相比，晋商一般员工不是以非人力资本而是以人力资本顶股获取股息红利，后者和前者虽然都是企业生存发展不可缺少的要素，但与前者相比，一个重大的区别在于人力资本与其所有者是不可分离的，这就意味着它不像非人力资本那样具有抵押功能，可以当“人质”，因而不可能为企业承担任何财产风险，在这种情况下，却与资本家一样按股数平等获取企业剩余收入，显然违背了企业剩余索取权和控制权相匹配的基本原则。

晋商各票号中，起初是银股占多数，身股占少数，例如祁县大德通票号光绪十五年（1889）有银股 20 股，从业人员 23 人顶身股，共 9.7 股，为银股的 48.5%，银股股数相对固定，但顶身股人数和股数随着各个工人工作时间和效力的增加逐渐增加，所以到了大德通胀期光绪三十四年（1908），顶身股人数增为 57 人，股数增为 23.95 股，为银股的 119.75%，到该年，共盈利银 74.354 5 万两，扣除酒席银 665 两，用于分红的是 74.288 万两，银股和身股共计 43.95 股，每股分红 1.7 万两。银股 20 股，分去 34 万两，身股比银股多分红 6.288 万两。

尽管股份制在山西票号的发展前期是一种富有效率的制度，但它毕竟属于封建经济的范畴，还未能发展到与资本主义制度相适应的程度，因而由它导致山西票号的最终衰亡就不足为奇。股份制发展初期，号规严明、管理严谨，每个人的权力、责任是明确的，每个人的利益和商号的整体利益是一致的。号内运行和管理稳定有序，对伙友的约束和激励比较有效，这时山西票号表现出极强的生命力。然而，随着所处环境的改变，股份制的不适应性和无效率性就逐渐表现出来。

山西票号的股份制运作到后期，其弊端日益显现，严重制约了票号的发展。一方面，山西票号的股份制运作到后期，已经不利于资本的扩充与积累，严重阻碍了票号业务范围与规模的拓展，并且在很大程度上削弱了自身的市场竞争力。尽管票号采取了“倍股”“厚成”“公座厚利”“预提护本”等充实流动资金、增加积累的措施，但由于后续资本积累比例过小，导致票号的规模在百余年中并无长足发展。例如，蔚丰厚票号资本最初为17万两，到歇业时不过28万两，经营90年，资本只增加11万两；大德通最初资本6万两，经营85年达到35万两，每年增加不到4 000两。票号发展到极盛，也总是家数增多，分号增多，赢利增加，而没有出现一家规模巨大、在同业中居于垄断地位的票号。[①]另一方面，山西票号的股份制发展到后期，权与责不对等，成本与收益不平衡，失去了先前的生机与活力。

随着时间的推移，山西票号的身股数额不断增加，到20世纪初期，“恒有人力股总数超过资本总数者”[②]。如协成乾票号初期银股为13.25股，身股为3.9股，身股仅为银股的29%，但时至1906年，银股依然是13.25股，而身股却增为17.5股，身股为银股的132.08%。[③]再如大德通票号，光绪十五年（1889）账期，人力股为9.7股，占银股的48.5%，时至光绪三十四年（1908）账期，人力股已增至23.95股，为银股的119.75%。[④]当实际利润的增长速度小于人力股的增长速度时，财力股实际分红所得会逐渐减少，为此就财东而言，既要负无限责任，而实际收益日减，更为严重的是，一旦破产，持人力股者，没有丝毫的损失，而财东即使倾家荡产也得弥补亏损。再者，持人力股者，只有劳务投入，而且已得薪金，却要不断分红，实为不妥。经营者和财东对赢利共享，对亏损则不共担。毫无疑问，其产权是不完整的，出现了残缺。

这种情况使经营者对资本利润的追求日益加强，而对资本安全的考虑则日渐降低。经营者有权分红却对亏损不负责任，出现了“搭便车”行为，错误由他犯而损失“外部化”，由财东来承担，这就必然导致不负责的经济行为。山西票号后期出现放款过大的情形，一定程度上可以理解为经营者在资本运营中为追求红利而对资本采取的一种不负责任的过当运营行为。

在股份制实施初期，山西票号把经营者的利己动机和企业的发展捆绑在一起，从而调动了经营者的积极性，但随着赢利的增加，规模的扩大，总经理的利己动机中更多地开始考虑自身的权威、地位，甚至这种考虑超过了对字号利益最大化的目标。再者，不容忽视的是，山西票号实行的是一种高度集权的管理方

---

① 刘建生、刘鹏生，等：《晋商研究》，山西人民出版社2002年版，第445—446页。

② 陆国香：《山西票号之今昔》，载《民族杂志》4卷3号，1936年3月。

③ 有关原始数据见《协成乾人名折》，载中国人民银行山西省分行、山西财经学院、黄鉴晖：《山西票号史料》（增订本），山西经济出版社2002版，第585页。

④ 有关原始数据见中国人民银行山西省分行、山西财经学院、黄鉴晖：《山西票号史料》（增订本），山西经济出版社2002版，第584页。

式，尽管营业网点散布全国各地，但最终决策权被牢牢地控制在总号的大掌柜手中。在这种高度集权的管理体制下，由于决策者个人目标与整个票号总体目标的错位，会使当权者把自己的利益置于企业利益之上，成为制度创新的障碍。当环境发生巨大变动时，这种集权管理制度的无效率和缺陷就暴露无遗。

20世纪初，各地分号经理纷纷致函总号，要求迅速合组银行以应付时局，但总经理毛鸿翰鉴于自身利益考虑，竭力反对，使众人组建银行之议流产。总之，股份制运作到后期，既不能有效地筹集资金，而且权与责、成本与收益的不对称性日益显现，失去了先前的生机与活力，在极大程度上阻碍了山西票号的正常经营运转，导致票号最终走上了衰亡的不归之路。

由于银股人数和股数是固定的，身股人数和股数却逐年增加，而二者在分红时都是凭股数平均分配，结果每股分红相对会少（除非每年利润的增长幅度大于总股数增长幅度），从而身股总数分红额超过银股，这种比例上的变化意味着剩余收入的更大部分给了并不承担财产风险的身股者，而银股者在剩余收入相对减少的情况下还要和原来一样对企业风险承担无限责任，这种收益和风险的失调会导致一些银股者产生抽走资本的想法，特别是在风雨飘摇、政局不稳的时候，这对于企业的存在和发展不啻是一种巨大的威胁，毕竟在一般情况下，资本的重新注入比劳动力加入难度大得多。以上的分析并非是说企业职工不该分享企业利润，而是不能按顶股方式分享。其实顶身股的目的只是为了激励员工的积极性，而达到此目的的方法可以有许多，比如经理根据市场价格决定各员工的薪金，为进一步奖励，可根据具体赢利情况在考虑了股东和经理的收入分配后，将剩下的利润作为奖金或福利有差别地发给职工。这样，在有效激励员工的同时，市场价格的基本定薪法也会对企业形成合理对待员工的制约机制；另一方面，经理和资本家的积极性也不会因为员工多拿利润而受到打击，毕竟员工激励的减少对企业来说更令人忧虑。

当然，我国企业经营人员选择及对各种人员激励问题不是靠若干个简单、孤立的方法就能解决的，而是涉及企业内部总体制度和外部宏观经济环境等各方面的调整，是一个系统工程。因此，在研究晋商的有关问题时还需从整体上结合我国现存的制度条件来寻找可行的思路。

四、行为的约束与管理——号规制

据《史记·商君列传》记载，战国时商鞅辅佐秦孝公在秦国变法，为推行新法，先取信于民，他在颁布新法之前，为守信不欺，特把三丈长的一根木杆竖立在国都南门，宣布："如有人将此木扛到北门者，赏十金。"人们不明其理，不敢妄动。商鞅再次宣布赏五十金。有一个人冒险把木杆移到北门，商鞅立刻如数给赏，从此树立起威信，表明他言出必守，令出必行的决心，为新法取得成功创立了良好的开端。宋代王安石《咏商鞅诗》有句："商鞅能令政必行"。另一位战国时代思想家韩非子师承商鞅，也强调治国必须奉法，认为"国无常强，无常弱，奉法者强，则国强；奉法者弱，则国弱"[①]。用现在的话来说，就是重视法制，强调以法治国。同样的道理用在经营管理上，就是遵循既定制度，严格地执行制度，激励员工的积极性，创造更大的经济效益。在这方面，晋商不仅创立了许多行之有效的管理制度，而且认真践行，起到了保证商业活动良性运营的积极作用。

（一）"号规制"简介

晋商在经营中，十分重视企业内部各种规章制度的建立健全，并把它作为号规，要求上下一体遵照执行。各家的号规虽然繁简不一，但在几个主要方面却是基本一致的，这就是对人、财、物的管理，对员工品行操守和道德的要求与规范以及从业人员在业务程序和遵循守则方面的规定。

如在对人的管理上，几乎所有商号都规定：①号内人员一律不得携带家眷；②不准长借短欠；③不得挪用号内一切财物；④不得兼营其他业务；⑤严禁嫖赌和吸食鸦片；⑥不准接待个人亲属朋友；⑦非因号事不准到小号串门；⑧回家探亲时不得到财东和掌柜家闲坐，更不准向财东和掌柜送礼；⑨如遇号内有婚丧喜庆之事，伙友之间不准互相送礼，也不得互相借钱或在外惹是生非；⑩如有过失不得互相推诿包庇；⑪凡打架斗殴、拨弄是非、结营私、不听调遣者，一律开除；⑫员工中成绩突出者予以奖励等。⑬对于学徒则要求三年内不得回家，出师后每三年（后改为一年）探亲一次；⑭从业人员不得在从业地结婚；⑮作坊工匠和饲养放牧工人属雇佣性质，不属号内从业人员。⑯学徒入号的头十年内除头三年在总号学做生意的一般知识外，还必须到蒙古前营柜、后营柜分别学习三年，学会蒙语和当地生活习惯，然后学习与蒙古人做生意的方法，熟记经营线路和宿息地等。

在所有规章制度中，值得一提的是对财东行为的一些限制和对从业人员职业道德的要求。①财东只能在结账时行使权力，平时不得在号内食宿、借钱或指使号内人员为自己办事，不得干预号内人事。大德通票号1904年《合账众东添条规五条》中，就明确规定"各连号不准东家荐举人位，如实在有情面难推者，

---

①《韩非子·有度》。

准其往别号推荐，现下在号人位，无论与东家以及伙友等有何亲故，务必以公论公，不准徇情庇护”。②在业务方面，有关隶属关系，规定“分号一切统属总号”“分号经理由总号选派资格优秀者担任，携带总号图章砝码等各种要件，以资凭信，资本皆存总号，设立分号时，不另发资本，只给川资及开办费若干。”资本存储总号，获利也归总号计算。分号开办之后，营业需款时，由其他分号接济，全局统筹，不分畛域，坚持“酌盈济虚、抽疲转快”八字原则。③在人员的配备上，以“不碍业务上之进行为主旨”，商号人员之编制，坚持“因事用人，决不因人用事”。总经理统管全号事务，副经理辅助总经理办理全号事务，以下分营业、文书、账务、外交等组。

对各职人员除对其业务范围和任务予以明细规定之外，特别强调要以“诚信不欺、务实求真”作为职业的重要道德守则。如大德通票号《1884年新号议定规》中，就明确指示“各码头勿论票贷、货务，虽以结利疲账定功过，原以激励人才起见，容之其间，大有分别，总以实事求是，果尔本处多利，他方未受其害者为功。倘有只顾自己结利，不虑别路受害者，殊乖通盘筹划、大公至正之意……各码头凡诸物钱盘，买空卖空诸事，大干号禁，倘有犯者，立刻出号。”①

晋商的一切业务管理、职工待遇和经营纪律，都由号规来规定。号规者，商号之规矩也。号规由东家与掌柜（经理）共同议定，在商号内部具有法的权威与约束力，一切必须按号规办事，否则就以违规论处。重者经本人、掌柜及保人三方交割开除出号，永不续用，其他各连庄分号亦不得录用。这些号规的实施，加强了对职员的约束，使晋商树立了良好的商业形象，赢得了广泛的赞誉。为了加强商号的自我约束，除制定严格号规外，还进行经常性的突击检查，称为“阅边”。这种工作视察是突击性的，并不预先通知，更不许商号间相互通报消息。“阅边”制度对于总号了解分号的业务状况，健全各分号自我约束机制，促进分号工作都起到了积极作用。

相当严密且有些苛刻的晋商商~~号号~~规为其长足发展发挥了重要作用，保证了晋商企业内部的秩序以及业务的顺利开展，晋商的成功在一定程度上要归结于号规的严密。此外，号规作为晋商商号内部的根本大法，其制度和执行都贯穿着这样一条核心精神：号规不只用来约束伙计，更主要为限制东家和掌柜的权利和行为，不因人设规、因人变规、因人废规。

从上述这些规章不难看出，晋商对企业内部的管理是相当严格的。严格的内

① 中国人民银行山西省分行、山西财经学院、黄鉴晖：《山西票号史料》，山西人民出版社1990年版，第599页。

控制度杜绝了内部营私舞弊现象的发生，对晋商事业的兴旺发达起到了有力的保证和促进作用，即使用今天的眼光来审视它，也有积极的借鉴意义。

（二）典型案例剖析

没有规矩，不成方圆。山西票号的成功与其号规是密切相关的。各家票号都制定了体现本号特点、内容较完备的号规。一部号规，就是一家票号的规矩和缩影。因为号规从业务经营到规章制度，从东掌、经理到伙友、学徒，在兼顾各方利益的基础上，都做出了严格的规定和具体的要求。号规是总经理即大掌柜进行经营管理的依据和利器，也是山西票号之所以能够不断地上规模、上档次、上水平的制度保证。号规的颁布，就使大掌柜推行的经营管理步入了正规化、制度化的轨道。保证了票号的规范运营。兹以大德通票号的《号规》为例，进行考察。

大德通的《号规》保存下来的共有六件，分别定于1884年、1888年、1901年、1904年、1913年、1921年。著者拟1884年与1921年两份号规为例，对晋商商号的内容、变迁、地位、作用及其创新进行相应的剖析。

1. 大德通1884年《号规》[①]

大德通1884年最初新《号规》，议定了29款规定，具体为：

①新事招牌，起为“大德通”，里外一切账簿，齐今年正月初一日，务将账皮各为注明。至于票业一门，仍是“同兴裕”，不过将一切账簿账皮，都填写“新记”二字。至于外边出名，无论茶务、票业，皆是以“大德通”招牌，以图永远。

②茶票生理，本属一号，所立账簿规式，俱有成章。不过茶票两庄，祁铺各号资金五万两，取其逐年分别，每庄长银若干，庶可一目了然，好为估算。

③各码头平素来往，以及将来结账，仍是营（营口）归沈（沈阳）、津（天津）归京（京都）。至于由外请用未下班人位，辛金并缴费等项，是何出结，皆照向章，毋庸更改。

④祁铺内外周行借贷，皆是茶号一门办理，“同兴裕”所占银两，除讫资银五万两，用多用寡，皆向茶号周借，勿论逢标、平时，按长年利计贷。设有余剩，随时下账。每年票号与茶号，贴伙食一千两，祁铺年底一账。

⑤各码头勿论票贷、货务，虽以结利疲账定功过，原以激励人才起见，容之其间，大有分别，总以实事求是，果尔本处多利，他方未受其害者为功。倘有只顾自己结利，不虑别处受害者，殊乖通盘筹划、大公至正之意。此等办法自有公

① 中国人民银行山西省分行、山西财经学院、黄鉴晖：《山西票号史料》（增订本），山西经济出版社2002年10月版，第595—597页。

论，兄等擅自酌量，勿谓将来赏罚轻重不公也。

⑥各码头总领，务须各秉天良，尽心号事，不得懈怠偷安，恣意奢华，是所切望。换班回里，务将手中事件，逐一交代别任接办。将己身随带衣物，录一花折，开回支使银两，随身如数结束。未下班者，齐冬月底一律结祁，勿蓄分毫带嫌，并将伙等通年功过，随即另信题祁。

⑦各码头凡诸物钱盘，买空卖空诸事，大干号禁，倘有犯者，立刻出号。唯生意之中，原以通其有无，权其贵贱为经营。遇景逢情，囤积些实项货物，预与祁铺达信，请示可行与否，遵祁信办理，不得擅自举办。违者无论有利无利，按犯号规重罚不怠。

⑧勿论何路码头人位，吃食鸦片，本干号禁。姑念近年世道不古，沾染既深，悔莫能及，若竟顶真，心犹有所不忍，是以东伙从宽定议，除前已染此弊者，责令悛改外，齐此往后，再有故犯其病者，依号规分别办理。如有先染已改者，以血性论；并有未曾习染者，以朴实论；纵有寻常过患，准其以此抵消。试思此宗规条，于身得益，于事不误，何不乐而从之，是则有所厚望焉。

⑨各码头地方，难免有赌钱之风，坏品失节，乱规误事，皆由于此，不管平时过节，铺里铺外，老少人等，一概不准，犯者出铺。至于游娟戏局，偶蹈覆辙，早早结出，刻不容缓，难免效万，严之禁之。

⑩码头人位，不准向相与之家浮挪暂借及街面置货买物，亦不许拖欠账目。如有私事，号中不准不管，轻则降罚，重者出铺。其相与字号之伙，向咱用借者，咱亦不准支应，谨记预防，违者议处。

⑪自今世道，咱处一带，逢标过节，银两松紧不常。咱号事体，虽赖东家盛名，易于通融，但地皮松紧，利息增昂，吃亏败名，大有可虑，是以预为呈知，以免两误。凡做家中交款，估划标前一月，可以得信，即可收会。若期过于促近，零星固可照收，若大项即宜暂避。且四标万宜分别，春夏两标，疲时多而快时少；秋标虽则平和，犹有露快之势；犹冬标至冬腊两月，地面事多之际，快多疲少，深宜谨防，如做生意，谨记是幸。若夫往家抽交生意，零星小宗，固无限制；如做家中成宗收项，亦要早信关照。不然，倘遇银势疲滞，必受余银之背。通盘估谋，纵然生气秀气，诚虑得偿失，此情不但与家中为然，即各路彼往来，亦是如此办理，总之勤信关照，乃生意中之要纲也。

⑫各码头上下人位，在外支取银钱，或随下班结祁，或齐冬月底结祁，倘有蓄欠分毫两者，以管账者自问。除本人重罚外，管账者定按徇情隐匿议处。如有过分滥支人物，准管账者随时据实报祁，不得含糊，直至给予严厉的处分。

⑬各码头人位，换班回里，毋庸言矣。告假者，脚费自备。设遇因亲或家政

有要事者，总领酌夺，顶下班回祁者脚费，俱系公出。余别归里者，一应花费自出。

⑭各码头就外请进人位，未下班前辛金，务以齐年就外拨清，随地出于缴费之内，俟下班后，祁铺才能录底开支。唯是衣资不可拨出，待至下班，由祁出去，再为起拨，以昭划一。

⑮凡两口售货，相与货账字号，不准再放与借贷，设若失错，单行难当，双行更难支持矣。谨之戒之，犯者出铺。

⑯凡两口遇年份兴盛，利息较大，不免有贪放借贷之嫌，首项小次虑保重，虽即背利息忽略之事，总以不作为上，万勿含糊。倘若失错，是谁贪放，定罚不急。

⑰自此往后，凡顶身股人位，务要各合各节，不得潦草糊率，致犯号规。若犯出铺之条，何时说话，何时结楚，系按历年清抄算结；设有零月，不候年终清抄办理，定以应支开结。

⑱号内身股，每年应支：一分以一百二十两，九厘一百一十两，八厘一百两，七厘九十两，六厘八十两，四五厘七十两，三厘六十两，二厘五十两，春冬两标祁铺下账。除应支外，不准格外长支，倘有强颜硬问者，面阻勿怪。

⑲凡独做票庄码头，应拨衣资，“同兴裕”出账。唯两口、兴化镇以及南路办有茶务者，茶号拨给。

⑳茶山人位，以及屡路发货者，号中即拨衣资，制衣添裳，以应按实价统计，才为公允。然而历年已久，今番亦未便骤挽前风，是以从权，彰明酌定，勿若是针工、线、里、扣，一应应用之物，以实价七扣结账。此情亦只可经办茶货人位照办。若是票号，以及售货人位，无论南北，不得依此为例，均以实价结账，违者议处。

㉑两山采办砖茶，务宜拣好买到，押工齐楚，押辟总要齐实，洒面均匀，以期到两口不受买主之挑拨。虽云如此，还要四处尽心检点，节省缴费，生意之间，南北相关，总以取利为佳。倘不尽心治理，货色低次，工不精细，必致有碍门市，那时置货者难辞其咎，望慎勿忽是幸。

㉒后首盼个时势转佳，若能将此种人才，不免枝占码头，票贷归于票庄统辖，货业归于茶庄统管，做法等，各与各业相同，以归划一。

㉓各处人位，皆取和衷为贵，在上位者固宜宽容爱护，慎勿偏扭；在下位者亦当体量自重，毋得放肆。倘有不公不法之徒，不可朦胧含糊，外请者就便开销；由祈请用者，即早着令下班回祁出号。珍之重之。

㉔凡伙等从各路捎带物料，果有己身必用之件，或家中难买之物，朋友之中，尚且成酬，何竟自伙？不过致劳不可令号中贴钱，上下一体，莫分厚薄。倘经买者不公或多结少结，谁错之银，拨记谁账。

㉕勿论老少人位，每逢下班归里，总得先到祁铺，然后回家，不准私先回家，然后到铺。如与别伙捎带物件，亦应先送本号留底转寄。并非疑忌之见，欲使路伙利于身驾耳。

㉖各路结账时，务将浮账暂记花名，以及票货宗项随结账上，逐一花开回祁。如有隐蔽，移搁别处款项，总领写账者，均得重咎不怠，慎之慎之，勿蹈想尤。

㉗凡咱买货码头，除零星出售，现清货银外，若卖银期划价之家，随信务将用主字号报祁，以便内外了然。逢标逾期，收结票贷货银，稍有缓期误银之家，不特须报祁知，与各路亦得通报，毋得擅报平安过局，自取掩耳盗铃欺蒙之咎。此弊殊深痛恨，戒之戒之。

㉘各码头人位下班之期，除沈、营以三年为限，其余皆二年半为限，如俟下班之期，人位能于调开，毋庸候祁信吩咐。倘人位缺乏，抽调不开，即可曲委数月，一俟松容再行下班，各宜禀遵是善。

㉙勿论何路码头人位，凡为总领者，每月拨衣资银二两，副班者每月一两。唯初学生意者，五年以内，每月五钱；五年以外照副班者同行。设有经营二三年进号者，亦以初学生意论。皆是以从祁动身之日起，回祁之日止，由祁拨给。倘有不回祁者，到年终祁铺核估，齐年终拨销，来年再为起首。如年年拨清，不照旧规回祁一次拨给，庶可将伙等应得之银，年年列于支账，不至各为长支，实则有应得衣资银抵补，此亦为名实不符起见也。

2. 由大德通公元1884年《号规》，可透视出晋商号规的地位与作用

（1）《号规》的地位　山西票号的《号规》，是总经理用以进行经营管理的总纲。上述《1884年新号议定号规》，系由大德兴改大德通牌号时新立的。大德兴原系茶庄，于咸丰年间（1851—1861）已经兼营票号业务，但是直到光绪六年（1880）在上海成立“山西汇业公所”时，使用的还是大德兴的牌号，而没有使用大德通字号。《1884年新号议定号规》说明，由大德兴牌号变为大德通字号后，依然是茶务、票业同时经营（不过已分设账簿），直到1888年合账重议号规时，票业才成为主业。

（2）《号规》的积极作用　《号规》既有关于享有顶身股者，必须恪尽职守、违者惩处的规定：“凡顶身股人位，务要各合各节，不得潦草糊率，致犯号规。若犯出铺之条，何时说话，何时结楚，系按历年清抄算结；设有零月，不候年终清抄办理，定以应支开结。”又有关于享有顶身股者，每年应支银两的规定：“号内身股，每年应支：一分以一百二十两，九厘一百一十两，八厘一百两，七厘九十两，六厘八十两，四、五厘七十两，三厘六十两，二厘五十两。春冬两标祁铺下账。除应支外，不准格外长支，倘有强颜硬问者，面阻勿怪。”这样，就把

对享有顶身股者的严格要求和必要的回报，都写进了号规，从而有力地调动了享有顶身股者的积极性。

关于员工回家路费的规定："各码头人位，换班回里，毋庸言矣。告假者，脚费自备。设遇因亲或家政有要事者，总领酌夺，顶下班回祁者脚费，俱系公出。余别归里者，一应花费自出。"对于员工的衣资待遇，规定："勿论何路码头人位，凡为总领者，每月拨衣资银二两，副班者每月一两。唯初学生意者，五年以内，每月五钱；五年以外照副班者同行。设有经营二三年进号者，亦以初学生意论。皆是以从祁动身之日起，回祁之日止，由祁拨给。"各码头人位按工作年限和职务高低，每月拨给衣资银和伙食费，一律由号中供给。所有这些规定，就使回家路费以及衣资、伙食等费用，全部制度化了，全部得到了《号规》的保证。

（3）《号规》的消极作用 《号规》也有些规定不尽合理，乃至侵犯人身尊严的规定，比如："勿论老少人位，每逢下班归里，总得先到祁铺，然后回家，不准私先回家，然后到铺。如与别伙捎带物件，亦应先送本号留底转寄。并非疑忌之见，欲使路伙利于身驾耳。"就是说，所有人员回家时，必须先到祁县总号，进行检查，所带银两和东西，都要有分号出具的证明，包括给别人捎的东西。不准私先回家，然后再到总号报到。

可见，晋商号规也的确存在一些固有缺陷，但其毕竟对号中的重大事情和日常工作，都做出了明确而具体的确定，得到了制度上的保障。

3. 大德通《1921年东伙合议号规》

《1921年东伙合议号规》是大德通现存的距今最近的一份《号规》，同1884年的《号规》相比，值得关注的内容有以下几点：

第一，规定"我号牌号名称，一仍其旧，不必变更"；对于票号的账期，仍以"四年合账"，但增加了"每到二年，分功过励优惩劣一次"。

第二，对经营中的一些具体的利息等做了规定："各庄存款利息，长期年息不得过七厘，短期半年月息不得过五厘，二三月者月息不得过四厘。"

第三，对号中所交往的字号也有规定："各庄共交字号，宜定限数；上上招牌，迟票借贷不得过三万元，上招牌不得过二万元，上中招牌不得过一万元。中牌必须审慎，分庄连支，一并在内，不得逾越。倘有特别，必须申明。"还要求"各庄首领，每星期必须实地阅看账簿折据。如立票据，亲自签字盖章，不得假手于人。如首领因公外出，即副帮代行签盖亦可"。

第四，对衣资银的规定更加详尽，各庄分为甲乙两等，京、申、济、安、津、汉、汴、成都会大抵为甲等庄，口、包、彰、向等朴素为乙等庄。兹规定甲乙庄如下：

①甲等庄首领衣资每月拨银六两；甲庄副帮每月拨给衣资银四两；甲庄伙友每月拨给衣资银三两；甲庄初出门伙友每月拨给衣资银二两（按物价昂贵，随风时尚，花费固属不够，然出门孜孜子，学习尚虑不及，何讲衣物齐楚，有志者不为也）。

②乙庄首领每月拨给衣资银五两；乙庄副帮每月拨给衣资银三两；乙庄伙友每月拨给衣资银二两。

同时规定："路伙添置衣服，必须先思时局浮夸，家计困难；如实必用，商明本庄首领协理认可后才准，否则不得任意口立。如裁缝工资线扣，以及平日零费，分文均出自己身，倘有开出公账，查出以犯号规论。所拨衣资，每到年终，由祁号拨。各庄伙友所支之款，仍照旧冬月内扫数结祁，丝毫不得留蓄。下班时，按物开折，计算原用实数若干，如有物价不符，除物留件或重结外，同庄之首领伙友，亦有应得之处分。衣资既从丰结银，各庄首领，有统属一庄之责，应当鞠躬率属，洁己奉公。如下帮赏点物件，虽是已出，亦须维纳，以期维持俭德。"

第五，这次的《号规》还制定了一个重大的制度——稽核制度，规定："每年正月初八，选派稽核一人，分巡各庄稽核。当选员不拘住家住外，临期带祁信前往。稽核之事如左：①专查内外事件；②账簿折据；③本号人位优劣；④审查社会之情形，定进退之标准。稽核售货员往返各处之川资旅费，一切零用，开单结祁，各庄不得酬送分文。己身置买衣物等件，实记实结，运费厘税，一同结祁，以取正己正人。稽核员每到一庄，协同首领，对本庄伙友，宣读章程一遍，然后依章程次第认真实行查核。如有违章情节，若系伙友所犯，稽核与首领权事之轻重，有黜陟之权，不待商祁，勒令回祁出号。此层务须破除情面，勿稍瞻徇，有负职责。"

第六，对于川资路费，也定有规章："住路之伙，往来下帮，一律以三等客票。领袖之行李定为一担半，伙友只准一担，多则自出。沿路花费，开折报明，如阳奉阴违，查处以犯号规论。"

第七，规定"各庄立议事录一本，凡遇号中要事，或有可议之事，须公共讨论，各自书名，新录所见，决权操于总号。见解言论，图谋设想，各出自由，每到半年，原本寄祁，以便采择。"

此外还对各庄官商疲账的拖欠等作了一些具体的规定，相较于1884年的《号规》，这一《号规》中的一些规定更为具体。

4. 大德通《号规》的变迁

如果说《1884年新号议定号规》是对大德通的经营管理的一个初步规范的话，那么之后大德通《号规》的不断修订则是大德通经营管理不断完善的过程。

在《1884年新号议定号规》制定颁布后四年，大德通就又在1888年拟定出了《1888年合账重议号规》，该《号规》对1884年的《号规》主要做了如下的变动。

第一，随着经营的发展，对应支银两的规定做了改动。《1888年合账重议号规》中规定“各顶身力，每年应支：一俸者以一百五十两，九厘以一百三十五两，八厘以一百二十两，七厘以一百一十两，六厘以一百两，五厘以九十两，三厘以八十两，二厘以七十两，一厘以六十两，每年春冬两标下支。除应支外，分文不准长支。”也就是说随着经营的良好发展，顶身股每年应支的银两有所增长。此外，还增订了人力故股，规定：“一厘至六厘，四年结清，七厘至一俸，六年结清。若初顶身股，未经账期而故者，勿论多少，三年结清。若功绩异常，或临故有毁之事，宜加宜减，众东另议。”

第二，关于衣资、伙食待遇的规定也有改动。《1888年合账重议号规》则规定：“各码头衣资，议定分号京、申、沈、沙、安、津、汉、重、度、济、汴，正班每月拨给衣资银三两，其顶生意协理，每月拨给衣资银二两，以及辛金及出外多年者，每月拨给衣资一两，出外未下班者每月拨给衣资银五钱，三年以外，照辛金副班者行。市洞两山、东西两口、兴化、营口、周村正班，每月拨给衣资银二两，唯迁全已衣资，亦照二两拨给，多年协班每月拨给衣资银一两，初出未下班者，每月拨给衣资银五钱，三年以外，照副班行；以及清、水、源、徐、通、治路货人位，随协班便一两；赤峰、季、曲、阜正班，每月拨给衣资银一两，初出未下班者，每月拨给衣资银五钱，三年以外照一两拨给。以上俱系自出行之日起，至下班之日止，但有零日，即算一月，逐年在祁出账。”相比《1884年新号议定号规》的规定，对地方分号作了区别对待，人员的衣资银均依例递减，各码头人位按工作年限和职位高低，每月拨给衣资银和伙食费，一律由号中供给。

第三，增加了一些新的规定，诸如要求“各码头每月与祁实誊月清折，年终誊一总结账”；“各码头通年缴费，年清年款，不准日积月累”“各码头禁止亲友浮挪暂借，与亲友字号，相与之家不外当承作保”“各码头首领不准就外请用人位”等一些新的规定，对各分号的经营管理进一步做了规范。

到了1904年，大德通在号规中又增加了《1904年合账众东添条规五条》。规定：“此后遇有用项，如向号借使银两，至多每股只准借银三千两，逾期不限。各连号不准东家荐举人位，如实在有情面难推者，准其往别号转荐。”对享有顶身股者每年应支银两又有所增长，“各项身力每年应支，一俸者以二百两，九厘半以一百九十两，九厘以一百八十两，八厘半以一百七十两，八厘一百六十两，七厘半以一百五十两，七厘以一百四十两，六厘半以一百三十两，六厘以一百二十两，五厘半以一百一十两，五厘以一百两，四厘半以九十五两，四厘以九十两，三厘半以八十五两，三厘以八十两，二厘半以七十五两，二厘以七十两，一厘半以六十五两，一厘以六十两。号伙故股一厘至三厘者以三年清结，四五厘者以四年清结，六七年者以五年清结，九年者以六年清结，一俸者以七年清结，生意亦一俸，当过领袖以八年清结。如有俸股，请进未有四年而故者，一厘至五厘二年，六厘以上者三年清结”。同时对衣资又做了重新规定，“各码头衣资又有分别，京、申、营、济、沙、安、广、川、津、沈、汉、重、汴、宁、长正班每月拨衣资银三两，此项生意协班，每月拨衣资银二两，如辛金协，一般说来及伙以出外多年者，每月拨衣资银一两，初出外未下班者，每月拨给衣资银五钱，三年以外，照一两拨给。所有口、村、同、包、清、河、坝、原、关、苏、烟正班，每月拨给衣资银二两，多年协班，每月拨给衣资银一两，如初出未下班者，每月拨给衣资银五钱，三年以外，照一两拨给。以上俱系自出行之日起，至下班之日止，但有零日，即算一月，逐年在祁出账。”

《1913 年大德通、恒记并众东共议号规》则进一步制定了九不准：“不准在外巨数支使，以致祁无纪律也；不准私自捎物，致累人格也；不准就外厚道，致滋舞弊也；不准私带亲族，影射号中银钱也；不准私行囤积，放人名贷款也；不准奢侈浪费，以耗财力也；不准侵蚀号中积蓄也；不准花酒赌博，致堕品行也；不准吸食鸦片，致干禁令也。”这主要是对票号人员的一些道德规范。

此外，大德通还有一份号规是 1901 年大德通在成都开设分庄时专门为该庄拟定的，称为《1901 年为蜀庄拟章程四条》，主要规定了“宗旨宜坚定，择主宜认真，操守宜讲明，自立宜切究”这样四条原则。

从大德通 1884 年的号规和 1921 年的号规以及这两份号规中间的这些变迁可以看出，随着时间的推移，大德通票号在规章制度方面都在不断地进行完善和改进，员工的股银待遇也在随着经营业绩的好转而逐渐增多，以使其能够恰如其分地指导票号的经营。正是因为有这一套完善的号规进行规范与制约，才使得大德通在众多的山西票号都已歇业之后仍能够坚持经营了几十年。

（三）票号号规的启示

山西票号是通过号规进行管理的，从大掌柜到一般伙友，都必须严格遵守。大掌柜在依据号规进行经营管理的过程中，在整体协调各个方面利益的基础上，又形成了许多开拓创新的管理规则，最重要的有以下几个。

1. 组织机构一体化管理

山西票号的总号都设在平遥、太谷、祁县，其分号遍布全国各地。票号的业务，大半靠分号在外经营，所以总号与分号的关系十分密切。分号经理由总号选派资格较优者担任，携带总号图章砝码等各种要件以资凭信。资本皆存总号，设立分号时，不另加资本，只给川资及开办费。

关于分号设立，有各种不同情况，据卫聚贤记载："山西票号分号之设立，有因各大商埠必须设立者，如平津沪汉等。有因自己营业范围而设立者，如志成信、协成信、协成乾在广东，大盛川、锦生润在蒙古。有因择垫官吏（注：择垫是奔走于政界中人物，择其体态、履历、程度、交际等，估计其将来可以得到位置，于是先行垫款运动，待其挂牌，乃派人随至所任所，作为会计，按月扣除垫款，至扣完为止。垫款固然利息大，但也有白垫了的。《官场现形记》中有一段关于此事的记载，票号中人有以其言之过甚。但道光二十一年藏源捐簿上，已列有此款数十宗可证）随至官吏任所收账，因而设立者。"[①] 又曰："设立的手续，由总号选择干员，携带图章砝码，并路费及开办费若干前往。不必携往大宗资本，因系汇兑，与自己的各分号或其他的票号往来拨兑。比至标期，如缺少现款，再由附近分号从标局运现接济。"[②] 遍布全国各地的分号，都是由总号大掌柜决定设立的，分号经理都是由大掌柜任命的，在分号里，每个人担任什么职务，顶多少身股，也都是大掌柜说了算。所以，各个分号对于大掌柜的旨意，都是言听计从，大掌柜怎么指挥，分号就怎么干。山西票号总号的大掌柜，就是从总号到各个分号的大统管和总指挥。

根据一体化的管理准则，山西票号总号要求各个分号，必须根据"通盘考虑、密切配合"的原则，来经营自己的业务。如若为了自己分号赚钱而使其他分号遭遇损害，就要受到总号的惩处。例如，大德通票号光绪十年（1884）的号规明文规定，分号经营，对本处有利，要以他方不受其害为功，如果"只顾自己结利，不虑别处受害者"，即或盈利，因为违背了"通盘筹划"原则，也要受到惩罚。

山西票号特别注重信息。在当时交通极不发达的条件下，山西票号特别注重总号与分号之间、分号与分号之间的书信往来。因为分号的一切重要业务往来，都必须得到总号的批准；总号为了对各分号的经营状况做出正确判断，又必须及时掌握各地的银价、汇率等商情。及时掌握信息，就成为山西票号的突出特点。电汇业务开通后，又使山西票号的一体化管理，更加强化、更加灵活。卫聚贤记载："分号对于总号，时有信件，报告营业兼及当地行市。平时用平信，急时用专信，电报通了则用电报。同时并将营业情形及行市向各分号互报，以便互通消息。又如甲分号有余款，视乙丙分号之缓急，分送各地，以便周转。甲分号应会

① 卫聚贤：《山西票号史》，说文出版社1994年版，第74页。
② 卫聚贤：《山西票号史》，说文出版社1994年版，第74页。

得法，得利为多。因为甲分号之功，但得到红利，均送总号，在总号总结下分红利，是以各分号多互相救济。”①

2. 票号资本股份化经营

根据三晋源票号掌柜杨景灏回忆：“票号资本分为正本和副本两种。正本是股东的合约投资，没有股息，享受红利。每股几千两到一万两。一家票号的资本，大约十几股。副本有两种情况：一是东家、经理及顶身股伙计遇账期，由分到红利中提留一部分，存入号内，一般称作‘统事’或‘获本’。‘统事’、‘获本’不分红，只得利息，不能随意抽取。二是票号东家存款。所以，票号的实际资产都是大大超过其名义资产的。这种不列入票号的正账而潜存于票号中的资本，是构成票号副本的一个重要部分。”②

山西票号除了银股以外，还有身股。徐珂记载：“出资者为银股，出力者为身股。”③但不论是银股还是身股，全部实行股份化管理。股份化管理是山西票号的创新和特色。所谓股份化管理，就是将银股和身股全部按股份来管理的制度。银股的股份化，就是将东家的资本，不论是独资的还是合资的，全部等分为若干股份，账期限满后，按股分红；身股的股份化，就是将本号职工以自身劳动所顶的股份，从一厘到十厘不等，统一按十厘为一股计算，账期满后，与银股一起，按股分红。

山西票号从日昇昌开始，就实行了这种股份化的管理制度。日昇昌是由李氏一家投资的独资票号，但还是把李氏所投的30万两白银，划分为30股，加上身股40股，共70股，一起进行分红。④这说明，日昇昌票号从一开始，就将银股和身股全部股份化了，实行了股份化管理，实行了按股分红的绩效管理制度。

山西票号全部采用了这种股份化的管理机制，致使股份化管理成为山西票号的独创和特色。山西票号这种按股分红的管理制度，实际上就揭开了中国近代股票市场的先河，在中国金融发展史上实属重大创新。

3. 资本周转市场化运作

山西票号从总号到分号都是紧紧围绕市场中轴运行的，也就是紧紧围绕开

① 卫聚贤：《山西票号史》，说文出版社1994年版，第74—75页。

② 中国人民银行山西省分行、山西财经学院、黄鉴晖：《山西票号史料》（增订本），山西经济出版社2002年10月版，第581页。

③ 中国人民银行山西省分行、山西财经学院、黄鉴晖：《山西票号史料》（增订本），山西经济出版社2002年10月版，第582页。

④ 中国人民银行山西省分行、山西财经学院、黄鉴晖：《山西票号史料》（增订本），山西经济出版社2002年10月版，第638页。

拓市场、占领市场、扩大市场进行管理的，这样，就使山西票号的管理具有很大的灵活性、多样性和创造性。管理为市场服务，在开拓市场、占领市场和扩大市场的过程中发展和完善管理，就构成了山西票号管理的又一个重要创新和重大特色。其集中表现就是“酌盈济虚、抽疲转快”①。山西票号的分号很多，由于各地区的经济状况和经营状况各不相同，致使各票号的现金盈亏、行市好坏亦不相同。有的票号现金盈余，有款放不出去，资金闲置；有的票号现金短缺，利率上升，却又无款可放。在这种情况下，山西票号按照一体化管理准则，运用“酌盈济虚、抽疲转快”的办法，巧妙地解决了这一矛盾。各个分号都从各自的利益出发，积极加以响应，相得益彰，各得其所。这样既解决了乙地多余银两放不出去的问题，又使甲地赚取了汇费和利息，还帮助商人摆脱了资金缺乏的困境，并树立了山西票号良好的信用形象。

4. 人员能升能降、吐故纳新

明清时期，商号的竞争是管理人才的竞争。晋商在人才的管理上奉行吐故纳新的原则。人同其他事物一样，是不断发展变化的。这种变化有两方面，有的勤奋好学，不断进取，德才皆优，成为商号的骨干；有的傲慢、懒散，不思进取，得过且过，无所作为。有的员工，刚开始还勤劳肯干，慢慢地骄傲自满；随着时代发展，有的人知识和能力，不能适应新的环境；有的人私欲膨胀，开始贪财，损害商号利益；有的不珍视商号信誉，为顾客服务差，影响商号的发展等。因此，除了要对员工进行不断教育外，还必须吐故纳新，有进有出，不断吸纳德才兼备的优秀人才，淘汰平庸之辈。这样，才能拥有一支精明强干、开拓进取的员工队伍，商号才能充满活力。

从日昇昌票号现存的资料来看，从光绪十五年（1889）至光绪二十六年（1900），11年间共请进员工30人。而在这11年中辞退员工19人，其中除2人（因缺子和告老）为辞职外，其余都被商号辞退。被商号辞退的17人中，除2人有明显理由（如“驻西安办理不善”“在外办理不善，且有违号规之事”）外，其他人没有记载理由。其中2人是新请进而又被辞退的。由此也说明，辞退的员工大部分是光绪十五年前已有的员工。请进减去辞退，10年间增加员工11人。另外同期患病死亡员工7人，等于实际增加员工4人。日昇昌票号的例子说明，票商很重视员工的吐故纳新，做到了用人有进有出，贤者上、庸者下，造就了一支精干高效的员工队伍，使员工队伍充满朝气和活力，促进商号不断向前发展，从而创造了票号的百年辉煌。

① 范椿年：《山西票号之组织及沿革》，《中央银行月报》，第4卷第1期。

五、商号的组织与管理——经理负责制

“经理负责制”，又称“掌柜负责制”，是明清晋商在企业规模与业务运作不断扩张情况下，推行并实施的一种高效企业运作与管理模式。

（一）自东自掌到聘用经理

1. 自东自掌到聘用经理的缘由

每个商人从经商开始，到逐渐有了一定的积蓄，自己出资开设店铺，一般讲都走过一条自东自掌的发展道路，既是资本主又是经营者，具有占有生产条件的自食其力的劳动者性质，尽管也雇用有几个伙计，严格讲还算不上完整的资本家。这种经济现象，不论在明代还是清代都是存在的，而且占有一定的比重。例如，右玉县贾有库，与本县人王厚、郭尧二人共出本银，乾隆十二年（1747）在归化城开设的“三义号”绸缎杂货铺就是这种性质。所谓“三义号”，即三人合资并负责经营的店铺，虽然在乌鲁木齐和阿克苏设有分店，并委派伙计在分店照管买卖，但不能把此种情形的经营方式视为严格的资本主义生产方式。

由自东自掌到聘用经理负责经营，资本家只管出资本不管具体经营，既是完整资本家的形成，也是资本家顾不及自我经营的必然。因为一个商人，当其资本积累增多，开设多种行业店铺的情况下，他就无能力自己经营了，为发展自己的事业，也就必然要走向委托或聘用经理负责经营的道路，从而成为不参加经营的、完全依靠资本剥削剩余价值的资本家。山西商人中的大资本家，多是采用这种经营方式。例如，介休北贾村侯氏，仅以他的资本为主开设的票号就有五家。再如，祁县乔家堡乔家、县城内渠家、太谷北洸曹家、榆次车辋常家等等，都是这样的资本家。

委托或聘用经理负责经营，既是社会进步的一种表现，也是企业体制的重大变化，其本质变化在于，资本所有权与经营权实现了分离，比自东自掌那种体制更有利于产业的发展。

2. 聘用经理制的优点

在这种体制下，资本的所有权归资本家，资本家凭资本分红取得利润，并对企业负无限责任，经营有了亏损或倒闭，所有债务由资本家负责偿还。资本的经营权归经理，资本家平日不得干预经理的自主经营，经理向资本家负责，按账期向资本家报告财务，并共同决定赢利的分配，但有了亏损经理不负责任。其优点如下。

第一，有利于资本家发展各种产业，使自己的经营规模和地域范围不断扩大，甚至形成操纵或垄断全国范围内某些行业的局面，大大增强了在市场中的竞争能力。

第二，有利于把社会上的小额资本集中成巨额资本。大资本家是少数，具有小额积蓄的总是多数。具有小额积蓄的人，或不善于经商，或是文人世家不愿亲自去经商，但又想变闲钱为活钱，就把钱交给经理去经营，于是小额成为巨额，对发展产业是有利的。比如，介休市侯生芸领吴龙图等16人银本数万金，自奉天以至浙江，皆开设有字号的分庄，每三年算账一次，将利解交，历有年所。到了道光十几年，生意稍有萧条，不能多所盈余，吴龙图等怀疑侯生芸从中侵蚀，侯生芸则以为各东得利多年，小有亏折，即起闲言，彼此互相争讼，状告到太原府衙门。这虽是一件诉讼的案件，从中也可看出，资本主有16人之多，如果不是侯生芸领本经营，怕是不会把商人的店铺推及到奉天至浙江一带的。

（二）总经理的地位与作用

一个企业能不能用好管好人，关键在于有没有一个大公无私，严于律己，兴利除弊，不断进取的总经理。因为总经理是与资本家合作的代表人，拥有资本的经营管理大权，在企业处于至高无上的地位。这种体制，是封建文化传统的延续，具有家长制的特征。从资本所有权与经营权分离这一点说，类似现代企业制度，但比现代企业制度更具有集权性。现代企业制度，股东大会是最高权力机构，经营管理大权归董事会，总经理是在董事会领导下进行工作，总经理受董事会的监督与制约。而山西商人的总经理，虽也不能说一点也不受资本家的制约，但相对来说是独立自主的，没有专门的监督制约力量。

1. 总经理的地位

总经理在企业的地位，决定着企业能否任人唯贤和知人善任，决定着企业职工人格塑造能否坚持始终如一。应该说，山西企业的总经理大多数做到了这一点，所以才会使山西商业长盛不衰。以山西票号的总经理来说，任人唯贤和知人善用，除著名的票号中人李宏龄等事迹之外，还有许多令人称赞的事例。宋聚奎光绪元年（1875）进蔚泰厚票号做事，因他精明强干，胆识出众，总经理先后派他处理各地欠账悬案，干得非常漂亮，为同行所推崇。先是光绪初年，湖南饶太大倒欠各票号放款，票号虽告至湖南三司按察使等衙门，因饶神通广大与官府有着特殊关系，按察使只做了些表面文章，也通知饶到案听审，但袒护有余，久无结局。后来蔚泰厚总经理就派宋聚奎去湖南协助处理此案。宋聚奎到长沙后，各号束手无策，他与众号商议办法，决议再禀催三司，依然没有结果。此时，宋认为此案在长沙不能了结，就是告到湖广总督衙门恐也难了结此案，要想追回借款，非到两江总督衙门告状，才能避开官绅相护，于事有补。众皆赞成，推其为首领，赴南京告状，前后七年，始结此案，收回全部放款。光绪二十年（1894），奉天分号经理出放外账20万两收不回来，不敢回总号。总号虽三次派人去协助处理，亦未能料理。宋聚奎在汉口分号管事，总号为奉天悬案，临时把宋派往奉天，宋到奉天时间不长，施展各种手段，就收回16万两，偕同奉天赵经理回平遥总号交代，东掌大为称赞。资本家与总经理基于宋聚奎屡次为票号挽回损失和赢得利润，提升其为总号副总经理，身股顶至九厘。

凡能够重视人才、重用人才的总经理，都深知造就培养人才的不易，所以也就比较爱惜人才。一旦发现职工中有不良倾向抬头，与塑造职工形象和人格相悖之时，都能及时重申和修改号规，把不良倾向消灭在萌芽状态，从而保证了拥有一支高素质的职工队伍。各种不良倾向固然与同治、光绪时期整个国家风气败坏有关，但有能力挽奢风，亦见资本家与总经理的苦心。一个残缺资料表明，庚子年后在一些分庄“奢风日甚，荒惰日生，在各庄竭尽心力秉公办理者固不乏人，而敷衍迁就者亦属不少，其有堂堂接班之人，或上下蒙蔽，或独自鲸吞，我连号竟有如此人位，其与监守自盗何殊！要皆不知俭可助廉之道也，又何足与深论乎！今与各号老总共商，务将旧规重整，竭力维持，俾百年之基业永著良朴，我东伙养生之业自当蒸蒸日上也”。兹残件共列举了十款，但只存八款，如“各庄日用过事奢华，此等抛掷银钱，号中滥费多矣，各老板宜收敛挽回”“各庄宴会叫戏，在昔不过借以消遣，今则俨然聚赌，急需禁止”“号伙衣服已属华瞻，而又穷奢极欲，更求精彩，此种风气不惟自己折服，且为外人所忌。凡有聪明者，岂尚不觉，急宜共相规诫”“号伙上下班期坐轿带人，除实系年高带病、资格深大者不准。如有在外窃娶女人者，定行严究”[①]。就这四款足以显出奢风之严重以及总经理们对职工人格塑造的重视。因为奢风是个社会问题，也不是一朝一夕的事，仅靠山西商人一方面的努力也不可能完全彻底地铲除社会不良风气，但敢于面对现实，认真整改，的确难能可贵。

2. 总经理的作用

山西企业的职工，除辞号和号辞者外，实行终身制，没有退休制度，因而总经理等常常是年老病死在岗位上。资本家为鼓励总经理等终生为其效力，凡顶身股者死后，还可享受几个账期的分红权利，叫作“故身股”。这种故身股固然有益于解决职工死后家庭没有收入的后顾之忧，但不实行退休制度，是违反人生自

①《蔚子五联号号规》。

然规律的。

人由生到老，由老到死，是人生的自然规律。人生七十古来稀，如果年已六十多或七十多仍不退休，精力衰竭，甚至耳聋眼花，头脑不清醒，仍在那里主持号事，很难做好工作。人到老年之后，有一种倾向，越老往往越期求权利，生怕失掉权利，变的私心重了，疑心多了，把好事看成影响他权利的事，不能顺应时代大胆改革，显出一种守旧。这样的人，在山西商人的各类企业中都虽出现过，而通过票号，可以看出其对发展的危害尤令人吃惊。票号中人李宏龄提到的赵某，因不守号规从成都分号调回总号，可总经理不听忠言，反把赵派去天津分庄任副经理，滥放款造成三四十万两的疲账损失。刘庆和在同治五年（1866）任协同庆总经理时，注重人才，不徇私情，任人唯贤，生意兴旺，获利颇丰。可是到了晚年，“用人不免稍有瞻徇，薰莸同器，识者早心焉忧之，以视孟（前任总经理孟子元）之知人善用相去远矣”①。故当刘庆和光绪十六年（1890）去世之后，继任者又重新整顿，“裁革浮糜，滥竽充数者悉罢之，知孟知子之才，举而用之，不徇情、不蔽贤、不遗旧，敦古道也，”② 使协同庆又焕发了青春。

如果说协同庆票号的不幸，在总经理更迭之后又焕发了青春，损失可以挽回的话，那么清末李宏龄倡议票号合组银行之事则是无法挽回的。清末，帝国主义侵略以及新旧赔款每年有四五千万两白银尽入外国银行之手，从而操纵我国经济命脉，控制我国金融。特别是汇丰、道胜、正金等银行向各口岸扩展；国内户部银行、交通银行及各省官银钱局号的兴办，票号公私业务都有不同程度的减少，表现为：过去在票号的存款相继转存于外国银行和户部银行、交通银行等大银行，过去靠票号汇兑的公私款项随之分流外国银行和户部银行、交通银行等。这一切，使票号这种中等金融机构处于劣势，出现了生存危机。这时，社会上的有识之士，在报纸上发表文章，呼吁票号合组大银行与之相抗衡，并且认为，“惟中国官商久不见信于天下，只有山西人声名尚好，若能趁此誉满天下之际，创办一大银行，则票号幸甚！晋民幸甚！”

社会舆论与李宏龄的见解不谋而合。事隔两年，李宏龄在京联合平、祁、太三帮票号经理人，多次会议，形成共识，决议创办一家有限股份制大银行，资本500万两，聘请熟悉商情、声望素孚、祁县三晋源票号资本家之子、殿试赐同进士、曾任外务部司员驻日本横滨领事、时任山西大学堂监督并为山西赎矿运动代表兼任山西保晋矿务公司总经理的渠本翘为经理人。其中，每家票号出资本

①《票庄协同庆始末记》（作者不详），载卫聚贤：《山西票号史》，说文出版社1994年版。

②《票庄协同庆始末记》（作者不详），载卫聚贤：《山西票号史》，说文出版社1994年版。

三五万金，另广招社会股本，作为票号的后盾。万一票号失利，有银行在，晋人生机不失。这样一个倡议，向平、祁、太三帮票号总号发出后，在一年的时间内，李宏龄、渠本翘多次亲临各总号倡导游说，并且深得全国各地票号分号经理人的赞同，但因各种原因此事最终被搁浅。其救世良策，之所以成为泡影，核心是一些票号总经理的拦阻，以蔚泰厚票号总经理毛鸿瀚为代表。毛鸿瀚（1846—1922），平遥县梁村人，顽固守旧。守旧，实际是骄傲自满的另一种表现。自满也就必然守旧，认不清形势，看不到票号“大敌”当前的生存危机。而且这种人还有一个特点，就是自尊心特强，既不愿别人超过自己，又怕别人对自己不尊、说三道四。当李宏龄和各分号纷纷来函劝导各总号速做决策的时候，毛鸿瀚感到耻辱，传下话去：“银行之议，系李某自谋发财耳！如各埠再来函劝，毋庸审议，径束高阁可也。”[①] 这种颠倒是非、诬陷好人的行为，说穿了是怕大权旁落，怕新办银行代替了票号，丢掉自己总经理的地位。当毛鸿瀚的言语传至李宏龄耳边，“宏至是如冷水浇背，不得不张口结舌，而筹办银行之议，烟消云散矣！”[②]

人们对无知而又顽固守旧者有一句名言叫作：不碰南墙不回头。事隔两年，辛亥革命和北京二月兵变发生了。一时间，银行业挤兑风潮席卷全国，山西票号首当其冲，人们普遍地看到票号难以应付挤兑，失败已是必然的事了。危亡中欲求生存，是人的本性。于是，民国二年（1913）票号总经理们齐集省城太原，开会商议筹设银行以挽生计之事，并议决就各票号结合而成，再招社会股本，拟定章程六章十八条，定名为“山西汇通实业银行”。毛鸿瀚到场了，一改四年前对李宏龄倡导合组银行的态度，举双手赞成，说明守旧者碰壁后醒悟了。然而，时机错过，银行筹集资本无望，各票号又在艰难的应付挤兑，虽心齐而意美，也永远无法挽回票号的败局。

（三）总经理的选聘

明清晋商在两权分离的情形下，财东对于商号经营管理人员（即总经理）的选用有严格的要求与程序，下面我们以山西票号对于总经理的选用为例加以说明。

票号总经理被称为大掌柜，在票号中拥有特殊的地位。据曾任祁县大德恒票号经理的颉尊三介绍，“经理既受财东信赖与委托，得以经理全号事务……其权

① （清）李宏龄：《山西票商成败记》，载黄鉴晖（校注）：《晋游日记·同舟忠告·山西票商成败记》，山西经济出版社 2003 年 5 月版，第 178 页。

② （清）李宏龄：《山西票商成败记》，载黄鉴晖（校注）：《晋游日记·同舟忠告·山西票商成败记》，山西经济出版社 2003 年 5 月版，第 179 页。

限近乎独裁。”[①] 当时的一份调查报告也曾指出：票号股东既然“将资本交付于管事即大掌柜一人，而管事于营业上一切事项，如何办理，财东均不过问，既不预定方针于事前，又不施其监督于事后……而管事在票庄内，有无上之权力，凡用人之标准，事业之进行，各伙友皆须听命于管事。”[②] 也就是说，一旦将票号交付经理人管理，票号股东便随之退出，任由经理人进行操作。而万一经营失败，其损失却又完全由股东承担，经理人并不负有赔偿责任。股东与经理人之间这种特殊的责任关系，遂使经理人的选任不得不慎之又慎。

因此，当股东决意创办票号，必然留意可用的经理人员，或经人介绍，或自己采访。之后，通过面谈加以考察，从被聘者陈述的经营主张，用人方略等方面，来判定其能力高下，能否承担经理之责。如果“认定此人有谋有为，能守能攻，足以担任票号经理之职责，则以礼招聘，委以全权”。一旦双方达成一致，遂邀请中证人若干，书立合同，写明股东投资数量，经理人员的报酬标准，以及对结算的年限做出具体规定。合同签订完毕，票号事务便全归经理人处置，先是组建机构，然后向官方呈请批准，之后正式开业，票号股东则不再过问。

票号经理人的报酬方式，实行着一种特殊的制度：薪金与身股结合。一般情况下，经理都拥有一定份额的人身股，在结算时参与分红，其所占股份，在与股东订立合约时确定，称为“身股”或“人力股”。经理人身股也是以俸计算，开始时一般每人以 1 俸为限，其次 9 厘、8 厘不等，随着票号的发展，可以逐渐增加。身股在票号结算时，与等量银股同样分红。其与银股的区别，只是人在则股在，人去则股无，不似银股可世代继承。也有票号对贡献卓著的经理人，允许其在去世后的一段时期继续分红，分红账上称为“故股”。由于票号结算一般四年一次，经理人的日常开销便先从票号支取，称为“应支”，待结算时再从分红中扣除。每年应支的数量，依占有股份的多少支取，但各号并无一定之规。有的票号，“每股多则五百两，少则三四百两不等，分四季支用。”[③]有的票号，每年应支银每股 120 两，“分为春冬两标支使”[④]。身股只分赢利，不负亏损，如果结算时无赢可分，经理人的应支则顶替薪金，不必退还。

---

① 颉尊三：《山西票号之构造》，载中国人民银行山西省分行、山西财经学院、黄鉴晖：《山西票号史料》，山西人民出版社 1990 年版，第 598 页。

②《山西票商盛衰之调查》，载中国人民银行山西省分行、山西财经学院、黄鉴晖：《山西票号史料》，山西人民出版社 1990 年版，第 599 页。

③ 陈其田：《山西票庄考略》，商务印书馆 1937 年版，第 87 页。

④ 卫聚贤：《山西票号史》，说文出版社 1994 年版，第 58 页。

在这种制度下，票号经理人的收益非常丰厚，一些经理人也因此跻身当地富户之列，如先任日昇昌二掌柜，后任蔚泰厚大掌柜的毛鸿翙，便是由担任票号经理人而发家，然后自行投资，使其财富获得不断增长。

由上述可见，在经理人的报酬方式上，山西票号实行着一种极为明智的办法，这种办法将经理人的利益与票号的经营状况直接联系在一起，促使经理人全力于票号的经营，极具近代意识。但同时，在票号的制度上，对经理人的权限，却几乎没有必要的限制与监督，完全奉行所谓的"用人不疑、疑人不用"的原则，透发出浓郁的中国传统人治思想。

（四）总经理的权限

经理作为与资本家合伙的主体，拥有业务经营、人事聘用、财务管理以及分庄设置等大权，副经理则处于协助经理管理的地位，固然少不了经理、副经理之间的协商，但决策权归经理。经理为维护他经营管理的权力，除合约所载，"日后东伙不许在号内借贷"[①]外，有的还规定"不准东家荐举人位，如实在有情面难推者，准其往别号转荐"。资本家的字号，不准资本家借贷，不准资本家推荐人位，把权力完全归经理，是资本家坚持"用人不疑、疑人不用"的原则，放手让经理大胆经营和发挥其劳动热情的充分表现。正因为这样，经理才能与资本家同心同德，任劳任怨，终生为资本家操劳效力。

有一个事例，从它的反面说明对于经理的经营管理权，连资本家也无可奈何。雷履泰创办日昇昌票号没几年，与副经理毛鸿翙发生了不愉快。创办日昇昌票号时，雷履泰五十三四岁，毛鸿翙才三十一二岁，一个老年一个青年，在人际交往上难免有不合套的地方。毛鸿翙年轻好胜，总认为创办日昇昌的功劳超过雷履泰，当然对雷履泰就会表现出不尊不敬的样子，甚至想有一天取代雷履泰。雷履泰在创办日昇昌之初，忙于整订号规、延聘职工、传授经营业务经验、选派伙计去各地设庄等事宜，操劳得疲惫不堪，偶感风寒，身体不适，诸事委托毛鸿翙经管，在号闭门休养。此时，毛鸿翙误以为取代雷履泰的时机已到，就去各股东家中活动，表现出关心的样子对大家说："大掌柜劳累过度，近几天食减睡不好，号内乱杂，不利于大掌柜康复，可否请大掌柜回家静养几天？"资本家只看到毛鸿翙关心大掌柜的一面，并没揣透毛鸿翙葫芦里卖的是什么药，就答应去找雷履泰说说。当资本家来到号里向雷履泰道出请大掌柜回家休养的话后，雷履泰久久没有吭声，他在思忖：东家让掌柜回家养病，明白是有辞退之意。他越想越觉得

---

① 《侯氏蔚泰厚合约第二十三号》

其中有鬼，莫非有人要赶他出号不成，故言道："字号是东家的，分号是我安的，等我把各分号撤回来，向东家做个交代，就回家去养病，谢谢东家的关心。"这吓坏了资本家，忙哀求千万不要撤分号，并备酒席慰劳雷履泰。从此雷、毛二人结仇，毛鸿翙不得不离开日昇昌。后来，毛鸿翙开办了第二家票号蔚泰厚，但仇恨深深埋在日昇昌与蔚泰厚两家的竞争中，并且子孙起名都相互诋毁。雷履泰的孙子起名雷鸿翱，毛鸿翙的孙子起名毛履泰。在道光年间，在苏州市场上，日昇昌用降息和减费的办法，弄得蔚泰厚在汇兑捐生银两等方面的生意无法开展，所以蔚泰厚京号给苏号信中说只好不做。

经理接受财东的聘任后，出于对东家的感激和无条件的全权委托只能以诚报诚，全身心投入经营管理、赚取丰厚利润，进行回报，来不得一丝苟且和半点疏忽大意。否则，既对不住东家，也对不住自己，还要受到社会伦理道德和自己良心的谴责，并影响到自己以后在商业界和行业圈内的地位和名誉，所以只能受人委托，竭诚相报。按辩证法来讲，这种彻底放权的东掌合作关系对双方来讲表面上没有任何的条件，实际上是一种无形的软约束。因为既然财东全方位地彻底的放权，那么经理也势必全身心地完全地卖力。《山西票号之构造》记载"经理倘若环境不佳，恐怕损失血本，必挥具铁腕预筹退步，决不肯稍有疏虞，故营业范围系以环境为比例，活动为主旨，务使操纵自如，决不行险侥幸，致碍个人人格，同事地步，财东资产，此义之表现也。"[①] 许多票号的经理系伙计出身，一干就是几十年，全身心地经营，有的甚至累死在经理岗位上。

山西票号分平遥、祁县、太谷、太原四帮，前后共有40多家，总号都设在票号的故乡发源地——平遥、太谷、祁县和太原。每家票号的分号少则几家多则100家。总号的大掌柜，是整个票号经营管理的设计师和总调度。每个分号都由大掌柜选派经过严格挑选、德才兼优的伙友去创办。他们开业的地点，所使用的图章、砝码、号规等要件，都从总号带去，所有资本均存总号，设置分号时不另拨资本，只给以川资路费和开办费用，开办后如若营业需要款项，由总号统筹调拨，各个分号互通有无，互相声援，互通信息，其经营原则是"酌盈济虚、抽疲转快"。由此形成了资本储存总号，利润统归总号计算，全号上下内外一本账，以总号为中心，分号为枝干的运转格局。总号大掌柜指挥一切，分号经理独当一面，负责当地的具体业务，平常指挥沟通依靠"号规"和"号信"来维持。

① 颉尊三：《山西票号之构造》（1936年未刊稿），载中国人民银行山西省分行、山西财经学院、黄鉴晖：《山西票号史料》（增订本），山西经济出版社2002年10月版，第613页。

（五）经理负责制的优势性

企业资本的经营管理大权归经理，对发挥施展经理的才能和资本的发展都是有好处的。①就经理本人来说，拥有经营管理大权，实现了自主经营，就可以发挥他的主观能动性，研究市场，判断形势，采取举措，拓展业务，使企业不断得到发展，为资本家获取更多的利润；②经理有了自主权，就是资本家对他的信任，从而经理能与资本家同心同德，视企业为己任，精确核算，节省一切不必要的费用，降低成本，增加赢利；③经理有了自主权，就会感到有奔头，几十年如一日，既为资本家效劳，又使自己的生活和家境不断得到改善，所以一些著名企业的经理，一干就是二三十年，以致病死在岗位上。

经理的勤劳与敬业的精神，为资本的发展带来的好处，至少有以下几方面具体如下。

第一，山西商人之所以成为全国一个著名的地方商帮，除商人众多之外，就在于经理们把字号的分支机构扩展到全国各地以及国外去，致使处处有山西商人开设的字号，故而享誉海内外。

介休县侯生芸领吴龙图等16家资本数万金，将分支机构开设于奉天到浙江一带外；设在张家口的字号，又将其分号设于库伦、恰克图和俄国的许多城镇中，设在归化城的山西商人字号，多数又去了乌里雅苏台、科布多和新疆的伊犁、塔城、乌鲁木齐、古城、阿克苏、叶尔羌；设在内地的字号，分号设至京城、东西两口、多伦、兴化镇、奉天、安东、营口、济南、汉口等地；设在陕西三原县的山西布商字号，在湖北公安等县，河南禹州等州县，宁夏、兰州等地都有它们的分号。票号就更普及了，虽总号设在平、祁、太三县，而相互交错，在全国八九十个城镇设有分号，并扩及香港，日本的神户、东京和朝鲜（现归韩国）的仁川。

第二，一些行业的经理们，为稳操货源或为创造自己的名牌产品，把商业与加工业结合起来，既推动了工业的发展，又把商品流通和商品生产的利润都赚了回来，无疑对资本发展是有利的。

如雷履泰在经营西裕成颜料庄期间，意识到只搞颜料营销而不加工颜料限制了企业的发展，就利用资本家在达蒲村的空闲场地和农民的剩余劳力，在达蒲村开设了加工颜料的手工工场，生产各种颜料。其中，有一种颜料叫“铜绿”，是用铜片加工而生产的，铜片是滇铜，去重庆采购，经汉口转运平遥。其制作铜绿的方法是“拿了铜片，上面盖以醋糟，加热，使之酸化，过了两天之后，取出来，把铜片生出来的铜绿剥下，再精制而成”。[①] 制作铜绿的方法，一直延续下来。民国初年依旧开设在北京前门外打磨厂的平遥元盛合颜料庄一直用这种方法制造铜绿。

祁县大德兴茶庄，先是靠到茶区贩运茶叶再到东西二口发卖的。后来随着其他茶庄在茶区设厂加工砖茶的影响，它也去湖北蒲圻设厂制茶，号规制定出砖茶的质量指标，“两山（羊楼洞、羊楼司）采办砖茶，务宜拣好买到，押工齐楚，押砖总要瓷实，洒面均匀，以期到两口不受买主之挑拨”[②]。一度，山西茶商设的茶厂有17个，雇用工人数百人。工人工资，为计日、计件两种。男工一日制茶300两，工资1.8钱至2钱纹银。砖茶原料为二茶或三茶，茶叶长约一寸，味较强，一般称老茶。其压制方法是，“置茶于蒸笼中，架锅上蒸之，倾入模型中，置木架压榨器中，借杠杆力榨之。移时，在模中托出，放于楼上，听其自然干燥，再用稍细之叶，洒面压成茶砖”。

第三，资本家为充分施展经理的才能，还赋予经理投资创办其他企业的自主权，从而出现企业集团，发展规模越来越大。

祁县和太谷县商人，合资在归化开设大盛魁字号，从事对蒙古族和俄国的茶货等贸易，兴盛时有职工数千，自养运货骆驼1.6万只，并在科布多、乌里雅苏台设有分庄。大盛魁的蒙俄贸易，固然利润丰厚，但经营行业不广，限制着它的发展，于是在祁县、太谷等县又投资开设多家子企业，如三玉川茶庄、长盛川茶庄、天顺泰绸布庄、德盛魁店、东升货栈、大盛川票号、裕源厚银号、宏盛钱庄及其他药材、粮食、典当等店铺。这样，一个大盛魁生出十几家子企业，一家子企业又分支出一二十家分庄，构成企业集团，使大盛魁的店铺遍布各地，声望远扬。

太谷县北洸曹家也是采用这种发展模式，只管理大字号，免去面对一个一个小字号的麻烦，由大字号开设小字号。资本家面对的字号只有两个，一个叫砺金德账庄，一个叫彩霞蔚绸缎杂货行。砺金德账庄资本30万两，资本家浮存常在五六十万至百万两，像是金融银钱业的总管，在太谷开设用通五账庄、三晋川账庄、宝全聚账庄、振元溥钱庄、锦全汇钱庄、誉庆和钱庄、锦生润票号；在太原开设锦全和钱庄、锦元懋账庄；在徐州开设锦丰庆当铺、锦丰当铺、丰治通钱

① 高叔康：《山西票号的起源及其成立年代》，载《食货半月刊》（1937年）。转引自中国人民银行山西省分行、山西财经学院、黄鉴晖：《山西票号史料》（增订本），山西经济出版社2002版，第11页。

② 山西省政协《晋商史料全览》编辑委员会：《晋商史料全览·晋中卷》，山西出版集团·山西人民出版社2007年版，第605页。

庄、锦丰焕钱庄；在济南开设三晋川账庄分庄和当铺等；在奉天开设富森峻钱庄、义泰长钱庄、咸元会钱庄、环泉福钱庄、源泉溥钱庄；在锦州开设锦隆德钱庄；在黎城、屯留、长子、襄垣县开设当铺五座。彩霞蔚是专做京、广、苏、杭各色绸缎、纱罗、绫绢、曲绸和茶叶等货物的批销，而零售则是由下设各字号来承担的，为此在太谷开设有锦霞明曲绸庄、锦丰泰皮货庄、锦生蔚货行、锦丰庄曲绸庄；在榆次设广聚棉花店；在张家口开设锦泰亨茶叶俄货庄。彩霞蔚总庄，在京城、天津、河南鲁山、山东等地采办的各种货物，转售给锦泰亨等，另行打包，贴上字号的商标，然后运往库伦、恰克图和俄国伊尔库茨克、莫斯科等地出售。仅曲绸每年约可运销 1.2 万余匹，价值 36 万两。另外，还有绸缎和千两茶。回脚贩运回俄国的金沙、呢绒、哈喇、毛毯等货，行销内地。曹家就是这样，大字号下设小字号，小字号又设分庄和小小字号，一环套一环，店铺广布，各地都有曹家的生意，于是名扬于海内。砺金德账庄设锦生润票号，而锦生润又在平遥、忻州、北京、天津、张家口、赤峰、承德、喇嘛庙、凉城、获鹿、保定、奉天、锦州、营口等处设有分庄。设在奉天的富森峻、咸元会、环泉福、义泰长钱庄是大钱庄，光绪三十三年（1907）奉天商会要 14 家钱庄捐款，每家分别捐 3 000 两、2 000 两和 500 两，曹家 4 个钱庄均捐 3 000 两。富森峻钱庄又投资在四平开设富盛泉、富盛长、富盛诚等四家烧房，酿酒卖酒。

明清晋商践行的“经理负责制”是两权分离企业运营模式的成功典范，对于当前企业治理机制的科学设计与构建仍不失借鉴意义，但随着时事变迁，私欲的膨胀，也的确出现过个别经理欺上瞒下、贪污挪用、中饱私囊的情形，也值得引起后人警戒，在制度设计时考虑预警与防范机制。

六、员工的薪酬与待遇——辛金福利制

山西商人的各类企业，对职工都是在管吃管住条件下讲辛金的。企业管职工吃住由来已久，直至近代，私人开设的各类企业以至公办的一些企业也都是这样。山西商人的企业所以实行管吃管住的制度，职工吃住费用全部由企业支出，一来职工远离家乡，又不准带眷属，为资本家效力，就该管吃管住，这如同地主雇长工一样，吃住之外才论身价的；二来职工家与企业即使住在同一县城，也认为管吃管住有利于企业发展需要，职工集中在店铺内，随叫随到不误生意。在古代和近代前半期，私人企业是没有上下班制度的，一般都是日出而作，工作至深夜才得休息，就更促成管吃管住制度的延续。

（一）晋商商号员工辛金

1. 辛金的内涵

山西商人企业职工的辛金，是年辛制，按年发放。辛金，是辛苦钱的意思，其内涵与薪水不同。薪水，指有关水火的日常生活条件，即包含着伙食、衣着等费用的内容，辛金则不含这些内容。后世把其称为薪水或工资，即是由此义引申而来的。

2. 辛金的等级

职工辛金等级多，级差大。据协成乾一家企业资料显示，年辛最高为纹银 100 两，最低的只有 4 两，最高是最低的 25 倍，等级有 37 个。其中，70 两及其以上者，每级相差 10 两，共有 4 个等级；年辛 70 两以下者，每级只相差 2 两，有 34 个等级。该企业职工共 112 人，有辛金记载的 96 人，没有辛金记载的有 16 人。这个名单折子是光绪三十二年（1906）立的。所有没有辛金记载的 16 人，有 8 人只记载了姓名、字号、何县人；有 3 人标出光绪三十二年夏出号；有 1 人标出光绪三十三年（1907）六月上工；有 4 人标出光绪三十四年（1908）正月十一日开市进号。没有辛金记载的，说明有多种情况，不一定都是没有辛金的。按有辛金记载的 96 人计算，年辛 70 两及其以上者有 35 人，占有辛金职工的 36.5%；年辛在 4 两至 68 两的有 61 人，占有辛金职工的 63.5%。

3. 辛金的特点

以上述协成乾名折为例，可以看出晋商商号员工辛金下述三个特点。

①辛金等级多，级差大，从一定意义上说，体现着按劳取酬、避免平均分配的原则，有利于激励职工勤奋劳动。

辛金多少，一般体现着职工在企业的地位和权利，又是复杂劳动与一般劳动严格区分的标志。水往低处流，人往高处走。年辛 70 两及其以上者，是企业的高级职工，所以每级相差 10 两；年辛 68 两及其以下者，是企业的中、低级职工，每级只相差 2 两。因此，一个职工从进号的那天起，为多挣钱，就高位，就必然会萌发一种竞争意识，勤奋劳动，做出成绩，去实现自己的价值。如果高级职工与中、低级职工辛金级差过小，既不利于发挥高级职工的才能，也不会对中、低级职工发生影响，对企业发展是十分有害的。

②年辛 70 两，既是高级职工与中、低级职工和复杂劳动与一般劳动的区分，又是职工有没有资格在企业顶身股的分水岭，会对全体职员具有更大的诱惑力，激发他们的劳动热情，为资本家尽忠效力。

比如，协成乾挣年辛 70 两的职工有 35 人，顶上身股的为 32 人，占 91.4%，有3人虽年辛100两或70两，却未顶上身股，这是一种区别；即使同挣年辛70两，顶身股的份额，却有1厘、2厘、3厘、4厘、5厘、6厘、8厘、9厘的差别，这又是一种区别。两种区别，无非是按照职工对企业贡献的不同，以区别对待的原则，奖勤罚懒而已。辛金挣到70两一般就具有了顶身股的资格，而身股分红又往往超过年辛的十倍到数十倍，这对中、低级职工是巨大的诱惑。山西企业家运用物质利益原则，特别是允许高级职工顶身股的办法，去激励全体职工的劳动热情，是企业持久不衰的重要法宝。

山西企业家，包括资本家和总经理们，为什么确定年辛70两的职工可以顶身股，这应当是一个理论问题。按照现今一般说法，一项事业取得70%的成功，叫做基本成功。是否那时的山西企业家认为，年辛最高100两，挣70两是70%，而这挣年辛70两的就等于职工总数的30%左右，只要对这30%左右职工的利益给予特别的照顾，他们就拥有了办好企业的骨干力量，就可以办好企业。是否这样，我们只是推论。但有一点可以肯定，一个企业只要拥有职工总人数30%左右的高级职工或者是骨干力量，并且高级职工的物质待遇明显地区别于其他职工，那么就可通过高级职工去影响和带领全体职工兢兢业业地办好企业。如果一个企业不拥有职工总人数30%左右的高级职工，或者拥有一定的高级职工但他们物质待遇与其他职工没有明显的区别，大家都差不多，企业就不可能办成功。因为复杂劳动与一般劳动，脑力劳动与体力劳动所创造的价值不同，所得物质待遇就应不同，抹杀了劳动的质的区别，是违背劳动价值学说的。

③年辛68两及其以下的职工是企业中、低级职工，人数众多，如果以年辛30两为界限加以区分，30两以上的中级职工和30两以下的低级职工，差不多各占职工总数的1/3。

一个学徒从出师挣辛金4两计算，即使每年加一级，要挣到年辛70两也得30多年，要熬到顶身股的资格真是难极了。就是这样难熬的过程，许多人愿意去熬，去等待，无非为能顶上身股，取得更多的物质利益。

（二）晋商商号员工福利

山西商人的企业，除支付职工辛金之外，其他福利有医药费和衣服津贴。

1. 晋商商号员工的医药费

每个人都免不了要患病，医治疾病也是不小的支出。职工既然受雇为企业服务，企业就应负担职工医治疾病的费用开支。药品，有的是治疗疾病的，有的是滋补养生的，往往滋补药品价格贵于一般药品。山西的企业家，对职工医病的开支有严格的区分，“伙友服汤药号出，若服参茸丸散记为己身”[①]。

2. 晋商商号员工的衣服津贴

衣服津贴，从一些企业的号规看，似乎是专对派至分庄的职工讲的，在总庄的职工是不给衣服津贴的。衣服津贴，商人称为“衣资”，是按职工职务的不同分等论级的，而且随着时间的推移，衣资数额也有所增加。如大德通票号规定，分号经理，光绪十年（1884）衣资每月2两，光绪十四年（1888）增为3两，到了民国十年（1921）增为每月6两。以每月2两计算，一年共24两，等于年辛70两的34%多，看来也不菲。分号职工衣资，虽按职务发给，但从顶不顶身股和新老职工这两方面来说还是有区别的。以经理（属于顶身股者）每月发衣资3两来说，副经理顶身股者每月发2两，不顶身股的副经理每月只发1两；副经理之外，多年的老职工每月发1两，三五年的新职工每月只发5钱。如果我们把这种衣资视同现代企业的工作服制度来看，显得不是一视同仁，带有论资排辈的倾向，也不能说是合情合理。同任分号副经理，顶身股者每月发2两，不顶身股者只发1两，使不顶身股的副经理与多年的老职工处于一个水平，也不尽合理。

3. 晋商商号员工的辛金

企业职工的辛金和衣资，一年一百二三十两，与那个时代一个知县的年俸不差上下。清代职官年俸虽比明代有所增加，但仍比明以前历代为少。清王朝在职官年俸不多的情况下，为保持和养成职官廉洁的操守，于正俸之外，按职务等级另发给一种银钱，叫“养廉银”。养廉银比正俸优厚得多，一般都超过正俸的许多倍。如户部堂官养廉银为17 200余两，司员养廉银为14 980余两。有趣的是，山西的企业家可能意识到职工辛金不多，为避免舞弊，促其廉洁，有的企业学习清王朝的经验，给职工发放一种类似养廉银的银钱，叫“优厚”。这种优厚，虽然没有见到数额的记载，但既称为优厚，总是要比辛金多的，不然还有何优厚可言。

4. 晋商商号的文化生活

晋商商号不仅给员工比较优厚的生活待遇，而且关心员工文化生活。晋商企业和行会经常举办文化娱乐活动。在祭祀、庆典、节日中都要以戏曲酬神和娱乐，在省外的晋商重金邀请家乡戏班到所在地演出，争相出资举办梆子戏班。祁县有三庆戏班、聚梨园，榆次有四喜戏班、三合班、二保和娃娃班，徐沟有舞霓园、小自成班，太谷有锦霓园、清源小梨园、太平班，平遥有小祝丰园，壶关有十万班，在张家口的晋商有狼山戏班和商人票友自乐班。

此外，晋商也组织职员练习武术。为解决物质运送和货币清算的安全问题，

---

①《见大德通号规》。

晋商创设镖局，镖局师傅需要具有很高强的武术，而且武术具有健身和攻防双重功能。晋商有不少人也自己练武，以强身防卫。山西是中国心意拳和形意拳的发祥地，一直受到当地富商的鼓励与支持。商会资助困难同人，并购买土地，建立“香粮地”。那些经营失败后生活无着落的商人，都可得到资助和关照。西宁、苏州、北京等各地都有山西商人的公用墓地，在外员工去世，商会出资料理后事。

七、员工的劳作与休假——班期制

（一）晋商员工的劳作

晋商从业人员有休假的待遇，称为“班期制”。班期长短因实际从业地点距故里远近而异，最初通常为三年或四年。一般情况下，班期与账期为同一周期，有节省费用之考虑。在交通不便的时代，派往分庄的职工，近则数百里，远则数千里，虽沿江河有舟船行驶，但徒步行走和雇用车马是最多的，所以职工往返一趟，不仅费时数月，且要耗用大量路费，增加了商号成本。从节省费用考量，也不允许班期太短。光绪中叶，我国开始修建铁路，特别是京汉、正太、京沈、津浦、沪宁铁路通车后，城镇间运行时间缩短，旅费节省，故京、津、沈、沪、汉等沿铁路的分庄，班期也有减为三年、两年半或两年的，但没有铁路的许多地方，依旧班期三年或四年。

（二）晋商员工的休假

以山西票号为例，员工假期并不固定，总号员工，一般两三个月休息一次，每次7~10天。分号员工的休假时间，则根据所在分号距总号的距离而定。按票号习惯，员工赴分号工作称为“上班”，结束工作回家称为“下班”，在分号工作的时间称为“班期”。为了节省往返路费，距总号远者，班期往往要长，距总号近者，班期相对要短。如太原分号，班期1年；京津及沿长江城市，一般为3年；东三省及边陲地区，班期五年。后来，随着铁路的出现，交通日益便利，票号班期也随之缩短，五年者减为三年，三年者减为两年半。班期长短不同，休假时间也就不同，大体而言，班期一年者，休假两月；三年者，休假半年；五年者，休假一年。但无论班期长短，“倘人位缺乏，抽调不开，即可曲委数月，一俟松容，再行下班”[①]。

① 清光绪十年（1884年）《大德通号规》，载中国人民银行山西省分行、山西财经学院、黄鉴晖：《山西票号史料》（增订本），山西经济出版社2002年10月版，第595—597页。

八、人力的统筹与配置——联号制

（一）晋商联号制的产生

晋商在清代进入鼎盛时期，其商业网络已遍布国内大江南北，长城内外，并延伸到整个北亚地区。同时，在商业企业组织形式上，出现了“分号制”的独资或合资企业。所谓“分号制”，即财东独立投资或合伙投资办商号，总商号又分设若干分号于全国各大商埠，而且总商号或分号又可以投资办小商号，类似现代通过控制股权形成的母子公司。另外还实行联号制，即由财东投资办若干个不同行业的各自独立核算和经营的商号或票号，在业务上相互联系，相互服务，相互支持。这种网络体系近似现代企业集团，其分支机构遍布全国各地乃至国外。

晋商这一特别组织管理体制是在其他商帮中很少见到。如祁县的乔家、渠家，榆次的常家、聂家，太谷的曹家，平遥的李家，介休的侯家、冀家，临汾的亢家，万荣的潘家，阳城的杨家，等等。这些商业家族的商号名称，常以某字打头，随着业务的发展，不断增加，而形成了一个个商业集团。以太谷曹家为例，其企业在19世纪20—50年代有13种行业，640多个商号，37 000多个职工，资本1 000多万两白银。曹家的企业，有账庄“砺金德”“用通玉”“三晋川”“宝泉聚”“锦元懋”，票号有“锦生润”，钱庄有“振元博”“锦泉汇”“誉庆和”“锦泉和”“丰冶通”“锦丰焕”“富生峻”“义太长”“咸元会”“锦隆德”，典当业“锦丰庆”“锦丰典”“宝丰萃”“宝丰当”，绸缎百货茶叶商号有“彩霞蔚”“锦霞明”“锦丰泰”“锦生蔚”“锦丰庆”“锦泰焕”“锦亨泰”“锦泉涌”“锦泉兴”，粮油棉花商号有“焕记”“广聚”“济元昌”等。各号分布于朝阳、锦州、沈阳、凌源、赤峰、建昌、北京、天津、徐州、济南、太原、太谷、榆次、祁县、屯留、长子、黎城、襄垣、苏州、杭州、上海、广州、四川、兰州、新疆、张家口、库伦、恰克图、伊尔库茨克、莫斯科等地。在管理上，实行大号管分号，分号管小号的办法，3个账庄为3个总部，“砺金德”分管山西、江南各号，“用通玉”分管东北各号，“三晋川”分管山东和国外各号。商号名称多冠以“锦”字，联成一个庞大的“锦”囊集团。在保持各商号独立核算的基础上，由上一级商号领导相互间进行信息交换、联合采办商品、融通资金、调剂人才等，互相促进，互相支援，发挥综合优势，获取巨额利润。

（二）晋商联号制的组织形式

实行联号制的商号或票号，其组织架构分为两层：一是总号决策层与管理层；二是分号管理层。

1. 总号决策层与管理层

总号基本都设在投资者聚集地的县城内，如太谷、祁县、平遥等县城，其号内职务的设置，各商号大体相似，具体为：①大掌柜（总经理）1人，为全号之领袖，有总理全号内外事务之权；②二掌柜1人，辅助大掌柜总理全号事务，负督促全号人员勤怠之责，故各伙友对于二掌柜，常常较大掌柜尤为畏惧；③三掌柜1人，辅助二掌柜督促全号伙友，负柜台上接待顾客之责；④管账先生1人，管账与文牍皆称先生，冠之以姓氏，而不称掌柜，负责总理全号账目，负银钱出纳之责；⑤副管账1人，辅助管账经管账目；⑥帮账2人，受副管账指挥，助理各项账簿；⑦帮账职务多由商号一年以上之伙友充任，借以练习，故无定员；⑧文牍先生1人，文牍先生地位较为清高，犹如号中客卿，大掌柜对之亦很客气，故各票号多聘用科甲中人，办理号中对外文件；⑨录信员2人，亦系练习伙友充任，无定员，誊写号中来往文件；⑩正跑街1人，俗称上街头，负上市接洽存放款及一切银钱往来之责；⑪副跑街1~3人，辅助正跑街办理一切上市业务；⑫练习跑街数人，以入号半年以上伙友充任；⑬坐掌柜1人，俗称拦柜头，负责管理门市部之责[①]。

2. 分号管理层

分号的设置，则根据业务发展的需要，随时择地而设。分号人员由总号统一派出，由总号大掌柜根据业务需要，选择分号经理，并为之配备相应人员。分号管理层的人员及职位设置，虽然各地业务繁简不同，分号人员数额有多有少，但是内部分科负责者，则大致相同。业务较繁各分号，亦不过在负责人员外，多加一两个助员而已。一般是：①掌柜1人，总理分号中一切事务；②管账1人，总理分号中账目，并负银钱出纳之责；③司信1人，办理分号中文书，并须通告各埠连号金融市况之责；④二掌柜1人，负上市接洽业务之责。[②]

除此之外，各地分号常常有在总号练习尚未足期，派在分庄补习的人员。但是有些地方情形特别，内部组织较庞大，比如各票号驻北京分号，大都人数较

---

① 李渭清：《山西太谷银钱业之今昔》，载《中央银行月报》第六卷第二号，民国二十六年（1937）二月版。

② 李渭清：《山西太谷银钱业之今昔》，载《中央银行月报》第六卷第二号，民国二十六年（1937）二月版。

多，有的与总号不相上下。如清朝末年上海分号的人员安排情形大体是：正掌柜1人，副掌柜1人，外账房2人，内账房2人，跑市2人，跑街4人，招待2人，管银1人，小伙2人，司务8人。①

（三）晋商联号制的运作方式

联号制实行总号对分号的集中管理，从分号的开立、经营、人员配置、资金、收益等都归总号调度，实行统一制度、统一管理、统一核算、统一资金调度。总号对分号的控制，一是考核制度；二是报告制度。总号对分号的考核，以“结利疲账定功过”，且以不对总号造成损失为原则，否则给予处罚。

1. 报告制度

报告制度为口头报告与书面报告两种。

（1）口头报告　票号成规，在总号或者在各个分号，每天晚上营业终了，职员和管理部门负责人都必须向自己的主管当面口头汇报当天自己所办业务的情况，并且聆听主管对明天的安排。管理层则要综合情况，口头（在总号或者分号内）或书信（外地）向总号汇报情况，以便上级及时掌握业务动态，做出第二天或者近期业务安排。另一种口头汇报是在大掌柜按例巡视各分号时（每年1~2次）的当面汇报，或者下班休假回到总号时，必须直接到大掌柜办公室当面汇报情况，不得先回家再返总号汇报，否则不仅有贻误时机之虞，且有经济舞弊之嫌。

（2）书面报告　书面报告主要是分号向总号或者其他分号的汇报。书面报告分为正报、复报、附报、行市和叙事几种。

①“正报”，就是报告本号直接对某某分号的业务情况的报告。由收汇号向交汇号报告，其内容主要是报告做某某业务多少，何时交款，汇费和贴色多少。例如，蔚泰厚京都分号道光二十四年（1844）农历四月初五日致苏州分号第8次信中说：“……今收汇去万全号关批足纹银一千两，无票砝，言定在苏五月初三日无利交伊。平照前，每百两比咱平大三钱八，合空伊期一月，贴过咱费银六两，至日妥交……”②

②“复报”，就是报告本号前次报告过的内容，如直接对某分号之营业事项。因为交通通信不便，信函传递时间长，为避免途中遗失而造成损失，因此规定了复报制度。例如：蔚泰厚京都分号于道光二十四年（1844）农历五月十六日致苏州分号的第20次信中说道：“启者于（五月）十二日托天成局捎去十九次信内，

① 陈其田：《山西票庄考略》，商务印书馆1937年版，第83—84页。

② 中国人民银行山西省分行、山西财经学院、黄鉴晖：《山西票号史料》，山西人民出版社1990年版，第29页。

报收汇去万全号关批足银两千两，无票砝，言定在苏六月二十二日见信无利交伊，平照前，比咱平每百两大三钱八”[1]。由于在第19次信内已经报过，但款项尚未到期，故在第20次信中再次叮嘱。

③“附报”，是票号业务报告中工作量最大的一种报告，它要求各号每天都必须把全部营业收付银两数字和业务情况通告各分号。报告的目的，一是要各分号相互了解各号收付款项的情况；二是要各号根据了解的情况，主动做生意，相互支持，避免因某地付款过多，或是库存白银短少，可能发生支付困难，影响到当地业务和本号信誉。若北京分号知道西安分号收款较多，就主动找生意往西安汇兑，调剂疲快。由于业务发展，书写附报工作量过大，后来有的票号排开时间，五日一轮。比如，汉口百川通分号报告日期是：初一：北京、天津、上海、广州、梧州；初二：成都、重庆、云南、贵州、西安；初三：湘潭、长沙、桂林；初四：沙市、常德、德安；初五：平遥总号。[2]

④“行市”，是各号相互报告当地汇水、利息行市和资金周转“疲快”，以及当时社会、经济、贸易、金融信息的报告。是“正报”“附报”后的例行报告的内容。例如，上举蔚泰厚京都分号道光二十四年（1844）农历五月六日致苏州分号第20次信中说：“目下风闻库内之砝，又要加重情弊，尚未见准与否，预报兄知。……刻下京中月息四厘。”其后该号在另一封信的“正报”“附报”之后又有：“今封去……上谕四张查收，刻下京中月息五厘、四厘七五，钱盘三千二折五六钱，松江色二两光景……”[3]

⑤“叙事报”也叫“另起”，是总号或分号对某分号业务的指示、评论及意见。报告的内容，大多都由掌柜们亲自写。它是“正报”“附报”和“行市”之后，即注明本次信件年月日之后，批写的内容。一般是“管信”把“正报”“附报”和“行市”写就后，俟掌柜晚间有时间才写，或者“管信”先替起稿，等掌柜修改后再誊写。

总号大掌柜在每年终了，汇总各路业务数字，写出书面报告，向东家汇报。四年一个会计年度完毕进行财务决算，大掌柜要提出利润分配方案，同时进行人员考核，提出奖罚意见和员工晋升人身股的建议，与东家共同商定。

---

① 中国人民银行山西省分行、山西财经学院、黄鉴晖：《山西票号史料》，山西人民出版社1990年版，第29页。

② 中国人民银行山西省分行、山西财经学院、黄鉴晖：《山西票号史料》，山西人民出版社1990年版，第627页。

③ 中国人民银行山西省分行、山西财经学院、黄鉴晖：《山西票号史料》，山西人民出版社1990年版，第627页。

各分号之间以及分号与总号之间不断的业务信息沟通和协调，使总号能及时掌握全国各地市场动态以及各分号的业务进行状况，而且能够把总号决策层的决策变成行动，同时各分号之间能够及时通报业务，协调配合，调度资金，实现“抽疲转快、酌盈济虚”。

（四）晋商联号制的特征

晋商联号制主要呈现下述六方面特征。

1. 因事择人

“因事择人”这是晋商各家商号一贯坚持的用人原则。“全盘人位之计划，系因事用人，决不因人用事。恐事少人多，习于娇惰设或同人间有龃龉，即重行调兑，既不欲丧失养成之人才，又不妨碍于业务之进行，所以人事方面为第一要义。”[①] 商号在管理上固然以重人才为其特点，但在管理组织与机构的设立上，却是坚持“因事用人”的组织原则。这正是晋商经营成功的因素之一。

2. 统一指挥

商号的内部管理组织，均以大掌柜为核心设计建立。大掌柜在设立本号组织机构时，实际上是根据商号业务特点，首先坚持了统一指挥的原则，总号具有决策的权威性。凡经总号研究决定的经营决策、业务方针、存放汇兑各种规章以及人事管理制度，上至掌柜（包括分号掌柜），下至一般伙友，必须不折不扣地遵行，不准有丝毫违背。否则，即以违犯号规论处，轻则批评教育，重则开除出号，毫无情面。有令必行，有禁即止，从而保证了各项业务的有序进行。从大掌柜到职能部门负责人和分号掌柜以至下层职员，就如一条十分清楚的自上而下的指挥链。虽然商号以经营为中心实行统一指挥，但实际上每一成员基本上只接受一个上级的领导。

3. 精干高效

总号在各地所设的众多分号，其人员数额“虽因各地业务繁简不同，有所增减，而内部分科负责者，则大致相同”。尤为重要的是其内部真正实现了管理层次的删繁就简。

4. 权责明确

如总号“跑街”只对坐掌柜负责，“帮账”对副管账先生负责，“录信员”对文牍先生负责。分号的员工对分号掌柜负责。二掌柜、账房先生和分号掌柜对大

① 颉尊三：《山西票号之构造》，载中国人民银行山西省分行、山西财经学院、黄鉴晖：《山西票号史料》，山西经济出版社 1990 年版，第 598 页。

掌柜负责。同时二掌柜、账房先生和分号掌柜又是大掌柜的助手和参谋。在商号内部每位员工接受哪位领导的指挥非常明确，很少有乱指挥的现象发生。可以说这是晋商商号内部组织管理上的一大特点和一大优点。

5. 信息畅通

信函是当时了解信息的唯一工具。为了解各地市场行情和营业状况，各总号与分号均订有按时反馈商情动态的规定，一般要求三日一函，五日一信，月终汇报全月情况，既报总号，又报联号，做到上下左右互通情报。内容上凡与商业、金融有关的信息几乎无所不包。为了保守秘密，各家信函都有自己的暗语。遇有重要情报，分号必须派专人日夜兼程向总号亲自汇报。晋商把搜集、分析、鉴别和运用信息作为成功的诀窍。他们在经营活动中，努力使自己耳聪目明，及时捕捉商机，做到知于先、行于先，出奇制胜，左右逢源，游刃于国内外市场，使自己立于不败之地。

6. 管理层次和管理幅度适宜

管理层次与管理蝠度是相互联系、相互制约的，二者成反比，管理幅度小，则管理层次就会增多；要减少管理层次，又会增大管理幅度。管理幅度过大，超过一个管理人员能够有效地领导下级的人数，就不可能进行有效的领导。管理层次过多，就要增加管理成本，信息传递迟缓。从晋商商号内部组织机构设置的情形来看，商号在实行集中领导统一指挥的前提下，管理幅度适中，管理层次合理。这样，有利于政令畅通，有效地管理好人与事；大掌柜有更充裕的时间运筹帷幄，研究大政方针。

（五）晋商联号制下对分庄经理的约束与监督

联合的力量是无限的，任何细小的、微弱的力量，只要联合起来，就会强大起来。为了避免各商号造成脱节，晋商通常采用大号管小号，总号统支号的方法，层层节制使整个管埋系统有条不紊。总号负管理之责，经营谋略与业务主要出于各分号，各个商号之间又相互联系，相互支援，相互制约，建立起一种独特的“纵向管理、横向联系”的制衡式经营管理模式。为了保障财产物资的安全完整、业务运作的正常进行，总号加强了对分号经理的约束与监督。

1. 晋商联号制下的财务约束与监督

在财务方面，山西商人的企业都实行总庄统一核算制度，分庄实行向总庄报账的办法，不负盈亏责任。报账，分月清和年总结两种，要求必须真实，反对隐瞒和虚报。为此规定：①评论分庄的功过，固然以营利多寡为目标，但必须是本庄收益而其他分庄不吃亏为标准。倘若本庄的收益，或因发给其他分庄货物质次价贵致对方吃亏，或本庄巨额收汇某一分庄汇款造成对方支付困难、高利借款受亏，那么营利再多也是没有功的。这个规定，体现着和衷共济的原则。②各码头全年的费用支出，必须年清年款，不准隐瞒，不准拖至下年，以防虚盈实亏。号规是这样规定的："各码头通年缴费年清年款，不准日积月累。前司事者如有积累情弊，下班之日，后司者勿得含糊，接班只可将积累银钱多寡明白报祁，以便记前司事者之账。若含糊接班，隐瞒不报，嗣后查出，定记后司事者之账，以戒效尤。"③"不准私分厚道，致滋舞弊也。今议此后各庄首领，正己率属，一秉大公，以除积习而防流弊，慎勿再借厚道名目，彼此分润，而致玷操守。"④"应酬一节，本是为利起见，不得认为当费之资。设有公费，如数出账，不许巧取别项弥补。"⑤职工辛金统由总庄列支，允许职工在分庄借支。但一方面，"伙友支使银钱，不准虚悬水牌，随取随记，庶免日久生弊"；另一方面，"伙等支使银钱，年终尽数结祁，不准蓄留分毫。若伙友下班，随身带一花折，不准总结一笔，亦无须等待年终再结"。"倘有蓄欠分毫两者，以管账者自问，除本人重罚外，管账者定按循情隐匿议处"[①]。

2. 晋商联号制下的业务约束与监督

在业务方面，银行业者不准囤积货物，防止为职工谋取格外利益，或因亏损不好向总号交代，或因浪费多怕总号责难，借囤积货物赢利增加职工个人收入和弥补亏损浪费，所以银行业者一开始就不准从事商品买卖。但世道不古，有的违禁从商，于是号规规定："乃近不免有私行囤积，侵渔归己，或弥补亏损滥费情事，实于号规大有妨碍。兹议决今后如有囤积者，以犯号规论，轻者降罚，重者出号。"[②]

为了防止分号经理亲友向企业临时挪借银钱，或者要求企业为其债权债务承当担保的事情，发生纠葛，给企业造成不良后果，所以，山西商人的一些企业特别忌讳这种事情，对分庄明确规定："各码头禁止亲友浮挪暂借，与亲友字号、相与之家不作外当承作保，免受日后牵累。"[③]确实，尤其在被保者处于危难情形下，承当保证人是十分危险的。日升昌票号北京分号在民国初年的挤兑风潮中，应付挤兑将近两年，依然正常营业，挤兑并没有使它搁浅，但是，因为经理侯垣承当票号合盛元北京分号经理的保人，结果因被保人无法应付债权人之追逼私行逃走了。北京地方检察厅向承保者要被保人，承保者无法交出被保人，当地方检

①《大德通票号号规》。
②《大德通票号号规》。
③《大德通票号号规》。

察厅发出如交不出被保人就要扣押承保人时，侯垣吓得逃跑了，这一跑招致日升昌北京分号关闭，继而影响到其他分号和总号的关闭，使一个创办最早，年代久远，尚能继续营业的票号，最后完全处于清理的过程中，教训深刻。

下面，我们以太谷曹氏家族为例，进一步说明晋商联号制的现实运作与对分号经理的约束、监督与管理。

太谷曹家之所以会发展成为资本过千万两白银，雇员多达2.7万人的巨商，就在于建立了纵横交错的商业网络。曹家建立了砺金德账庄统辖太原、潞安及江南各号，地位在所有各商号之上，统一协调各支号之间的业务关系。设在太谷的彩霞蔚绸缎庄既受砺金德管辖，又管理着黎城的瑞霞当，榆次的广聚花店，张家口的锦泰恒，太谷的锦生蔚等支点。彩霞蔚出手货物只作发庄批销，零整批售均由支店承担。与这一管理相近的另一特点是钱庄、当铺、粮店、烧锅及杂货各业五位一体。当铺利润投放钱庄，充实钱庄资金；钱庄放贷，又得厚利，扩大资本，投入粮行；粮行复将所获利润投入烧锅、杂货等号，从而谋取更大利润。这种层层负责，号外相连，环环紧扣的管理机制，加强了总号领导和制约能力。

曹家用这种颇为先进的管理办法，将遍布全国的商号联结成一种互相制约、相互依存的商业集团，促进了商业利润的滚动发展，增强了曹氏商业的凝聚力和竞争力。曹家作为财东，不参与商号的管理，完全依靠和依赖聘用的掌柜处理号事。像曹家录用的绸缎庄彩霞蔚的掌柜有事请示，都不能直接见东家面谈，必须通过砺金德账庄的总掌柜商榷，因此人称“砺金德”是曹家资本经营的总参谋部，管理各号事务的总账房。

分号的设置完全是由做生意的情况而定，可以说是逐利而动，因利而兴，因利而废。由于分号遍布全国各地，大的晋商除了设立总机构掌管各商号以外，还经常采用派出“钦差”方式，对所属商号实施监督控制。曹氏的商号遍及半个中国，商号繁多，行业复杂。曹氏无力一一直接监督、考察各商号的具体经营事项。曹家为管理外地商号，为此，曹氏“六德公”总管处建立了钦差巡视制度，以之对各地商号实行监控。把自己最信任且属懂管理、善管理的人员派驻到各地，去巡视、督察、检查情况。

“钦差”人员可以说相当于现今的纪检委书记，其责任有三：①发现所属商号问题后，要及时报告总号或财东处理，但在巡视、考察期间不得随意干涉商号经营业务；②了解同仁和从业人员，特别是了解掌柜是否有违规行为，是否以权谋私，几个掌柜之间是否和睦相处、通力合作等；③如发现掌柜有贪污挥霍、道德败坏、营私舞弊或互闹纠纷，经营亏损严重，而且直接影响到商号声誉与业务，使财东财产、信誉受到重大损失时，有代总号或代财东撤换、处理掌柜之权。如徐州丰冶通钱庄的大掌柜与二掌柜不和，使业务受到很大影响，驻号“钦差”遂将两人撤职。

曹氏除直接派出专人巡视处，还将监督、考察之权交给下属“砺金德”“用通玉”和“三晋川”三个总商号进行。三个总商号根据管辖区范围，不时派出“钦差”前往各分号，少者住几个月，多者住半年、一年、甚至有长达三年之多者。各总号总经理、副总经理或者委派资历较深之职员每隔若干年都要到各分号进行工作视察，称为“阅边”。这种工作视察是突然进行，并不预先通知，更不允许分号之间互相通报消息。这种“阅边”制度，对于总号了解分号工作和促进分号的工作方面，都起到了积极的作用。

（六）晋商联号制评价

一个组织的高效运行，首先需要设计一个合理的组织结构，即在劳动合理分工的基础上，设计出组织所需的管理职务和各个管理职位之间的关系，并以相应的机构为载体，使各项管理职能发挥应有的效用。经过这样的制度安排，一个拥有数百、上千甚至上万人的大型组织才可能较为顺利地运转开来。从这个意义上讲，企业的组织管理是搞好其他管理工作的前提条件，没有合理的组织安排，企业的人事、营销、财务等的管理也往往难以尽如人意。对于晋商而言，一个家族企业的规模大多可达百人以上，其资本可以开设许多遍布全国各大商埠和城镇的商号、票号，而这些商号、票号制约互利，通过资源整合，使整个家族企业形成一个有条不紊地管理系统，成功实现了各自的集团化经营。

当然，以现代企业管理理论来看，晋商家族企业所采取的正是一种高度集中制的组织管理模式。具体内容为：①财东作为资本家主要拥有所有权，一般不直接参与企业的经营管理，而是委托总经理，授之以资金运用权，职员调配权，业务经营权，以充分发挥其才干，即所谓的所有权与经营权分离。②总经理坐镇总号，除管理总号内部各项事务外，就是对各地分号进行宏观调控，晋商商号、票号总号实为企业的权力中心，凡经总号集体研究，由总经理最后定夺的经营决策、业务方针、存放汇兑等各种规章以及人事管理制度，上至经理包括分号老板，下至一般伙友，必须不折不扣地遵行，不准有丝毫违背。否则，即以违犯号规论处。③分号经理，也称掌柜，拥有所在商号的业务开拓权、资金运用权和人员管理权，但机构设置、资金调度、人事任免和赢利分配等重大权限均由总号控制。分号实际上是总号根据经营种类或区域范围下设的从属部门，虽然年终或账期也须向总经理及财东汇报经营绩效，但衡量标准不仅仅是看其赢利多寡，更重要的是该分号对整体企业集团实力增强做出多大贡献。④无论总号与分号，其内部人员设置的原则都是“因事设人”，绝不“因人设职”。精干的机构设置大大提高了商号办事效率，减少了管理费用，同时又增强了店员的责任心，充分调动了他们的积极性，从而为商号、票号的稳定、发展和繁荣提供了可靠的组织保证。

也许有人认为，晋商这样一种高度集中的管理体制，是不是会统得过死影响决策的质量和组织的适应能力，从而不利于将来的发展呢？著者认为，最起码在晋商称雄的前期和中期，还没有显示出这些问题，恰恰相反，这一时期，它的组织机构运转自如，在总号的有效统领下，各分号间制约互利，密切合作，各项业务蓬勃发展。

第4章

清末晋商转型期的人力资源管理

明清时期，缘于内在主观需求与外在客观情势的双重互动，中国境内涌现出了数目众多的地域性商帮。这些商帮的兴起时点，先后不一，但几乎都于清末民国时期渐次衰落下来，为了摆脱内忧外患的困扰，在逆境中重获新生，各地商帮都试图在资本的产业投资导向、运营模式、管理体制及日常管理等方面谋求新的突破，即传统商人在试图探索一条近代化的转型之路。纵观各地商帮的近代化转型之路，除宁波商帮较为成功外，其余各地商帮都最终以失败告终。明清晋商作为极具代表性的封建性地方商人群体，清末民国时期，鉴于内忧外患与日趋衰落的客观现实，也在摸索与尝试一条转型发展之路。

一、明清晋商总体衰落之际谋求转型突破

明清晋商纵横驰骋中国商界五百余年，创造了中外商业史上的奇迹，但始终具有传统商人的特性。他们主要通过贱买贵卖、异地贸易获取地区差价，商业利润主要向土地回流，组织结构松散、排他，呈现出强烈的地域性，社会地位极其低下。客观上讲，明清之际，中国的商品经济虽然有一定的发展，但由于受自然经济的禁锢及“重农抑商”政策的束缚，传统晋商并没有“质”的突破性。19世纪60年代，洋务运动拉开了中国近代工业化的序幕，但主要是官办军事工业，因而并没有引起晋商的特别关注。时至19世纪末20世纪初，由于帝国主义对中国经济的冲击，传统晋商日趋衰落，不得不谋求新的出路。山西丰富的煤铁资源，清末成了外国帝国主义列强虎视眈眈的一块肥肉，而适逢此时，晋商缘于内忧外患，日渐消退下来，一些富有远见卓识的晋商名流、开明绅商力求尝试商业资本向工业资本的转型，力图实业救国、救省、救民众。“山西商办全省保晋矿务有

限公司”（简称“保晋公司”）正是这种客观外在情势与主观内在需求共同作用的产物，作为山西近代史上最大的民营工矿企业，其创建、发展及其兴衰历程，是封建晋商转型的典型缩影与真实写照。

山西省煤炭资源丰富，开采历史悠久。“山西煤田丰富，甲于全国……诚极大之富源，无穷之宝藏。”①“石炭即煤也……平定所产尤胜，坚黑而光，极有火力。”②北魏时期，大同“水发火山东溪，东北流出山，山有石炭，火之热同樵炭也。”③太原“煤田远自唐宋年间，即有土窑开采。”④北宋仁宗年代，阳城一带“冶铸铁钱，民冒山险输矿炭。”⑤“河东路铁炭最盛。”可见，时至北宋，山西部分区域的煤炭开采与利用已经形成了一种较为常见的社会现象。《元一统志》在叙述盂县物产时说：“炭窑 13 处，去县南招贤村，岁办官课。”⑥明洪武四年（1371）成书的《太原府志》记载，平定“炭窑二处，西沟一处，谷里一处。”另据《明一统志》记载，寿阳也是生产煤炭的主要县份。康熙和乾隆年间的《寿阳县志》、乾隆年间的《盂县志》和《平定州志》，都把煤炭列在物产志的第一位上。据乾隆版《平定州志》记载，“土人每视山上石脉，即知炭之有无，穿地至三四十丈者，其坚者槌之难碎，燃之耐久。”清嘉庆二十四年（1819）初夏，大水淤没了固庄沟，“炭窑内洇浸工人、驴骡四、五十口。”⑦清末，平定所属蒙村一带“朝而往，暮而来，奔走于窑冶者则十有八九”⑧。时至 19 世纪末 20 世纪初，虽然山西省各地的煤炭资源得到了进一步开发，但是仍然依赖于单纯的传统手工开采方式，井下工作环境恶劣、生产效率低下，大都属于民间自发的无组织分散型开采，规模小、回采率低，资源浪费极其严重。“为开辟本省利源起见，期将各种矿产一律开采，以兴地利而裕民生”⑨，以震惊中外的“山西争矿运动”为直接导火线，通过晋商的奋力抗争与积极筹划，山西矿权得以赎回、保晋公司成功创建。

① 常旭春、白象锦：《保晋公司报告书稿·第四章　本公司煤藏》（民国十九年），原件现存于山西省阳泉市档案馆（档案编号：B2-001-0081）。

②（明）陆深：《河汾燕闲录》。

③ 北魏郦道元：《水经注·卷十三·㶟水》。据考证，㶟水即大同附近的桑干河；火山东溪正是大同矿区的口泉沟。

④《山西煤田地质·太原西山煤田》，煤炭工业出版社 1960 年版。

⑤《宋史·列传第二十四》。

⑥《永乐大典·卷五千二百一》。

⑦ 清光绪《平定州志·张元珠传》。

⑧ 清光绪十三年（1887）蒙村清泉亭庙内所立石碑。

⑨ 民国八年（1919）十月二十四日奉部批准并备案之《山西保晋矿务公司章程·第二节　宗旨》，原件现存于山西省阳泉市档案馆（档案编号：B2-001-0001）。

保晋公司是山西近代史上最大的民营工矿企业，其开山西近代工矿业之先河，是晋商衰落之际谋求转型的一个特例，演绎了晋商最终退台的动人一幕，集晋商文化与山西煤文化于一身。保晋公司在企业定性上，突破了传统商号的无限责任制，推行有限责任制；在资本运营形式上，实现了传统商业资本向新式工业资本的转型；在企业内部治理机制上，构建了一套新型管理体制；在生产方式上，由单纯传统的手工作业逐步过渡到了半机械化生产；在人事制度上，突破了传统晋商商号只用本域乡人的地缘限制，广泛招用优秀的技术人员、职员与矿工。保晋公司作为明清晋商衰落之际、谋求转型的典型缩影，其在人力资源管理方面的创新，在很大程度上体现了没落晋商人力资源管理的新探索与走向。

二、企业性质定位与新型管理体制构建

任何一个企业的生产方式、产权归属、企业类型、行业特性、营业范围及管理体制，均与其自身的长足发展相辅相成、密不可分。

（一）保晋公司的企业性质

保晋公司是山西近代史上一个典型的民族资本主义企业，是一个具有股份有限公司特性，集煤炭生产、销售于一身的近代民营工矿企业。下面，著者拟从生产方式、所有制形式、企业类型、行业特性、营业范围五个不同纬度就保晋公司的企业性质分述如下。

1. 就生产方式而言，保晋公司是一个民族资本主义企业

保晋公司作为山西近代史上最大的民族工矿企业，具有典型的民族资本主义特性。首先，保晋公司的创办者是谋求转型的传统封建晋商，在保晋公司创办后，他们逐渐由传统封建商人逐步进化为民族资产阶级。其次，保晋公司创设的初衷即是“抵制洋商、保守矿产”[①]，同时在资金筹集过程中，“惟收华股，不收洋股。附股者如私将股票售于外人，经本公司查知或经他人转告，立将所入之股注销不认。”[②]“凡矿线以内之地，不准私行卖与外人及外州县人，诚恐搅入洋股，致起交涉，地方受害。”[③] 再次，保晋公司力求突破传统的手工煤炭开采方式而实现机器

① 常旭春、白象锦：《保晋公司报告书稿·第三章　本公司组织》（民国十九年）。

②《保晋矿务总公司简章》，载曹慧明：《保晋档案》，山西出版集团·山西人民出版社 2008 年 6 月第 1 版，第 8—9 页。

③ 民国三年二月初二（1914.2.26），《保晋公司与平定各村社续订按地入股合同》，原件现存于山西省阳泉市档案馆。

化生产；最后，保晋公司存在大量的雇佣劳动关系，客观上讲，股东对“职员”或“矿工”具有一定程度的剥削性。

2. 就所有制形式而言，保晋公司是一个以民间资本为主体、官方参与投资的民营企业

19世纪60年代起，伴随洋务运动的深入开展，中国境内陆续兴办了许多近代企业，就其所有制形式考究，大体包括官办、官督商办、官商合办、商办四种类型。前三种类型的企业，其经营管理之权，操之于“官”，与封建政权联系紧密，主要服务于封建统治的内在需求。据《山西省志》（中国分省全志·第十七卷）记载：“关于该公司的组织，根据章程第一条规定，属于商办性质，声明不请拨官款，但实际上仍依地方官员为奥援，可称为官督商办。甚至该公司招募股份时，亦由布政使下令各州县设法鼓励官民应募认股，而州县为招募股份也确实采取了一切手段。”著者认为，保晋公司从本质上讲，应当定性为民营企业。但是，在对保晋公司进行企业定性的过程中，有两个客观现实问题也是不容忽视、值得关注、有待商榷的。

其一，保晋公司有地方政府参股现象。保晋公司的股本分为两种不同的类型，即“公股”与“商股”。“公股系各县亩捐经官厅发充股本者，商股系绅商各界向本省、外省募集之股。”[①] 但纵观保晋公司整个发展历程，仅仅收到20万两亩捐收入充作“公股”，我们如果以常旭春、白象锦：《保晋公司报告书稿·第二章　本公司股份》（民国十九年）中记载的实收全部股本银“1 928 806两6钱”为基数计算，则公股仅仅占10.37%，民间资本占绝对主体。再者，就保晋公司的整个实际运营过程而言，并没有发现官方直接参与甚至操控日常生产与运营的事例。可见，尽管保晋公司的确存在官方所收亩捐充作“公股”的客观情形，但政府并没有拥有企业的经营权和控制权，“本公司既为商办，其入股者，无论何人，均认为股东，一律看待”[②]，故著者认为：官方参股，并不影响保晋公司的民营特性。

其二，保晋公司自筹办伊始，直至最终破败，都与官方发生着千丝万缕的联系。保晋公司以山西争矿运动为直接导火线，在赵尔巽、张曾敭、赵国良、丁宝铨、胡聘之等官僚的周旋与协助下，方使矿权得以收回，企业得以创办。同时，保晋公司在整个发展历程中，始终处于清政府、封建军阀及帝国主义的制约与压榨之中，没有宽松的外部发展环境，缺乏自主竞争能力，对于各级官僚有极强的依附性。再者，保晋公司的核心执政者，不乏“弃商从政”的典型案例，“清宣

① 常旭春、白象锦：《保晋公司报告书稿·第二章　本公司股份》（民国十九年）。
②《保晋矿务总公司简章》。

统二年（1910），渠总理（渠本翘）赴京供职”，“民国十一年（1922）十月，崔总理（崔廷献）调任河东道尹，坚请辞职”[①]。可见，即使对于保晋公司的当政者而言，在政治权利与商界领袖的权衡比较中，断然选择了政治特权而放弃了保晋公司掌门人的地位。上述客观史实，折射出保晋公司在创建与发展过程中，不可避免地与官方发生着诸多内在牵连，但是“本公司用人办事一以商务为宗，不得丝毫沾染官场气习，亦不沿用各局、所名称。”[②]“本公司既以商务为宗，则所用号友自宜多用商人……并无论何人，公司均按商人看待。”[③]因此，著者认为，我们的确不能忽视保晋公司部分高层管理人员追逐权势的“官本位”倾向，但其并不影响保晋公司“以商务为宗”的主流特性。

3. 就企业类型而言，保晋公司是一个股份有限公司

《保晋矿务总公司简章》中明文指出：“本公司名为股分（份）有限公司。”[④]可见，保晋公司实际上是一个具有股份有限公司特质的企业，其必然具有如下四个特性：①公司的资本总额平分为金额相等的股份，“公司除亩捐外，拟再集资本300万两，每股5两，计60万股，均收库平足色，不得参差。”[⑤]②股东以其所认购股份对公司承担有限责任，“本公司既名为有限公司，即有亏折，绝不向股东追移。”[⑥]③公司以其全部资产对公司债务承担责任。④每一股有一表决权，股东以其持有的股份，享受权利，承担义务。“民国九年（1920）十二月十五日，保晋公司召开第六次股东会，议修章程”[⑦]“股权改为一股到会”[⑧]。保晋公司股份有限公司的自我企业定位，突破了传统封建晋商企业运作实行无限责任制的内在机制束缚，实现了传统封建晋商向近代商人过渡的企业体制转型。

（1）传统封建晋商内在机制的缺陷　保晋公司之前，传统封建晋商所创设的商号，大部分都实行无限责任制，这种企业内在机制的缺陷相当明显，具体表现如下。

---

① 常旭春、白象锦：《保晋公司报告书稿·第一章　本公司沿革》（民国十九年）。
② 民国八年（1919）十月二十四日奉部批准并备案之《山西保晋矿务公司章程·第二节　宗旨》。
③ 民国八年（1919）十月二十四日奉部批准并备案之《山西保晋矿务公司章程·第四节　职任》。
④《保晋矿务总公司简章》。
⑤ 民国八年（1919）十月二十四日奉部批准并备案之《山西保晋矿务公司章程·第五节　股份》。
⑥《保晋矿务总公司简章》。
⑦ 常旭春、白象锦：《保晋公司报告书稿·本公司大事记》（民国十九年）。
⑧ 常旭春、白象锦：《保晋公司报告书稿·第一章　本公司沿革》（民国十九年）。又见：《山西保晋矿务公司经营概要·第二章　公司概况》。《山西保晋矿务公司经营概要》，原件现存于山西省阳泉市档案馆，载曹慧明：《保晋档案》，山西出版集团·山西人民出版社2008年6月第1版，第99—134页，后文脚注中不再标注本份史料原始出处。

①企业债务的无限延伸。无限责任制下企业债务的延伸具体表现为横向延伸与纵向延伸两方面。横向延伸指空间上的无限延伸，即一旦某商号倒闭，则投资者所拥有的其他商号必须无条件垫赔，即出资人创办的众多商号之间有连带债务责任；纵向延伸指时间上的无限延伸，也就是通常所说的“父债子还”，在出资人所创办商号的企业债务没有彻底清还之前，其家族成员及子孙后代始终背负有偿还债务的义务。

②企业内部管理权限在一定程度上的模糊性与混乱性。晋商商号在无限责任制条件下，尽管也实行“经理负责制”，将所有权与经营权进行有效分离，但由于出资人责任的无限性，客观上也就不可避免地要干预企业的内在运作，商号的重大决策与高层管理权限归属出现了不同程度的模糊性与混乱性。

③企业融资渠道的狭隘性。晋商商号在无限责任制条件下，其运营资本的筹措仅仅依赖于为数有限的财东投资或向债权人告贷，由于可筹资金的有限性，其商号规模、业务范围与运营区域均受到不同程度的制约与影响。

④企业资本缺乏稳定性与持久性。晋商所创办的无限责任制商号，其股本可以自由退出，例如，蔚泰厚票号契约中有这样的规定：“倘有东家抽本……俱照年总结账，按股清楚账目。”可见，由于股本的自由进出，无限责任制下的晋商商号，其资本供给缺乏稳定性及持久性的基本保障。晋商企业资本的无限责任制，在清康乾盛世之际，由于国泰民安，市场竞争不甚激烈，市场风险不大，而且资本家凭借其雄厚的资本实力，也有能力抵御市场风险，故实行无限责任制。但无限责任制的上述种种缺陷，在商品经济进一步发展、市场竞争更为激烈的嘉庆、道光年间日渐凸显。鸦片战争以后，由于外国资本主义的大举入侵，使中国市场成为西方市场的一个重要组成部分，市场竞争空前激烈，优胜劣汰市场竞争规律的作用亦更加明显，工商业、金融业受到严重冲击，许多企业纷纷破产倒闭，甚至出现企业倒闭连带出资人家破人亡的现象。在无限责任制固有缺陷充分暴露的情况下，绝大部分山西商人依然封闭保守，没有及时把无限责任制改为有限责任制，以致最终惨遭失败。

（2）保晋公司内在机制的优势　保晋公司推行股份有限责任制，与之前传统晋商商号实行的无限责任制相较，其优越性表现如下。

①股东责任的有限性。股东以其出资额或所持股份为限对公司承担有限责任，股东责任与公司责任相互分离。股东对公司负责，不对公司债权人负责；公司的责任属于公司责任，原则上不能向股东进行追索。因此，客观上避免了由于企业经营不善而致使股东变卖家产、卖儿鬻女、家破人亡的情形。

②企业内部治理结构的明晰性。保晋公司实行有限责任制，明确界定了企业

内部各责任主体的责、权、利，在极大程度上排除了家族因素的无端干扰及个人的独断专行行为。保晋公司设有股东会、董事会、监察人员及高层管理人员来协调、规范企业的运作，明确划分了上述各行为主体的权利、责任和利益。股东将自己的资产交由公司董事会托管；公司董事会是公司的最高决策机构，拥有对高层管理人员的聘用、奖惩以及解雇权；高层管理人员受雇于董事会并组成在董事会领导下的执行机构，在董事会的授权范围内经营与管理企业。这样一来，保晋公司内部形成了既合理分工又相互制约的企业内在运作机制，企业内部管理绩效得到了大幅度提升。

③融资渠道得到进一步拓展。保晋公司能够向社会公开发行股票、募集资本，突破了传统条件下单纯的负债融资方式，融资渠道得到了进一步拓展。

④企业资本的稳定性与持久性。保晋公司的股权只能转让，但不允许收资撤股，“所入之股，按公司通例，只准转售、不准提取，尤须将承售之人姓名、住址报明，本公司查系无讹，另行换给股票息折，以昭详慎”[①]，这样在一定程度上保障了企业运营资本的稳定性与持久性。

（3）保晋公司的企业设立和特性　保晋公司在企业特性方面上述优越性的彰显，著者认为理当归属于保晋公司法人地位的真正确立。法人是相对于自然人而言的。自然人是以生命为存在特征的个人，我们现实生活中的每个人都是自然人；法人是具有民事权利能力和民事行为能力，依法独立享有民事权利和承担民事义务的组织，是社会组织在法律上的人格化。客观上讲，法人的设立必须同时满足四个条件，具体如下。

①依法设立。法人资格不是自封的，也不是生而有之的“天赋人权”，而是由法律赋予的，法人必须符合法律规定和依照法定程序而成立。法人成立的合法包括实体合法和程序合法。

②拥有必要的货币资金和实物财产。货币资金和实物财产是法人以自己的名义进行民间活动并对其行为后果独立承担责任的物质基础和经济保障。

③拥有自己的名称、组织机构和特定业务活动场所。

④能够独立承担民事责任。法人作为独立的民事主体，对自己从事各项活动的后果，能够凭借自己独立支配的财产承担相应的民事责任，而法人的设立人、成员以及工作人员则并不需要对此承担连带责任。保晋公司的创设，完全符合上述四个条件。首先，保晋公司于“清光绪三十四年（1908）呈奉农工商部批

---

①《保晋矿务总公司简章》。

准并经奏明在案，定名为山西商办全省保晋矿务有限公司"①，并且于当年六月初三日（1908.7.1）得到了官方的正式批复②，"部准注册并领到关防"③，可见，保晋公司按照法定程序创办。其次，保晋公司创办之前，进行了相应的资金筹措与募集。再次，保晋公司拥有自己的名称、组织机构和特定业务活动场所。保晋公司"于清光绪三十二年（1906）开办，于清光绪三十四年（1908）呈奉农工商部批准并经奏明在案，定名为山西商办全省保晋矿务有限公司。"④同时，保晋公司组建有自己特定的组织机构。另外，保晋公司还开辟了自身特定的业务活动场所。最后，保晋公司完全以自身名义公开发行股票或对外举债，说明其能够独立承担民事责任。例如，民国二十六年（1937）三月二十二日《山西保晋矿务总公司与晋丰银号的借据》（原件现存于山西省阳泉市档案馆）与民国二十六年（1937）四月十五日《山西保晋矿务总公司与赵承生堂的借券》（原件现存于山西省阳泉市档案馆），两份借款合同的落款人均为：山西保晋矿务总公司；民国二十六年（1937）六月十日《山西阳泉站保晋铁厂与巧生堂的借券》（原件现存于山西省阳泉市档案馆），其落款人为：山西阳泉站保晋铁厂。因此，我们完全可以确认，保晋公司自正式创立之日起，就已经具备了法人地位与资格。

保晋公司由于推行有限责任制，法人地位得以真正确立，在极大程度上减少与转移了股东所面临的风险，从体制上有利于最大限度地吸收社会性投资；同时，由于责任的有限性，投资风险的分散化和可预见性使投资者可以减小风险防范的力度及资金投入，从而降低了企业自身的管理成本。正因为如此，我们说保晋公司有限责任制的推行，实现了传统封建晋商向近代商人转型的体制性突破。

4. 就行业特性而言，保晋公司是一个煤炭类生产企业

保晋公司作为煤炭类生产企业，是以天然矿藏资源为劳动对象的，与其他企业相比，具有以下特点：①矿井建设周期长、所需投资额巨大。②矿山地质条件复杂，生产过程中不可预见的因素很多。由于地下赋存的岩层和煤层比较复杂，因此随着采掘工作面向两翼、向深部发展，必然带来一系列复杂的情况，诸如岩层、煤层、顶底板、水、火、瓦斯、煤尘、地压和地温的变化等，这些因素对于正常生产都有较大影响。③煤炭企业生产的劳动对象是非再生矿藏资源，属于资

---

① 民国八年（1919）十月二十四日奉部批准并备案之《山西保晋矿务公司章程·第一节　定名》。

② 清光绪三十四年六月初三日（1908.7.1）《农工商部请颁山西保晋矿务总公司关防具奏奉旨咨呈》。

③ 常旭春、白象锦：《保晋公司报告书稿·本公司大事记》（民国十九年）。

④ 民国八年（1919）十月二十四日奉部批准并备案之《山西保晋矿务公司章程·第一节　定名》。

源导向型企业，井田开拓方式、回采方式、采煤方法等的选择都要考虑到资源的赋存条件，企业管理也必须注意资源的合理利用，努力提高资源回收率。煤炭生产企业劳动对象的特殊性，客观上要求其在生产管理过程中，必须统筹计划、合理布局，最大限度提升资源利用率。④煤炭类生产企业的准备工作周期长、工程量大。任何一个煤炭企业，为了保障矿工的安全及生产的有序推进，必须做好生产前的准备工作，包括开凿与维护开拓巷道、掘进巷道、准备巷道和回采巷道，安装机电运输设备以及建立通风安全系统等，这些工作耗时长，且后续维护工作量大。⑤煤炭生产企业除个别露天矿外，绝大部分矿井都是地下作业，工作地点狭窄，场面难以大规模拓展。⑥煤炭生产过程中所消耗的材料，并不构成产品（煤炭）的实体。⑦煤炭类生产企业，时常面临水、火、瓦斯等因素的意外侵蚀，属高危行业，安全是煤炭类企业正常运行的前提与基础。

5. 就营业范围而言，保晋公司集煤炭生产、销售于一身

在关于“保晋公司企业性质”的著述中，是否将保晋公司“以营业范围为视角，集煤炭生产、销售于一身”的特性归入其企业性质予以单独说明，著者经过了再三徘徊与反复思量。因为，将其列入唯恐招致学界同仁的质疑与非问，但考虑到保晋公司在整个生命历程中，因销售而牵涉出的运输问题始终是制约保晋公司发展的瓶颈性因素，故而将其在企业性质中单列说明，以便读者对保晋公司有一个更为深入的了解与把握。煤炭类工矿企业，就其营业范围而言，大体分为两类，具体如下。

一类是煤炭企业只负责煤炭资源的开采与生产，而对于销售业务则交由专设的煤炭销售机构或企业负责营销。如抗日战争时期，日本人就在中国内地成立了专门的煤炭销售机构——华北煤炭贩卖公司，由该公司强行统一经销华北地区各煤炭企业所生产的煤炭，而当时华北地区的各个煤炭生产企业也就只需要考虑生产问题而无权涉足销售业务了。再如，当前随着专业化分工的进一步深化，许多主要的煤炭生产基地都相继成立了专门的煤炭销售机构或企业——煤运公司，凭借其信息优势、流通优势、运能优势、市场优势专门负责本区域煤炭产品的对外销售工作，而煤炭生产企业则专注于安全生产管理与煤炭开采工作。

另一类煤炭企业则集生产与销售为一身，保晋公司就属于这一类型的煤炭生产企业。由于煤炭资源在地域上分布的不均衡性，保晋公司所产煤炭大量输往外省乃至国外，这样煤炭销售就成了最大的制约性因素。保晋公司作为山西近代最大的煤炭生产企业，煤质堪称一流，产品质量没有问题，但运输问题却始终成为牵制保晋公司发展的瓶颈性因素，因为保晋公司总部阳泉各矿厂所产之煤主要通过正太铁路对外销售，而正太铁路则先后为法国帝国主义与国民政府所把控，运

费极其高昂，成为保晋公司的致命喉结。有鉴于此，著者认为，“保晋公司集煤炭生产、销售于一身”的特性应当值得引起学界同仁的重视。

（二）保晋公司的管理体制

通常而言，企业的管理体制是指企业生产经营活动的管理机制、管理机构与管理制度的总称。

1. 保晋公司的管理机制

企业管理机制是指企业在管理活动中，人、财、物、信息、技术等各种内在管理要素在相互有机组合的过程中，发挥作用的过程和方式。任何一个企业，为了提升自身的核心竞争力，为了应对复杂多变的国内国际市场变幻，必须建立科学、规范、有效的管理机制。客观上讲，企业管理主要包括硬件与软件两方面的建设与管理。关于企业硬件主要涉足采购、生产、营销、技术、财务等环节，其直接关乎企业生存的底线——“利润线”；关于企业软件主要涉足企业愿景、发展战略、企业文化、团队建设等方面，其主要制约并影响着企业发展的上线——“企业寿命”。无论是企业硬件的建设与管理，还是企业软件的建设与管理，人力资源要素均是最积极、最活跃的因素。同时，在企业运作与实践管理过程中形成了“责、权、利”三种最基本的生产关系要素，企业内部不同主体的职责权限划分，直接影响着企业的经济收益与可持续发展。

保晋公司作为典型的股份有限公司，推行“董事会领导下的经理负责制”，就管理机制而言，分了三个层面进行管理，即主权机关、领导机关、执行机关。①主权机关为股东会，是保晋公司的最高权力机关，其直接代表与体现着投资人的集体愿意。②领导机关为董事会，其成员由股东会推选产生，董事会是股东会议闭会期间企业生产运营管理中重大业务事项的决策机构。③执行机关为公司，公司由总公司、分公司、分销处、矿厂而组成，实行层次型管理，负责保晋公司的日常生产与业务运营管理。可见，保晋公司在管埋机制上，实现了所有权与经营权的有效分离，而且组织建设相对完善。

同时，保晋公司为了加强内部管理，降低企业内耗，规范与约束企业内部各级各类职员的行为，预防与制止企业内部的违规违纪现象，保障企业的正常运营及可持续发展，特专设“监察人”，随时对公司的账目、财产、业务运营情况进行监督与监察。

2. 保晋公司的组织构架

保晋公司的整个组织构架，伴随企业规模、业务消长及外在客观情势的变迁而进行了相应的动态调整，经历了一个由简到繁、日臻完善的发展演变过程。下面，著者拟分四个时段动态说明保晋公司组织机构的设置状况。

（1）清光绪三十四年六月初三日（1908.7.1）至清宣统二年（1910）九月　保晋公司自清光绪三十四年六月初三日（1908.7.1）正式创办，直至清宣统二年（1910）九月，在创办初期的两年多时间里，保晋公司的组织机构比较单一。其间，“资本微薄，采煤有限，其目的注重于消极的抵制洋商，保守矿产。至于积极的方面，则为资本、人才所限，未足与新式的矿业相提并论也。是以局面极其狭小，规模尤属简陋。按当时之组织，公司上级仅设有股东会，初无董事及监察之设置，内部则合总号、分号、窑厂而组成。总号自总、协理以次，设有内事、外事、洋矿师并司账、书记、杂务等员，分号各设正、副董事及司账、书记、稽查等员，窑厂各设司事二员。一切组织，多采取汇票庄之形式。”① 这一时期，保晋公司的组织系统，如图 4-1 所示。

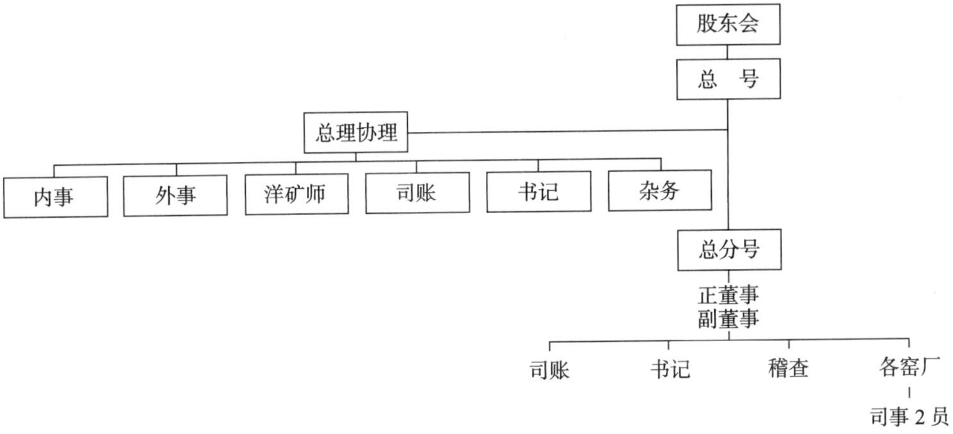

图 4-1　保晋公司组织系统图②

（2）清宣统二年（1910）10 月至民国九年（1920）十二月十四日　自清宣统二年（1910）十月保晋公司第 1 次股东会议召开，直至民国九年（1920）十二月十四日，在这 10 年多的时间里，保晋公司的组织机构历经了数次变动与调整。

① 常旭春、白象锦：《保晋公司报告书稿·第三章　本公司组织》民国十九年（1930）。

② 这儿需要说明的是，保晋公司创办初期，并没有董事会的设置，因此也就不可能有董事会的成员，即真正意义上的“董事”存在，但是当时在保晋公司组织机构的设置中，各分号都设有“正董事”与“副董事”，著者认为，这儿的“董事”并非实际意义上的董事会组成人员，而是保晋公司各分号的“正经理”与“副经理”的另一种不同表述方式。

清宣统二年（1910）十月，保晋公司组织召开了第1次股东会议，“始有董事局之设立，以董事11人组织之，并置查账员4人。寻董事局改为董事会[①]，董事减为7人，复改查账员为监察人，人数仍旧（依然为原来的4人）。嗣后章程屡经修订，业务逐渐扩充，是以组织亦随之迭变。惟其间各部分之旋设旋撤，职名之屡次更改，迄未确定。”[②]因此，这一时期，保晋公司的组织机构实难进行准确的描述与考量。这一时期，保晋公司大体的组织系统，如图4–2所示。

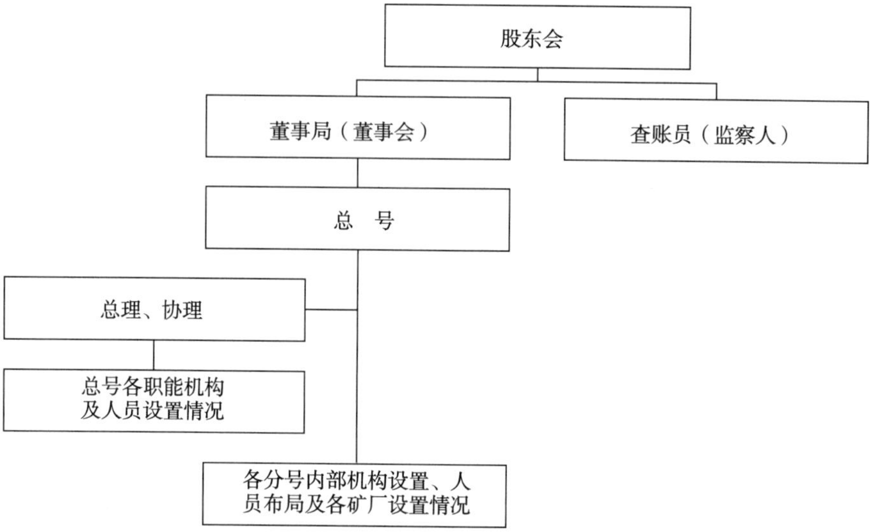

图 4-2　保晋公司组织系统图[③]

（3）民国九年（1920）十二月十五日至民国十九年（1930）十二月　民国九年（1920）十二月十五日，保晋公司组织召开了第6次股东会议，议修章程，组建了较为完善的组织机构，一直到民国十九年（1930），这10年期间，保晋公司的组织机构都没有什么大的变动，比较平稳。这一时期，保晋公司的组织构

---

① 民国五年（1916）四月，保晋公司召开第2次股东会议时，将董事局改为董事会，议决规则9条。参见常旭春、白象锦：《保晋公司报告书稿·本公司大事记》民国十九年（1930）。

② 常旭春、白象锦：《保晋公司报告书稿·第三章　本公司组织》民国十九年（1930）。

③ 这儿需要说明的是：由于这一时期，保晋公司的组织机构不断动态变动，而且名称也不断更改，因此，著者只能绘制一个大体的组织框架图，而对于“总号各职能机构及人员设置情况”及“各分号内部机构设置、人员布局及各矿厂设置情况”只能概述性地一笔带过，而无法详述。

架“以股份有限公司为准，可分为主权机关、领导机关、执行机关三种。主权机关为股东会，每年举行一次，凡附股者均可与会。领导机关为董事会，由股东会选出13人组织之，每月15日举行常会一次；并监察8人，每年查核公司账目一次。执行机关为公司，公司系合总公司、分公司、分销处、矿厂而组成之。总公司设于阳泉，分公司设于寿阳、大同、晋城者，开采煤矿兼办营业；设于石庄、保定、北平者，则专事销售。分销处有三，设于榆次、太原、寿阳等处。矿厂计分为六，设于铁炉沟者为第一矿厂，设于燕子沟者为第二矿厂，设于贾地沟者为第三矿厂，设于先生沟者为第四矿厂，设于平潭垴者为第五矿厂（于民国九年被水淹没已废），设于汉河沟者为第六矿厂。总公司自正、副经理以次，设总稽核、总务处、营业会计两课及文书、股票、庶务、材料、测绘、修械、供给、收发等股。分公司各设分经理或增设分副经理。采煤兼营业之分公司，分设事务、坑务两课，并营业、会计、庶务、收发、测绘、机械、转运等股。营业分公司，分设营业、会计、庶务、收发等股。矿厂组织，自厂长以下，除无营业股外，所属部分，与采煤分公司同。”[①] 董事会“每3年改选一次……监察每年改选一次，每届年度查核账目一次，惟闻股东会以人数过多，自民国十三年（1924）后，召集时每以不足法定人数流会，故董事、监察亦多年未曾改选。”[②] 这一时期，保晋公司的组织系统[③] 如图4–3所示。

---

① 常旭春、白象锦：《保晋公司报告书稿·第三章 本公司组织》（民国十九年）。

②《山西保晋矿务公司经营概要·第二章 公司概况》。

③ 此处需要说明的是，有关保晋公司组织机构设置的描述，在常旭春、白象锦：《保晋公司报告书稿·第三章 本公司组织》（民国十九年）与《山西保晋矿务公司经营概要·第二章 公司概况》两份史料中均有述及，而且在保晋公司内部职能机构的描述中两份史料内容有一定出入。著者通过对两份史料的比对与分析，发现前者以时间脉络从动态角度对保晋公司的组织机构予以描述，而后者则是静态的说明。著者认为，前者既为保晋公司当时的总理常旭春与协理白象锦所述，而且又从动态角度予以说明，较为可信，故以此为据编制了“民国九年（1920）十月十五日至民国十九年（1930）十二月”保晋公司的组织系统图，而对于《山西保晋矿务公司经营概要·第二章 公司概况》的表述，则仅仅作为常识性参考。

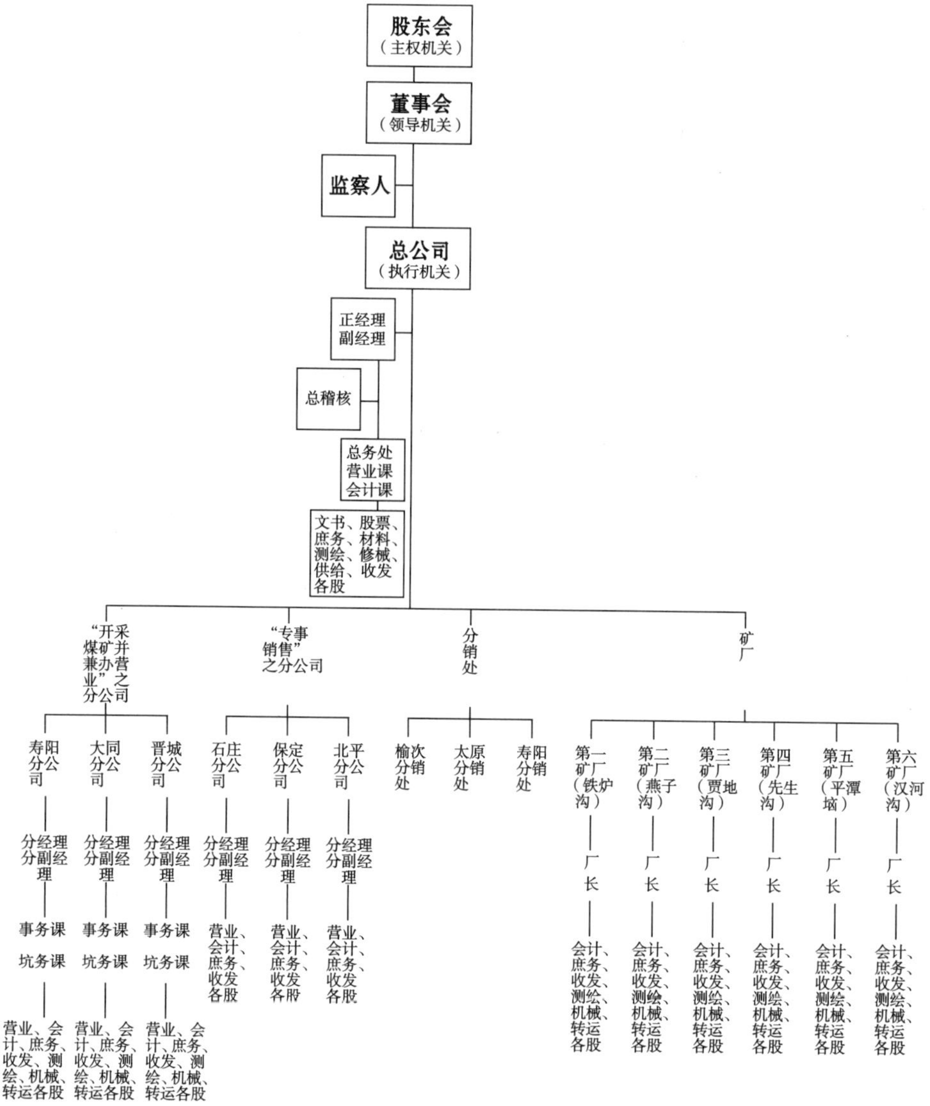

图 4-3　保晋公司组织系统图①

---

① 这儿需要说明的是，由于原始史料表述的模糊性，著者无法准确绘制各职能机构层次图，只能统而述之，有意明确并予以细化，但又顾虑没有原始史料支撑而出现偏颇，故只能统而绘之，是为一大缺憾。

（4）民国二十年（1931）一月至民国二十六年（1937）十月三十日　如前所述，保晋公司的组织机构在截止民国十九年（1930）底之前的十年内，都没有较大程度的变动与调整，但是“惟此项组织，行之有年，不无窒碍”，因此，保晋公司拟计划对原有的组织机构进行相应的调整，“除正、副经理以上为章程所规定，各矿厂、各分公司尚可仍旧外，拟将总公司之总务处改为总务科，并加设工程科，分别性质，厘定各项章则，标明职权统系，总期事权统一，系统划然，脉络贯通，而收指臂相关之效。”[①]

这一时期，保晋公司“股东会、董事会、监察人员及总公司、分公司、各矿厂之正经理与副经理”依据保晋公司章程规定设置，与之前情形相比没有大的变动。这一时期各分公司、各矿厂下属机构的设置及人员的配备，由于原始史料的匮乏，著者无法进行相应的描述。其时，保晋公司总公司的内部组织结构可能[②]为图4–4所示。

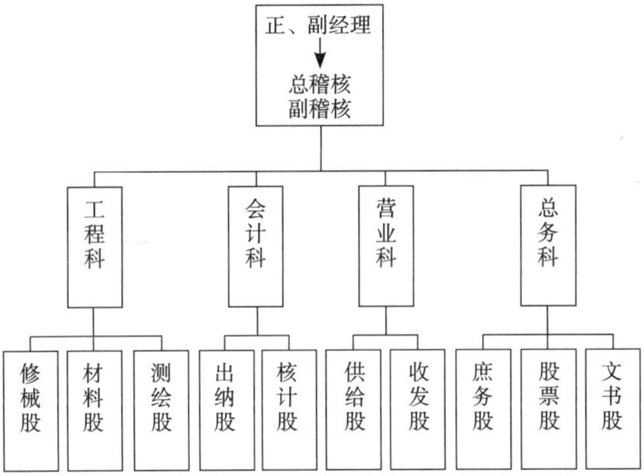

图 4-4　保晋公司总公司组织系统图[③]

① 常旭春、白象锦:《保晋公司报告书稿·第十章　本公司将来进行计划》民国十九年（1930）。

② 据著者现收史料，并没有对保晋公司民国二十年（1931）以后的组织机构进行相应的说明，著者又不敢进行任何臆断，故只能依据常旭春、白象锦:《保晋公司报告书稿·第十章　本公司将来进行计划》中述及的内容为凭。但需要说明的是，保晋公司在后来组织机构改革时，如果完全依照既定计划进行改革，则民国二十年（1931）以后保晋公司总公司真正的组织机构设置就如图4–4所示；但如果保晋公司后期实际的组织机构改革与原计划不符，则就不一定为图4–4所示情形。

③ 常旭春、白象锦:《保晋公司报告书稿·第十章　本公司将来进行计划》民国十九年（1930）。

如上所述，著者分了四个时段，对保晋公司的组织构架进行了相应的阐释，并绘制了不同时期的组织系统图，但依然需要说明的是，这仅仅是对保晋公司组织结构演变的一个总体思路与轮廓性描述，在每个时段乃至特定时点，其组织机构设置肯定有动态变动与微调，由于史料的匮乏，著者无法进行更为详尽的阐释，是为不足，特此说明。

3. 保晋公司的管理制度

保晋公司除在既定管理机制的基础上建立了特定的组织构架外，还制定了一系列管理制度，诸如股东会议制度、董事会决策制度、日常运营管理制度、人力资源管理制度、财务管理制度、监督监察制度等。

（1）股东会议制度① 股东会是保晋公司的主权机关，保晋公司股东会分常会、临时会两种，常会于每年度结账后举行，临时会于逢有特别重大事件时举行，均由董事会、总理、协理召集，应于一个月前通知。

保晋公司股东常会的主要议项为：①报告上年营业情形及结算账略；②分配利益或筹补亏损；③提议公司进行事项；④选举董事、监察人。需要说明的是，保晋公司在董事、监察人的推举过程中分公股与商股区别对待，对于商股持有者，必须投资 2 500 两以上股银才有当选资格，但对于公股持有者，只需投入 1 500 两以上股银便有当选董事、监察人的资格。对于董事及监察人应得的薪酬，也由股东会议定。

凡股东会议未经议决之事项，得由股东会委托董事会议决之。凡会议以多数赞成为可决，选举以得票较多者为当选。保晋公司召开股东会议时，应由股东公推主席，所议各事由书记记录列册，会毕交公司存查。凡拥有保晋公司股银 1 500 两以上者，有一议决权；多者递加，但一股东不得过 20 权。股东因事不能到会时，得委托代表，但须出具嘱托书，于开会前陈明公司。兹将保晋公司自清宣统二年（1910）至民国十八年（1929）止，20 年期间，累计召开的 11 次股东会议见表 4–1。

① 民国八年（1919）十月二十四日奉部批准并备案之《山西保晋矿务公司章程·第十节 股东会议》。

表 4–1　保晋公司第 1~11 次股东会议[①]

时间	会议名称	会议内容
清宣统二年（1910）十月	第 1 次股东会	组织董事局，同时公推渠本翘为主持总理，刘笃敬为坐办总理
民国五年（1916）四月	第 2 次股东会	公推崔廷献为协理，董事局改为董事会，议决规则九条
民国六年（1917）十一月	第 3 次股东会	改选董事，并议决设立铁厂
民国七年（1918）十二月	第 4 次股东会	修正章程，并改选董事及监察人
民国八年（1919）十二月十五日	第 5 次股东会	划分平定矿区为六矿厂，分区开采，任温承让为第一矿厂长，王骧兼第二矿厂长
民国九年（1920）十二月十五日	第 6 次股东会	议修章程
民国十年（1921）十二月	第 7 次股东会	选定董事 13 人、监察 8 人，公推阎锡山为名誉总理，赵戴文、杨兆泰、陈受中、南桂馨、张际清、李祝三为名誉董事
民国十一年（1922）十二月	第 8 次股东会	没有会议内容记载
民国十二年（1923）十二月十五日	第 9 次股东会	没有会议内容记载
民国十四年（1925）七月十日	第 10 次股东会	曾纪纲副经理请求辞职
民国十八年（1929）三月	第 11 次股东会	没有会议内容记载，但有关保晋公司当时的营业状况[②]

（2）董事会决策制度　董事会是保晋公司的领导机关，董事会成员（董事）由股东大会选举产生，但其必须是保晋公司股东，而且对于其股本持有数也有相应的规定，对于私股股东“以有 2 500 两以上之股银者，得被选为合格”，而对于公股股东则只需要持有“1 500 两以上之股银者即为合格。”[③]保晋公司最初成立伊始只设置有股东会，并没有设置董事会。清宣统二年（1910）十

① 本表系著者根据常旭春、白象锦:《保晋公司报告书稿 · 本公司大事记》（民国十九年）的相关内容编制。

②《山西保晋矿务公司第十一次股东大会营业报告》（民国十八年三月，原件现存于山西省阳泉市档案馆）

③ 民国八年（1919）十月二十四日奉部批准并备案之《山西保晋矿务公司章程 · 第十节　股东会议》。

月，保晋公司组织召开了第1次股东会议，组建了由11名董事组成的董事局。民国五年（1916）四月，保晋公司召开第2次股东会议时，将董事局改为董事会，同时将董事人数减少4人，即董事会由7名董事组成。民国六年（1917）十一月保晋公司第3次股东会与民国七年（1918）十二月保晋公司第4次股东会都对董事进行了改选。民国十年（1921）十二月，保晋公司召开第7次股东会时，董事会的规模有了较大程度的拓展，董事增至13人，另外，公推阎锡山为名誉总理，赵戴文、杨兆泰、陈受中、南桂馨、张际清、李祝三为名誉董事。“由于股东会以人数过多，自民国十三年（1924）后，召集时每以不足法定人数流会，故董事、监察亦多年未曾改选。”①

保晋公司由股东会选任董事，“组织董事会，决议公司重要事项……董事、监察人如被举后不能到职，得派一人代理，但须出具委托书，经董事会认可；其有辞职者，须由董事会议决，如准辞职，以候补人递补之……董事三年一任。”②保晋公司董事会，原则上“每月15日举行常会一次”。③主任董事负责主持保晋公司董事会的相关事务。董事会的主要职责有：①推举总理与协理。②议定总理、协理的薪酬。③制定奖金发放规则。④召集召开股东会。⑤议决股东会未经议决的重要事项等。

保晋公司董事会的首要职责是作为领导机关任免执行机关的最高领导层，即总理与协理。例如，清宣统三年（1911），“董事局公推曾纪纲为协理，续聘德国人贝哈格为顾问矿师，并聘德人赛斐尔为矿师”；民国五年（1916）七月，“刘（笃敬）总理辞职，董事会推定崔廷献为总理，曾纪纲为协理”；民国十一年（1922）十二月，“董事公推乔殿森为正经理”；民国十二年（1923）一月，“董事会另推乔映霞为正经理，未到任前，推定主任董事常旭春代理”；民国十七年（1928）十二月，“董事会公推白象锦为副经理”。④

保晋公司董事会拥有股东会没有议决的重要事项，拥有议决权。例如，民国十三年（1924）十月，“董事会议决结账年度，改定为一月至十二月”；民国十四年（1925）四月，“董事会议决铁厂开生铁炉”。⑤

值得注意的是：保晋公司的董事原则上3年一个任期，但在董事会的实际运营中，则因内外局势不断变迁而并没有严格遵循每3年改选一届董事的原则。例

①《山西保晋矿务公司经营概要·第二章 公司概况》。

② 民国八年（1919）十月二十四日奉部批准并备案之《山西保晋矿务公司章程·第四节 职任》。

③《山西保晋矿务公司经营概要·第二章 公司概况》。

④ 常旭春、白象锦：《保晋公司报告书稿·本公司大事记》（民国十九年）。

⑤ 常旭春、白象锦：《保晋公司报告书稿·本公司大事记》（民国十九年）。

如，民国五年（1916）、民国六年（1917）、民国七年（1918）连续三年召开的保晋公司第2~4次股东会不间断地每年都对董事进行了改选。再如，自清宣统二年（1910）十月保晋公司第1次股东会议召开，直至民国五年（1916）四月保晋公司召开第2次股东会议，6年期间，保晋公司董事会成员一直没有改选；同时，“(由于）股东会以人数过多，自民国十三年（1924）后，召集时每以不足法定人数流会，故董事、监察亦多年未曾改选。”①

另外，关于保晋公司董事会的董事职数也是时多时少，不断增减变动。清宣统二年（1910）十月，第1次股东会议时，最初由11名董事组建成立了董事局；民国五年（1916）四月，第2次股东会议时，董事减至7名；民国十年（1921）十二月，第7次股东会时，董事增至13人，另外，还增设了6名名誉董事。保晋公司董事会规模的这一动态变动，应当引起我们的关注。为了使读者对保晋公司董事会的实际运作情况有一个更为直观的了解与深刻的把握，著者特将《大同矿业公司董事会民国二十三年（1934）第一次常会会议记录》附录于后，以飨读者。

《大同矿业公司董事会民国二十三年（1934）第一次常会会议记录》②

时间：民国二十三年（1934）3月31日上午10时

地址：本会会议室

出席董事：陈敬棠　梁航标　白象锦　梁上椿　樊象离

缺席董事：阎百川　徐一清

列席：续廷

主席：陈敬棠

决议事项：

（一）经理梁航标报告公司民国二十二年（1933）全年营业情形，并送营业报告书表，请核阅案。

决议：营业报告书表分送各董事。

（二）公司自开办至民国二十二年（1933）底，纯盈壹拾叁万陆仟肆百贰拾

---

①《山西保晋矿务公司经营概要·第二章 公司概况》。

② 民国二十三年（1934）3月31日：《大同矿业公司董事会民国二十三年（1934）第一次常会会议记录》，原件现存于山西省阳泉市档案馆。

叁元叁角肆分（136 423.34 元），应如何分配，请公决案。（经理梁航标提）

决议：遵照公司合同规定，公积二成，共洋贰万柒仟元（27 000 元）外；甲方四成，共洋伍万肆仟元（54 000 元）；乙方四成，共洋伍万肆仟元（54 000 元）；其余壹仟肆百贰拾叁元叁角肆分（1 423.34 元）转入下年。所有甲、乙两方之红利，定于民国二十三年（1934）四月十五日分发。

（三）公司自移津后，改变对外营业方针，办理直接售煤销路，颇觉顺利，业务日渐繁多，酌夺情形，似应添设副理一人，以资赞助，可否，请公决案。

决议：通过，并将经理、协理薪水一同重行改定为第一、第二、第三三级，分列如下：

① 经理薪水：第一级伍佰元（500 元）；第二级肆佰伍拾元（450 元）；第三级肆佰元（400 元）。（现仍支第三级肆佰元）。

② 协理薪水：第一级肆佰元（400 元）；第二级叁佰陆拾元（360 元）；第三级叁佰贰拾元（320 元）。

③ 副理薪水：第一级叁佰贰拾元（320 元）；第二级贰佰捌拾元（280 元）；第三级贰佰肆拾元（240 元）。

④ 协理梁上椿，应支某级薪，请公决。（经理梁航标提）

决议：协理梁上椿支第二级薪，每月叁佰陆拾元（360 元），因兼矿务局职务，暂不支薪，每月津贴壹佰贰拾元（120 元）。

⑤ 大同乡村师范经费，每月捌佰伍拾元（850 元），教育捐不敷时，拟由公司借垫，可否，请公决。（经理梁航标提）。

决议：准由公司酌量借垫。

⑥ 公司兼任员司，拟停发薪水，一律改支津贴，可否，请公决案。（经理梁航标提）

决议：公司兼任员司一律改支津贴。

⑦ 公司分红办法可否规定，请公决。（董事樊象离提）。

决议：暂缓。

⑧ 公司与协兴煤矿公司交涉，尚未彻底解决，应如何办理，请公决。（经理梁航标提）。

决议：俟请示总座后，再行办理。

⑨ 公司营业今后能否再有进步，当视运输状况如何，将来由公司对运输方面随时设法，以期营业发达，可否，请公决。（经理梁航标提）。

决议：通过。

⑩ 从本届常会后，公司每到月终，将营业情形报告董事会，可否，请公决。

（主席陈敬棠提）。

决议：照办。

⑪ 本会民国二十二年（1933）全年各项开支清册请核阅。（主席陈敬棠提）。

决议：存案。

（3）日常运营管理制度　保晋公司在日常运营过程中，制定了相应的管理制度。首先，在选取矿区时，保晋公司决策者认为“晋省各种矿产到处皆有，断难同时并举，拟先从矿产最富、开采较易之处入手，一俟基础稳固，即可推及全省。”[①] 因此，保晋公司最初主要在煤炭资源相对丰富的阳泉、大同、晋城、寿阳四处着力开发煤炭资源。其次，在矿地购买过程中，保晋公司在遵循当地民风民俗的基础上，力求公平议价，“凡公司所购之地内有坟墓、庐舍者，务设法绕避不得侵占”，“凡公司购地，皆凭中介绍公平议价，与平人交易无异，绝无勒价强买等事。倘地为公司所必需，而地主抬价居奇者，即请公正绅董，照左右毗连之地，议给相当价值，地主不得再有异议。”[②] 再次，保晋公司严格遵循当时的矿业条例，先行申请执照，方可进行探矿与采矿，“凡勘得何处何种矿产，谨遵矿业条例，先请领探矿执照，如探明确系可采，然后再领采矿执照。”[③] 另外，保晋公司在日常业务处理过程中，“公司总、分号来往，概用图记、信函，其派赴各分号人员赴号时，亦只持信函为凭。”[④] 同时，为了真正做到有章可循，保晋公司制定并颁布了《保晋矿务总公司简章》《山西保晋矿务公司章程》《保晋公司矿工服务细则》《保晋公司矿工抚恤规则》《保晋公司坑内保安规则》《保晋公司矿警规则》《保晋公司管理火药规则》等一系列制度与细则。需要说明的是，保晋公司在物资采购、煤炭生产、销售市场开拓、安全管理等方面，始终竭力降低生产成本、提升煤炭产量、不断开拓销售市场，力求大幅提升经济效益，故而相应的运行规则与管理制度伴随时势的变迁而不断进行相应的动态调整。

（4）人力资源管理制度　保晋公司在职员录用、薪酬设计、工种设置及日常管理、福利待遇等方面均进行了较为明确的规定。

“总、协理由董事会推举，总理执行公司全体事务，协理协助之。”[⑤] 保晋公司一般职员的录用，民国十九年（1930）以前，“除重要者由正、副经理商承董事

---

① 民国八年（1919）十月二十四日奉部批准并备案之《山西保晋矿务公司章程·第三节　纲要》。

② 同①

③ 同①

④ 同①

⑤ 民国八年（1919）十月二十四日奉部批准并备案之《山西保晋矿务公司章程·第四节　职任》。

会聘用外，其余均系函荐”[①]，但是必须有人作保，“所用号友自宜多用商人，一依晋商向例，须取有确实铺保，如有侵挪款项及窃资逃走等事，惟原保是问。”[②]但是客观上讲，函荐方式在实践运作过程中却出现了种种弊端，“其人之能力，既不得而知，品行又无从稽考，只凭一纸介绍，格于情面，遂即录用，殊非正当之道，难免滥竽之人”[③]，因此，据常旭春、白象锦：《保晋公司报告书稿·第十章　本公司将来进行计划》记载，自民国二十年（1931）以后，“对于普通职员，改用考试制度，凡有荐举职员者，必须用函件通知公司，先行登记，遇有需用人之时，由公司定期召集，分别考试，如能合格，再行录用。”[④]

保晋公司对职员的薪酬，实行分级分层管理，“董事、监察人应得之报酬，由股东会议定；总、协理应支之薪水，由董事会规定。至总、协理以次各号友，均由总、协理酌定……自总、协理以次，除支薪水外，并给奖励金。其奖励金规则由董事会另定之。”[⑤]

保晋公司各矿工人，就工种而言，“大别之可分为：采煤、运煤、司机、提水、其他五种”；就工作形式而言，“大致分为日工、月工、包工及临时包工四项。凡修路、通风、提水、挂钩、撤钩、推车、抬煤、上油、点灯等工，均属日工。采煤、运煤等工，均属包工。司机及领工并各处差役，均属月工。凡遇特别建筑，或坑内外特别工程，如开凿石洞、开辟厂面等，均属临时包工”；就作息时间而言，“各项工人工作时间，按当地习惯，每日分为昼、夜两班，每人工作十小时，上班下班均由锅炉房放汽笛为号”[⑥]。

保晋公司除按规定支付给工人正常薪酬外，对于假期、住屋、物品供给、医药、抚恤、烧炭等具有一定福利性质的待遇，也进行了明确的规定，“假期：工人除每日工作完毕休息外，依当地习惯，每月于旧历朔、望两日及春、夏、秋、冬四节，各休息一日。旧历十二月十八日以后，工人多数回籍，虽各矿规定旧历正月初六开工，而遵者甚少，必须二月初二后，矿工方能全来；住屋：工人于每日工毕，除附近有家者，各归舍食宿外，其外籍工人，皆住于各矿特备之宿舍，由公司供给火、电、炕[⑦]、席等物，不收租费；物品供给：工人所需食用物

① 常旭春、白象锦：《保晋公司报告书稿·第十章　本公司将来进行计划》（民国十九年）。
② 民国八年（1919）十月二十四日奉部批准并备案之《山西保晋矿务公司章程·第四节　职任》。
③ 常旭春、白象锦：《保晋公司报告书稿·第十章　本公司将来进行计划》（民国十九年）。
④ 常旭春、白象锦：《保晋公司报告书稿·第十章　本公司将来进行计划》（民国十九年）。
⑤ 民国八年（1919）十月二十四日奉部批准并备案之《山西保晋矿务公司章程·第七节　薪俸》。
⑥ 常旭春、白象锦：《保晋公司报告书稿·第八章　工人》（民国十九年）。
⑦ 原史料中记载，此处为“坑”字，但据著者根据上下文推断，此处可能为笔误，应当为“炕”字。

品，均由各矿预备，取价应以市价为标准，月终结算由工资内扣除；医药：各矿备有各种药品，专供职工领用，不取药资，复延用医生之，以便随时疗治之疾病，其有肢体受伤或罹重病者，则送往平定友爱医院或附近医院诊治，药资亦由公司支付；抚恤：凡有因工受伤，酌给假日，并予调治，因而死亡者，每名给予恤金；烧炭：工人下班时，得由厂内挑取碎炭一筐，不取价款，但以自烧为限。”①

（5）财务管理制度　保晋公司在股金筹集、账簿设置、利息支付、赋税缴纳、财务报告、利润分配等方面形成了一套较为系统而完善的财务管理制度。

第一，保晋公司在股金筹集过程中，“惟收华股，不收洋股；附股者如私将股票售于外人，经本公司查知或经他人转告，立将所入之股注销不认。”②“所附之股，照公司通例只准转售不准提取，尤须将承售之人姓名、住址报明，本公司查系无讹，另行填给股票息折，以昭详慎。”“本公司所领亩捐及所集股份，均存本省殷实商号，陆续提用，不得挪存零星小铺，以昭慎重。”③同时，保晋公司股金“专为开矿之用，不得挪移。”④

第二，保晋公司总号、分号及各窑峒均设置有特定的账簿。“公司总号应置股东姓名册二本（一登亩捐公股，一登附股者姓名、住址）、各职员姓名册二本、众股东决议事由册一本、每年报销底册一本、总收账一本、总支账一本、收条底账一本、股票底账一本、借贷账一本、正流水一本、草流水一本、现存银钱账一本、来往浮记账一本、日用杂使账一本、各处出矿总账一本、各处存销各矿总账一本、各处存银钱账一本、各处机器账一本、各处矿地册一本、各处峒口册一本……各分号置收支总账各一本、正草流水各一本、来往浮记账一本、日用杂使账一本、每日出矿数目账一本、每日售矿数目账一本、现存银钱账一本、工人花名册一本、各种机器家具账一本……每峒置工人花名册一本、本峒每日出矿数目账一本、支发工资吃食账各一本。”⑤

第三，保晋公司制定有严格的利息支付制度，“本公司给付利息，定期登报通知……凡付利息，先期一个月登报通知，届期凭票折支付……凡付利息时，公司将票验明并与底册存根核对无讹，即行支给，每次付利若干，均于息折上详细注明……如有将折票遗失者，照第三十七条办理（即股票息折收条如有遗失，准

① 常旭春、白象锦：《保晋公司报告书稿·第八章　工人》（民国十九年）。
②《保晋矿务总公司简章》。
③ 民国八年（1919）十月二十四日奉部批准并备案之《山西保晋矿务公司章程·第五节　股份》。
④《保晋矿务总公司简章》。
⑤ 民国八年（1919）十月二十四日奉部批准并备案之《山西保晋矿务公司章程·第八节　簿记》。

其报明，本公司取具妥实铺保，补行发给其遗失之折票收条，无论中外何项人等拾得，均一律作废)[①]，如查系伪票，即将持票之人送官究治，科以应得之罪，一面登报通知原领票之人……如届期未来取利息，即登报催促，展限一个月支付，倘期满仍未来取，即归下期发给。”[②]

第四，保晋公司严格按照当时政府的相关规定完纳各种赋税，“公司购买矿地，如系民地，其粮即随地过户，由公司照赋完纳；如系官地，照章纳租……各矿纳税，悉遵照矿业条例缴纳……矿产出口，仍照奉准免税案办理……凡关于工程所用各项机器、各种材料，运至开采之地，应照章完纳关税……请领探矿、开矿执照，其照费悉遵条例照缴。”[③]

第五，保晋公司实行财务月报、年报制度，“各分号每月终将存销各矿及现存银钱数目并号中开支各款缮具详细清折，报明总公司汇核列表，每月报告董事会一次，谓之月报；本公司每年结账一次，每届年度之终，俟各分号月报齐后，汇编账略，谓之年报。”[④]

第六，保晋公司在利润分配时，规定“每年结账，将应支各款一律开除，谓之净利。”[⑤]“本公司所得净利，分为二十成。先提二成为公积，其余十八成按股分配……本公司所提公积，专为弥补资本损失，维持股利平匀之用。”[⑥]

第七，有必要说明的是，尽管保晋公司的财务管理制度表面看似完善，客观上却存在着致命的缺陷，即缺乏必要的财务风险预警机制，最具代表性的事例是，股金本为开矿专用，但却在清宣统元年（1909），以股本 1 179 305 两 9 钱 3 分代垫赎矿款，尽管在一定程度上彰显了保晋公司的民族大义精神，但却客观上反映了其财务管理的混乱性与无序性。

（6）监督监察制度　保晋公司为了保障企业财产物资的安全完整及正常有序运营，专设监察人员，对公司内部的财产、财务及业务运营情况进行监督监察。

保晋公司的监察人员由股东大会选举产生，但其必须是保晋公司股东，而且对于其股本持有数也有相应的规定，对于私股股东“以有 2 500 两以上之股银者，得被选为合格”，而对于公股股东则只需要持有“1 500 两以上之股银者即为合

① 民国八年（1919）十月二十四日奉部批准并备案之《山西保晋矿务公司章程·第五节　股份》。
② 民国八年（1919）十月二十四日奉部批准并备案之《山西保晋矿务公司章程·第六节　付息》。
③ 民国八年（1919）十月二十四日奉部批准并备案之《山西保晋矿务公司章程·第九节　赋税》。
④ 民国八年（1919）十月二十四日奉部批准并备案之《山西保晋矿务公司章程·第三节　纲要》。
⑤ 民国八年（1919）十月二十四日奉部批准并备案之《山西保晋矿务公司章程·第三节　纲要》。
⑥ 民国八年（1919）十月二十四日奉部批准并备案之《山西保晋矿务公司章程·第五节　股份》。

格。"[①] 保晋公司创设之初，并没有监督监察机构的设置及监察人员的配备，直至清宣统二年（1910）十月保晋公司第1次股东会议召开，伴随董事局的创设，始有4名查账人员的设置，这儿里的查账人员，其实也就是后来的监察人员。民国五年（1916）四月，保晋公司召开第2次股东会议时，将"查账员"更名为"监察人"，人数仍然是4名。民国十年（1921）十二月，保晋公司召开第7次股东会时，监察人员增至8名。"监察人被举后不能到职，得派一人代理，但须出具委托书，经董事会认可；其有辞职者，须由董事会议决，如准辞职，以候补人递补之。"[②]

保晋公司对于监察人的任职期限，原则上规定"监察人一年一任"[③]，但是在企业现实运作过程中，并非全部都是"一年一任"，因为监察人由股东大会选举产生，而保晋公司的股东大会并不一定是每年都召开，如果不召开股东大会，那么监察人是无法换届的。例如，保晋公司第一次与第二次股东大会时隔六年，期间监察人员是不可能换届改选的；同时，"（由于）股东会以人数过多，自民国十三年（1924）后，召集时每以不足法定人数流会，故董事、监察亦多年未曾改选。"[④]

保晋公司"在事人等，如有舞弊等事，股东均有查察之权，如查有实据，按律罚办。"[⑤] 保晋公司股东主要通过监察人实施监督监察工作。监察人的职责主要是"凡公司帐目、财产、业务均得随时检查，年终结账须查核账略、署名、报告"[⑥]，"每年查核公司账目一次。"[⑦]

保晋公司对于监督监察过程中发现的违规违纪人员，予以严厉的处罚。"总、协理如侵蚀公司款项，经众股东查有实据者，应立时辞退，并着落赔缴；如抗不肯缴或缴不足数，众股东除禀官追究外，仍按律议罚。以次所用之人，如有此项情弊，总、协理亦照此办理。倘扶同隐饰，应将徇庇者一并议罚……总、协理如将公司款项移作别用，或潜营私利，一经觉察，众股东可从重议罚。以次所用之人，如有此项情事，经总、协理觉察者，亦照此办理……总、协理于月报、年报，报告不实，意图隐骗，及公司人等伪造股票息折、图记，骗取利息，一经发

① 民国八年（1919）十月二十四日奉部批准并备案之《山西保晋矿务公司章程·第十节　股东会议》。
② 民国八年（1919）十月二十四日奉部批准并备案之《山西保晋矿务公司章程·第四节　职任》。
③ 民国八年（1919）十月二十四日奉部批准并备案之《山西保晋矿务公司章程·第四节　职任》。
④《山西保晋矿务公司经营概要·第二章　公司概况》。
⑤《保晋矿务总公司简章》。
⑥ 民国八年（1919）十月二十四日奉部批准并备案之《山西保晋矿务公司章程·第四节　职任》。
⑦ 常旭春、白象锦：《保晋公司报告书稿·第三章　本公司组织》（民国十九年）。

觉，众股东可送官严究，除罚办外，仍治以应得之咎。各分号有此等情弊，总、协理亦照此办理。”[①]

三、晋商转型期的人力资源管理探索与实践

企业的人力资源管理应当根据企业发展战略的要求，有计划地对人力资源进行合理配置，通过对企业所需员工的招聘、培训、使用、考核、激励、调整等一系列过程，调动员工的积极性，发挥员工的潜能，为企业创造一定的经济效益，确保企业宏观战略目标的实现。通常而言，企业的人力资源管理包括人力资源规划、员工的招聘与配置、员工的培训与开发、绩效管理、薪酬设计与福利管理、劳动关系管理六方面。著者拟从上述六方面对保晋公司的人力资源管理状况进行相应的评价，以期透视晋商转型期的人力资源管理探索与实践。

（一）保晋公司的人力资源规划

人力资源规划，是企业根据自身的发展战略和长远规划，通过对企业人力资源需求和供给的分析与评估，对人力资源的获取、配置、使用、保护等各个环节进行职能性策划，以确保企业获取各种必需的人力资源的规划。通常情况下，企业的人力资源规划包括战略规划、组织规划、制度规划、人员规划及费用规划五方面内容。

1. 保晋公司的人力资源战略规划

人力资源战略规划，是企业依据既定的宏观战略目标，对企业人力资源开发和利用的方针、政策和策略进行相应的规定，是各种人力资源具体计划的核心，是事关整个企业人力资源规划全局的关键性计划。保晋公司明文规定，“本公司用人办事一以商务为宗，不得丝毫沾染官场气习。”[②]但实事求是地讲，保晋公司缺乏持续而长久的人力资源战略规划，我们从保晋公司高层管理人员及核心专业技术人员的频繁更替可窥一斑。

由于保晋公司缺乏长远的人力资源战略规划，因而以总理与协理为核心的高层管理人员队伍很不稳定。清光绪三十三年（1907）春，“举渠本翘为总理、王用霖为协理”[③]；清宣统二年（1910），渠本翘赴京供职，董事局将其推为主持总

---

① 民国八年（1919）十月二十四日奉部批准并备案之《山西保晋矿务公司章程·第十三节　惩罚》。

② 民国八年（1919）十月二十四日奉部批准并备案之《山西保晋矿务公司章程·第二节　宗旨》。

③ 常旭春、白象锦：《保晋公司报告书稿·第一章　本公司沿革》（民国十九年）。

理，另推刘笃敬为坐办总理；清宣统三年（1911），复推曾纪纲为协理；民国元年（1912），“渠总理、曾协理函请辞职”；民国五年（1916）四月，“公推崔廷献为协理”[①]；民国五年（1916）七月，刘笃敬以年老力衰为由，竭力辞职，经股东会议决，“公推崔廷献为总理，曾纪纲为协理”[②]；民国十一年（1922）十月，崔廷献调任河东道尹，坚请辞职；民国十一年（1922）十二月，董事公推乔殿森为正经理，未就；民国十二年（1923）一月，董事会另推乔映霞为正经理，未到任前，推定主任董事常旭春代理；民国十二年（1923）七月，董事会正式推定常旭春为正经理；民国十四年（1925）七月十日，保晋公司召开第十次股东会，曾（纪纲）副经理请辞职；民国十七年（1928）十二月，董事会公推白象锦为副经理。[③]可见，保晋公司总理或协理等核心高层管理人员没有明确的任期要求，鉴于各种主客观原因，任职与离职的随意性很大，不仅直接影响着保晋公司管理团队的建设及人力资源的后续开发，而且在较大程度上制约着企业的持续、稳定、健康发展。

同时，由于保晋公司缺乏应有的专业技术人员队伍建设长远规划，因而以矿师为代表的专业技术人员更替也异常频繁。光绪三十三年（1907），聘定英国人德鉴明、高克宁二人为矿师；光绪三十四年（1908），呈准官厅招集商股并续聘英国人阿特来、马丁二人充任矿师；宣统三年（1911），续聘德国人贝哈格为顾问矿师，并聘德人赛斐尔为矿师；民国二年（1913），辞退外国矿师，另延赵奇英光任；民国三年（1914），赵矿师病故，聘武汉三为矿师，王宪为副矿师；民国六年（1917）十一月，聘赖锡康为副矿师；民国七年（1918）四月，聘白象锦为正矿师。[④]保晋公司以矿师为核心的专业技术人员队伍的频繁更替，虽然说从理论上讲有利于技术的新陈代谢，但缺乏稳定的技术导向，在某种程度上反而不利于保晋公司的长足发展。

2.保晋公司的人力资源组织规划

组织规划，是对企业整体框架的总体设计，主要包括组织信息的采集、处理和应用，组织结构图的绘制，对组织的调查、诊断和评价，组织的设计与调整，组织机构的具体设置等内容。保晋公司的组织机构建设，鉴于外在客观情势及内在管理绩效的双重需求，而不断动态调整与适时变动。

① 常旭春、白象锦：《保晋公司报告书稿·本公司大事记》（民国十九年）。
② 常旭春、白象锦：《保晋公司报告书稿·第一章　本公司沿革》（民国十九年）。
③ 常旭春、白象锦：《保晋公司报告书稿·本公司大事纪》（民国十九年）。
④ 常旭春、白象锦：《保晋公司报告书稿·本公司大事纪》（民国十九年）。

3. 保晋公司的人力资源制度规划

人力资源制度规划，是企业人力资源总体规划目标实现的重要保证，包括人力资源管理制度创建的程序、制度化管理等内容。保晋公司在人员的招聘与录用、薪酬制度设计、具体工种的设计及其日常管理、福利待遇等方面均进行了制度性约定。

4. 保晋公司的人员规划

人员规划，是对企业人员总量、构成及其流动的整体规划，具体包括人力资源现状分析、企业定员、人员需求和供给预测、人员供需平衡等内容。保晋公司依据业务需要对职员进行了岗位设定、对矿工进行了工种分类，特别是在民国十九年（1930）《保晋公司报告书稿·第八章 工人》中，对矿工分矿厂、工别、籍贯进行了定量统计；同时，在《保晋公司报告书稿》（民国十九年）与《山西保晋矿务公司经营概要·第二章 公司概况》中，均对保晋公司的重要职员分岗位进行了在册登记。据此说明，保晋公司运作到后期，已经渗透了定岗、定编、定员的人力资源岗位设置基本思潮。至于保晋公司在人员需求与供给预测、人员供需平衡与调剂等方面所进行的实践运作，鉴于史料的匮乏，著者无法展开论述，更不敢臆断，是为不足。

5. 保晋公司的人力资源费用规划

人力资源费用规划，本质上是对企业人力资源成本的整体规划。人力资源成本是一个组织为了实现自己的组织目标，创造最佳经济效益和社会效益，而获得、开发、使用、保障必要的人力资源及人力资源离职所支出的各项费用的总和。人力资源成本主要包括获得成本、开发成本、使用成本、保障成本和离职成本五方面内容。①力资源获得成本，是组织在招募和录取员工的过程中发生的成本，主要包括招募成本、选择成本、录用成本、安置成本。②人力资源开发成本，是组织为提高员工的生产技术能力，为增加组织人力资产的价值而发生的成本，主要包括岗前培训成本、岗位培训成本、脱产培训成本等。③人力资源使用成本，是组织在使用员工的过程中发生的成本，主要包括维持成本、奖励成本、调剂成本等。④人力资源保障成本，是保障人力资源在暂时或长期丧失使用价值时的生存权而必须支付的费用，包括劳动事故保障、健康保障、退休养老保障、失业保障等费用。⑥人力资源离职成本是由于员工离开组织而产生的成本，包括离职补偿成本、离职前低效成本、空职成本等。

保晋公司作为山西近代发展史上一个极富代表性的工矿企业，无论是职员，还是矿工，都存在着一定的劳动雇佣关系，从本质上讲，职员或矿工都以出卖劳动力而谋生，在这种特有的生产方式下，劳动力便成了一种真正的商品。既然是商品就具有价值与使用价值双重属性。尽管劳动力也具有价值属性，但鉴于劳动力是一种特殊的商品，因而其价值也具有一定的特殊性，劳动力商品的价值是由生产和再生产劳动力所需要的社会必要劳动时间决定。由于劳动力存在于人体之中，因而劳动力的生产和再生产，就是人的身体的生产和再生产，这就要消耗必要的生活资料。所以，生产和再生产劳动力所需要的社会必要劳动时间，可以还原为维持劳动者自身生存所需要的生活资料价值。

我们认为，通常情况下，劳动力的价值主要包括以下三方面，即①维持劳动者自身生存所必需的生活资料的价值。②劳动者繁衍后代所必需的生活资料的价值。③劳动者接受教育和训练所支出的费用。也就是说，劳动者生存质量的优劣，我们姑且不论，但如果上述三方面基本的生存费用都难以保障的话，那么劳动者的生存就面临着巨大危机，势必影响并阻碍企业的正常运转。保晋当局仅仅关注表层的经济收益，千方百计降低人力资源成本，不仅忽视了作为人力资源成本有机组成部分的获得成本、开发成本、保障成本及离职成本，而且对于人力资源使用成本也片面地压榨，致使广大矿工的生存难以为继，各种形式的罢工与斗争此起彼伏，在很大程度上阻滞了保晋公司的正常运营与发展。

保晋公司平定第三矿厂于民国十四年（1925）十一月三十日，自发组织与成立了工会，不断同保晋公司当权者进行斗争。[①]保晋公司在创办期与发展期，雇佣工人一直实行把头制。一个把头通常雇佣几十名工人，他们不劳动，只是通过雇工剥削，榨取工人劳动血汗。工人受不了残酷剥削，便联合起来同把头算账，算矿工应得工资和实得工资，看中间剥削的严重程度。通过算账对比，工人的反抗情绪越来越大。保晋公司矿工的这种自发经济斗争形式，被称为“端账斗争”。[②]民国二十四年（1935）三月，保晋公司平定第二矿厂、平定第四矿厂的矿工们举行了声势浩大的联合大罢工，迫使保晋当局给矿工提高了工资，“上股道由0.32元增加到0.38元，中股道由0.22元增加到0.24元，下股道由0.24元增加到0.28元。”[③]民国二十六年（1937）春，保晋铁厂举行了参加人数达三四百人的罢工，也取得了胜利。[④]保晋公司矿工们举行的这些自发斗争，均缘于工薪待遇的低下，同时，从另一个角度反映了保晋公司缺乏科学合理的人力资源费用规划。

---

①《阳泉煤矿史》编写组:《阳泉煤矿史》，山西人民出版社1985年版，第101—102页。
②《阳泉煤矿史》编写组:《阳泉煤矿史》，山西人民出版社1985年版，第102—103页。
③《阳泉煤矿史》编写组:《阳泉煤矿史》，山西人民出版社1985年版，第106页。
④《阳泉煤矿史》编写组:《阳泉煤矿史》，山西人民出版社1985年版，第106—107页。

（二）保晋公司人员[①]的招录与配置

1.保晋公司人员的招募与录用

保晋公司作为一个煤炭类生产企业，大体上可以区分为行政管理系统与生产系统两大组成部分，因此，就保晋公司全体工作人员而言，主要包括行政管理系统工作人员（通常情况下，我们称其为“职员”）与生产系统工作人员（通常情况下，我们称其为“矿工”）。保晋公司对“职员”与“矿工”分别采取不同的渠道与方式进行招募与录用。

（1）保晋公司职员的招聘及录用　保晋公司“用人办事一以商务为宗，不得丝毫沾染官场气习。”[②]在职员招录与聘用过程中，因职位级别高低及工作重要性的差异，而区别性地录用。同时，对于普通职员的录用实现了“单纯的函荐录用方式”向“函荐与考试相结合录用方式”的过渡。

“总、协理由董事会推举，总理执行公司全体事务，协理协助之。”[③]保晋公司一般职员的录用，民国十九年（1930）以前，“除重要者由正、副经理商承董事会聘用外，其余均系函荐”[④]，但是必须有人作保，“所用号友自宜多用商人，一依晋商向例，须取有确实铺保，如有侵挪款项及窃资逃走等事，惟原保是问。”[⑤]可见，保晋公司在创办初期，除少数高级职员是由经理和协理研究提名并经董事会

① 这儿有必要说明的是，在当前的“人力资源管理学”中，人力资源管理的客体是“员工”，其内容主要包括：企业人力资源规划、员工的招聘与配置、员工的培训与开发、绩效管理、薪酬设计与福利管理、劳动关系管理等方面。而著者在对保晋公司的人力资源管理状况进行阐释与评价时，却特意将“员工”置换成了“人员”，即著者使用的是“二、保晋公司人员的招录与配置”与“三、保晋公司人员的培训与开发”的提法，著者在这儿之所以用“人员”，而没有用“员工”，主要缘于以下三方面考虑：①尽管本章著者立足于现代企业管理学的视角对“保晋公司的人力资源管理”进行探究，但实事求是地讲，保晋公司毕竟是一个旧式工矿企业，其仅仅注重于传统意义上的人事管理，而没有进行实质性的人力资源开发；②保晋公司所聘“职员”或“矿工”，仅仅祈求于基本的生存需求与物质生活保障，并不具备新式员工所应有的“创造性强、独立性强、成就欲强、自我完善欲强”等特性；③保晋公司作为一个典型的民族资本主义企业，存在着大量的雇佣劳动关系，股东主要聚焦于“收益最大化”的企业目标，不仅缺乏必要的人力资源开发后续投入，而且对于“职员”或“矿工”存在着严重的剥削关系。再者，著者之所以用“人员”，而没有使用“职员”或“矿工”的提法，缘于保晋公司所聘人员主要包括行政与业务管理人员，即“职员”和生产工人，即“矿工”两类人员，使用“职员”或“矿工”均会出现“以偏概全”之误。

② 民国八年（1919）十月二十四日奉部批准并备案之《山西保晋矿务公司章程·第二节　宗旨》。

③ 民国八年（1919）十月二十四日奉部批准并备案之《山西保晋矿务公司章程·第四节　职任》。

④ 常旭春、白象锦：《保晋公司报告书稿·第十章　本公司将来进行计划》（民国十九年）。

⑤ 民国八年（1919）十月二十四日奉部批准并备案之《山西保晋矿务公司章程·第四节　职任》。

同意聘用外，至于一般职员，除个别几名矿师和测绘师外，所用之人多半是之前山西票号的伙友或学界人士。这些人只要是有身份、有地位的人推荐，便被录用，甚至还委以重任。但实际上，他们既无矿业理论知识，又无矿业实践经验，许多情况下只能纸上谈兵，对于保晋公司的生产经营活动并无多大裨益。①鉴于函荐方式在实践运作过程中出现的种种弊端，“其人之能力，既不得而知，品行又无从稽考，只凭一纸介绍，格于情面，遂即录用，殊非正当之道，难免滥竽之人”，因此，据常旭春、白象锦:《保晋公司报告书稿·第十章　本公司将来进行计划》记载，自民国二十年（1931）以后，“对于普通职员，改用考试制度，凡有荐举职员者，必须用函件通知公司，先行登记，遇有需用人才之时，由公司定期召集，分别考试，如能合格，再行录用。”②

保晋公司所聘职员，以山西省籍人员居多。例如，民国十九年（1930）常旭春、白象锦:《保晋公司报告书稿·本公司重要职员姓名录》记载的重要职员共计 58 人③，其中山西省籍的重要职员共 55 人，占 94.83%；外省籍的重要职员共 3 人，占 5.17%。可见，尽管山西省籍的重要职员占绝对主体，但保晋公司的重要管理层中也不乏外省籍职员，3 名外省籍重要职员中，山东潍县 1 人、河南西平 1 人、河南开封 1 人。保晋公司山西省籍的 55 名重要职员中，祁县 5 人、文水 5 人、平定 4 人、五台 4 人、榆次 3 人、忻县 3 人、汾阳 3 人、介休 2 人、浑源 2 人、宁武 2 人、崞县 2 人、平鲁 2 人、神池 2 人、兴县 1 人、汾城 1 人、太谷 1 人、平遥 1 人、平陆 1 人、岚县 1 人、定襄 1 人、临县 1 人、襄垣 1 人、盂县 1 人、广灵 1 人、沁源 1 人、蒲县 1 人、寿阳 1 人、太原市 1 人、夏县 1 人。保晋公司重要职员在山西省境内的地域分布，并没有明显的区域特性可寻，全省境内不同区域均有人员参与保晋公司的业务运营与管理，其中祁县、文水、平定、五台、榆次、忻县、汾阳等县参与者居多，其他各县也不乏零星参与者。

保晋公司创办前期，在高层管理人员聘用时倾向于资本实力雄厚，且有身份、有地位、有一定社会威望的大商人；在专业技术人员聘用时，由于国内矿业人才匮乏，不得已聘用了大量洋矿师。保晋公司第一任经理渠本翘是山西头等票号商和山西最早的实业家之一，保晋公司成立时，一人入股 5 万两白银，其出任经理前，是清政府的分省尽先补用道。保晋公司第二任经理刘笃敬是闻名全国的

① 《阳泉煤矿史》编写组:《阳泉煤矿史》，山西人民出版社 1985 年版，第 48—49 页。

② 常旭春、白象锦:《保晋公司报告书稿·第十章　本公司将来进行计划》(民国十九年)。

③ 这儿需要说明的是，据原始史料记载为 59 人，但存在兼职现象。例如：白象锦既为保晋公司总部的副经理，又为大同分公司的分副经理。因此，就岗位设置与职位而言，原始史料中记载为 59 人，但事实上，具体到自然人个体而言，实际上应当为 58 人。

"刘百万"和山西办电的创始人，出任经理前，曾担任过清朝政府的刑部主事和山西商会会长。[①] 保晋公司第四任经理则由晋商外贸世家榆次常氏家族的第 14 世后人常旭春担任。光绪三十三年（1907），聘定英国人德鉴明、高克宁二人为矿师；光绪三十四年（1908），呈准官厅招集商股并续聘英国人阿特来、马丁二人充任矿师；宣统三年（1911），续聘德国人贝哈格为顾问矿师，并聘德人赛斐尔为矿师。[②]

保晋公司运作到后期，在录用与任命高层管理人员及重要职员时，特别注重学历与矿业知识的要求，职员的学历层次得到了大幅度提升。截至民国二十五年（1936），保晋公司的经理、协理、总稽核和总工程师，以及各矿厂的坑务主任，都是大学毕业生。他们当中许多人是来自国内外著名大学的高才生，同时拥有丰富的矿业知识和实践经验。例如，总公司第四任经理常旭春是山西大学教授，协理白象锦是英国威尔士大学矿科毕业生，总稽核杨仁显是英国伦敦帝国大学毕业生，总工程师兼工程课长张景良是英国威尔士大学毕业生。民国二十五年（1936），保晋公司总公司机关共有职员 75 名，其中大学毕业生 17 名，占总数的 22.67%；阳泉各矿厂职员 68 名，其中大学毕业生 15 名，占总数的 22.06%。[③]

再者，值得关注的是，随着国人矿业理论知识与实践技能的逐步提升，保晋公司运作到后期，渐渐摆脱了对洋人的技术依赖，辞退了洋矿师，而聘用中国矿师。民国二年（1913），保晋公司辞退外国矿师，聘任赵奇英为矿师，此后，保晋公司再也没有聘任过洋人担任专职矿师。

（2）保晋公司矿工的招募　保晋公司"各矿厂雇用各项工人时，得由各矿厂自行雇用，其雇工之时，当验明该工人体格精壮，毫无嗜好、疾病，为合格。"[④] 保晋公司的矿工雇佣量，随着业务与规模的不断拓展，由少到多，逐步增长。"民国七年（1918）保晋公司阳泉各矿厂矿工总数为 792 人，民国九年（1920）为 1 774 人，到民国二十三年（1934）增加到 2 291 人。"[⑤] 保晋公司的矿工来源主要有两个渠道，一是当地血统矿工，二是破产农民和手工业者。

保晋公司在矿工招募过程中，主要立足于在矿厂所在周边及其邻近区域招录矿工。据《平定阳泉附近保晋煤矿报告》记载：民国九年（1920），阳泉各矿厂中，

---

①《阳泉煤矿史》编写组：《阳泉煤矿史》，山西人民出版社 1985 年版，第 44—45 页。

② 常旭春、白象锦：《保晋公司报告书稿 · 本公司大事记》（民国十九年）。

③《阳泉煤矿史》编写组：《阳泉煤矿史》，山西人民出版社 1985 年版，第 49—50 页。

④《保晋公司矿工服务细则》收录于虞和寅：《平定阳泉附近保晋煤矿报告》，民国十五年（1926）三月，农商部矿政司印行。

⑤《阳泉煤矿史》编写组：《阳泉煤矿史》，山西人民出版社 1985 年版，第 52 页。

平定人占 77%，盂县人占 8%，井陉人占 7%，昔阳人占 3%，其他地方人占 5%。①民国十九年（1930）十二月，保晋公司各矿厂共有 2 884 名矿工，其中山西省籍矿工最多，计有 2 488 人，占 86.27%；河北省籍矿工次之，计有 333 人，占 11.55%；其他省籍矿工为数很少，仅为 63 人，占 2.18%。保晋公司各矿厂山西省籍矿工为 2 488 人，其中平定 1 208 人，占 48.55%；盂县 340 人，占 13.67%；昔阳 39 人，占 1.57%；寿阳 83 人，占 3.34%；大同 304 人，占 12.22%；浑源 51 人，占 2.05%；怀仁 59 人，占 2.37%；晋城 185 人，占 7.44%、山西其他各县 219 人，占 8.80%。不难发现，在山西籍矿工中，以保晋公司总部及各分公司煤炭主产地及其邻近县域矿工居多，保晋公司所属四大矿区平定、大同、晋城、寿阳籍矿工共计 1 780 人，占保晋公司山西籍矿工总数的 71.54%。特别是保晋公司总部及主要矿厂所在地的平定，其血统矿工数高达 1 208 人，占保晋公司山西籍矿工总数的 48.55%，占保晋公司全部矿工总数的 41.89%。上述原始数据见表 4–2。可见，平定籍的矿工在保晋公司中占有绝对比重。

表 4–2　保晋公司民国十九年（1930）十二月各矿工人籍贯表②

人

籍贯	工别					
	采煤工	运煤工	司机工	提水工	其他工	共计
平定	730	209	23	70	176	1 208
盂县	310	28	—	2	—	340
昔阳	30	9	—	—	—	39
寿阳	12	24	12	4	31	83
大同	91	135	22	2	54	304
浑源	30	12	4	—	5	51
怀仁	10	12	22	1	14	59
晋城	105	33	3	17	27	185
山西其他县	38	52	33	15	81	219
小计	1 356	514	119	111	388	2 488

①《阳泉煤矿史》编写组：《阳泉煤矿史》，山西人民出版社 1985 年版，第 52 页。
② 常旭春、白象锦：《保晋公司报告书稿 · 第八章　工人》（民国十九年）。

续表

籍贯	工别					
	采煤工	运煤工	司机工	提水工	其他工	共计
河北井陉	62	6	3	5	3	79
河北曲阳	50	33	—	—	12	95
河北其他县	55	39	36	—	29	159
小计	167	78	39	5	44	333
其他地	17	16	13	11	6	63
总计	1 540	608	171	127	438	2 884

保晋公司在矿工招募过程中，之所以就近取材，主要缘于以下几方面考虑：①避免不必要的外出招聘成本费用的列支，在较大程度上节约招聘成本。保晋公司曾在阳泉矿区的蒙村设立招工点，分期分批招收工人。[①] ②绝大多数的本地矿工，可以自行解决食宿问题，能够在较大程度上减少保晋公司的后续人力成本支出。③雇佣本地矿工，避免了其背井离乡之苦，思想较为稳定，有利于保障生产经营活动的正常开展。④保晋公司矿区所在地有悠久的煤炭开采历史，许多当地血统矿工拥有丰富的煤炭开采经验、安全常识与专业技能，不仅可以节省大额的后续培训成本，而且能够在较大程度上避免安全事故，提升生产效能。

平定籍矿工之所以在保晋公司中占有绝对比重，既缘于保晋公司在薪酬福利、工作环境及条件等方面的大力宣传与就近招募，更缘于当地悠久的煤炭开采历史及世人所积累与具备的煤炭开采经验与技能。

平定是驰名中外的无烟煤产地，勤劳勇敢的平定人民在长期的生产实践中，发现了煤炭、开采了煤炭、利用了煤炭，用自己勤劳的双手，谱写了悠久而闪光的煤炭开发史。“平定土产以炭为最……坚黑而光，极有火力。岁入国朝，矿产越胜，名扬四海。”[②] 平定人民至迟于北宋时期已经开始开采与利用煤炭了。[③] 明洪武四年（1371）成书的《太原府志》，在记述平定物产时说：“炭窑二处，西沟一处，谷里一处。”据《明一统志》记载，明代平定的煤炭开采业已经达到了一定的规模。明万历之前，平定老百姓已普遍把煤炭用于炊事方面。平定城内“酿家

①《阳泉煤矿史》编写组：《阳泉煤矿史》，山西人民出版社 1985 年版，第 52 页。

② 冯司直：《石艾乙巳御英保矿纪闻序》，清宣统二年（1910）。

③《阳泉煤矿史》编写组：《阳泉煤矿史》，山西人民出版社 1985 年版，第 4 页。

尤甚”，煤渣倒入嘉河床内，久之，堆积成山，阻塞河道。盛夏，山水骤发，河水猛涨，两岸居民的生命财产受到严重威胁。[①]清际，平定地区的煤炭开发得到更为广泛的发展，乾隆年间的《平定州志》，把煤炭列在物产志的第一位。据乾隆《平定州志》记载，“平定土产，以炭为最……土人每视山上石脉，即知炭之有无。”那时，平定人民除用炭炊事外，还用其取暖，平定州所辖的东沟、岭上、西锁簧和石卜咀、平潭等村镇都有火炕。[②]到了清末，平定地区的小煤窑星罗棋布，简直像马蜂窝一般。清末，仅阳泉蒙村一地，就有煤窑十数座，环居蒙村的居民有二百余家，其中“朝而往，暮而来，奔走于窑冶者则十有八九”[③]。民国元年（1912）九月，孙中山先生乘火车经平定到太原，看到平定地区星罗棋布的小煤窑，遂提出了“以平定煤铸太行铁”的宏伟构想，并且认为这样山西可以在全国实业界名列前茅。瑞典科学家新常富在其著作《晋矿》中称“平定之煤质，诚属无一不佳……可与片司非捏极善之煤并驾齐驱……更可贵者，其煤层有二十至三十尺之厚，利源广大，为富庶之渊薮！”平定县南坳镇蕴藏着大量的无烟煤，“分布在南坳、冠庄、冠庄垴、西锁簧、常家沟、宋家庄、贵石沟、庙沟等村。”[④]新城村“村境内煤炭资源十分丰富。”[⑤]“宋元之际，东锁簧村就有采煤业。明、清时代，煤炭生产更有发展。”[⑥]“河底有较丰富的煤炭资源……明朝中叶以来，历代村民以小煤窑形式土法开采。”[⑦]西河村村民在清代已经开始成群结队地进行煤炭开采与挖掘。[⑧]“张庄有丰富的煤炭资源……明末清初，村民以小煤窑形式土法开采……清朝末年，采煤规模逐渐扩大，新的生产方式开始萌芽。”[⑨]柳沟村“境内有较丰富的煤炭资源，煤的储藏面积占村面积的80%左右……元末明初以来，本村历经小煤窑及大煤矿规模化开采，开采量约占储藏量的80%以上……明末清初，规模逐渐扩大。清光绪年间，比较大的煤窑有老虎沟底的‘晋丰’窑，老虎沟掌的‘杨树’窑，塔杏沟的‘玉山窑’等。”[⑩]理家庄村“煤炭开采约始于清

---

① （清）赖昌期：《平定州志》卷二，光绪八年（1882）版。
② 《阳泉煤矿史》编写组：《阳泉煤矿史》，山西人民出版社1985年版，第9页。
③ 清光绪十三年（1887）蒙村清泉亭庙内所立石碑。
④ 平定县南坳镇志编纂委员会：《南坳镇志》，海潮出版社1998年版，第70页。
⑤ 王秀年：《新城村志》（未公开发行），2006年版，第64页。
⑥ 山西省东锁簧村志编纂委员会：《东锁簧村志》，方志出版社2002年版，第88页。
⑦ 要宜慎：《河底村志》，山西古籍出版社1996年版，第60页。
⑧ 《西河村村史》编纂委员会：《西河村村史》（未公开发行），1998年版，第22—23页。
⑨ 尹崇富：《张庄村志》，北岳文艺出版社1999年版，第71页。
⑩ 阎骥麟：《柳沟村志》，远方出版社2004年版，第77页。

乾嘉时期……至清末，全村有煤窑4座，从业人员约60人。”[①]清朝人李燧在平定游历时看到“地出铁矿，穷民皆采铁为生”[②]，而要炼铁是绝对离不开煤炭作为燃料的。《平定州志》记载：“嘉庆二十四年（1819）四月，大雨淤没固庄沟炭窑，内淹浸工人驴骡四五十口”，说明当时平定的煤炭开采已经形成了一定的规模。清代，大批的晋、冀两地商人通过娘子关将平定丰富的煤、铁产品运往河北井陉[③]，进而转销广大华北地区。综上所述，可见平定地区人民很早就发现并利用了煤炭，特别是时至清末，煤炭开采业已成为平定人民赖以生存、不可或缺的支柱行业。因此，伴随保晋公司总部由太原迁至平定县阳泉火车站附近，特别是保晋公司平定六大矿厂的开设，大批量的平定本地血统矿工投身于保晋煤业建设之中。

保晋公司矿工的另一个主要来源是无以为生的农民和破产的手工业者。在清朝末期，由于内忧外患及各种条件的综合影响，山西省境内不少农民和手工业者倾了家、荡了产，成了无产者。为了生存，他们只得靠出卖苦力为生，规模庞大的保晋公司自然就成了他们较为理想的选择。[④]

2.保晋公司人员的配置

（1）保晋公司职员的配置　保晋公司在行政管理系统内部职员配置过程中，客观上遵循了定岗、定编、定员的现代人力资源管理理念。“公司总、协理以次，设稽核处，并设收支会计、文书、庶务各课，其人员及办事组织、规则另定之……各分号每号酌设经理、技师、司事等职，秉承总、协理管理各项事务，办事规则另定之。”[⑤]保晋公司在配置职员时，根据内设组织或机构管理职能范畴的大小、区位的远近及业务的差异而区别设置。例如，民国十九年（1930）常旭春、白象锦：《保晋公司报告书稿·本公司重要职员姓名录》共收录与记载保晋公司当时的重要职员共59人[⑥]，其中：总公司12人，占20.34%；平定第一矿厂2人，占3.39%；平定第二矿厂2人，占3.39%；平定第三矿厂3人，占5.08%；

①《理家庄村志》编纂委员会：《理家庄村志》，北岳文艺出版社2004年版，第107页。

②（清）李燧：《晋游日记》，卷一。见（清）李燧、李宏龄：《晋游日记▪同舟忠告▪山西票商成败记》，黄鉴晖（校注），山西经济出版社2003年版，第21页。

③ 朱玉芳：《娘子关志》，中华书局2000年版，第102页。

④《阳泉煤矿史》编写组：《阳泉煤矿史》，山西人民出版社1985年版，第52页。

⑤ 民国八年（1919）十月二十四日奉部批准并备案之《山西保晋矿务公司章程·第四节　职任》。

⑥ 这儿需要说明的是，在其记载的59人中，存在兼职现象。例如，白象锦既为保晋公司总部的副经理，又为大同分公司的分副经理。因此，就岗位设置与职位而言，我们应当取史料中记载的59人，但具体到自然人个体而言，实际上应当为58人。

平定第四矿厂1人，占1.69%；平定第六矿厂2人，占3.39%；石家庄分公司2人，占3.39%；保定、北平、寿阳、晋城分公司各人1，分别占1.69%；大同分公司16人，占27.12%；太原分销处1人，占1.69%；寿榆分销处1人，占1.69%；保晋公司铁厂13人，占22.03%。[①]可见，保晋公司在配置重要职员时，在岗位与人数上倾向并侧重于总公司、大同分公司及保晋公司铁厂，分别占20.34%、27.12%及22.03%的比重，合计占69.49%的比重；至于平定所设各矿厂、各分公司及各分销处则配置的重要职员人数均较少，所占比重都小。著者认为，保晋公司之所以如此安设与配置职员，缘于公司内设各组织及机构行政管理职能范畴的大小、区位的远近及业务的差异。保晋公司总部对于各矿厂、各分公司、各分销处及保晋铁厂均负有宏观管理与总体调控职能，因此在管理岗位设置与人员配置方面予以了倾斜。保晋公司大同分公司，由于生产规模相对较大，特别是远离保晋公司总部，在行政调控与管理方面存在较大时差，为了便于及时进行业务管理，大同分公司在行政管理岗位设置及其职员配备方面也得到了重点扶持。至于保晋铁厂，尽管与保晋公司总部处于同一地域内，但缘于煤炭开采与钢铁铸造在业务上的较大差异，故而不得不增设必要的管理科室并配备相应职员。平定所设各矿厂，由于均与保晋公司总部在同一辖区内，便于“就近统摄”[②]，因此，管理职员配备相对较少。至于各分公司及各分销处，则由于业务相对单一，故而，职员配备也相对较少。

（2）保晋公司矿工的配置　保晋公司各矿工人，就工种而言，“大别之可分为：采煤、运煤、司机、提水、其他五种”；就工作形式而言，“大致分为日工、月工、包工及临时包工四项。凡修路、通风、提水、挂钩、撤钩、推车、抬煤、上油、点灯等工，均属日工。采煤、运煤等工，均属包工。司机及领工并各处差役，均属月工。凡遇特别建筑，或坑内外特别工程，如开凿石洞、开辟厂面等，均属临时包工”；就作息时间而言，“各项工人工作时间，按当地习惯，每日分为昼、夜两班，每人工作十小时，上班下班均由锅炉房放汽笛为号”[③]；就工作地

---

① 上述分析之相关数据，系著者依据常旭春、白象锦：《保晋公司报告书稿·本公司重要职员姓名录》（民国十九年）统计与分析而得。

② 常旭春、白象锦：《保晋公司报告书稿·第一章　本公司沿革》（民国十九年）。

③ 常旭春、白象锦：《保晋公司报告书稿·第八章　工人》（民国十九年）。另据民国十五年（1926）三月出版，由虞和寅所著的《平定阳泉附近保晋煤矿报告》中所录《保晋公司矿工服务细则》记载“各矿厂各种工作之时间，每日均以八点为限，而坑内坑外之工作，每日分三班。早班由六点至晚二点，晚班由二点至夜十点，夜班由十点至早六点。”说明保晋公司矿工的每班劳动时间曾经发生过动态变动，20世纪20年代前后应当为每班8小时，到20世纪30年代前后，则调整为每班10小时。

点而言，“分坑内、坑外。其坑内，分采煤、运煤、修路、通风、提水、挂钩六种工作；其坑外，分提煤、撤钩、推车、堆煤、上油、点灯、司机械、司锅炉、木作、泥作十种工作。所有各种工人，俱分头目及小工两项。”①

保晋公司矿工主要包括采煤工、运煤工、司机工、提水工、其他工等工种，其中采煤工与运煤工所占比重较大。下面，我们以民国十九年（1930）十二月的资料为例加以说明（表4-3）。其时，保晋公司矿工总数为2 884人，其中采煤工1 540人，占53.40%；运煤工608人，占21.08%；司机工171人，占5.93%；提水工127人，占4.40%；其他工438人，占15.19%。可见，采煤工在所有工种中占有绝对主体地位，运煤工次之，其他各工种所占比重则相对较小。

表4-3　保晋公司民国十九年（1930）十二月各矿工人名额及其工种统计表②

人

厂名	工别					
	采煤工	运煤工	司机工	提水工	其他工	共计
第一矿厂	312	26	23	49	124	534
第二矿厂	386	105	16	2	33	542
第三矿厂	207	82	9	—	23	321
第四矿厂	135	24	4	29	3	195
第六矿厂	80	12	2	1	8	103
修械股	—	—	15	1	11	27
小计	1 120	249	69	82	202	1 722
大同	278	273	93	6	184	834
寿阳	31	46	3	3	25	108
晋城	111	40	6	36	27	220
合计	1 540	608	171	127	438	2 884

另据上表可知，保晋公司所属平定、大同、寿阳、晋城四大矿区中，鉴于所设矿厂规模与业务的差异，矿工数量分布也相差悬殊。在民国十九年（1930）十二月在册的2 884名矿工中，平定矿区为1 722人，占59.71%；大同矿区为834人，占28.92%；寿阳矿区为108人，占3.74%；晋城矿区为220人，占7.63%。不难发现，平定矿区的矿工数量在保晋公司中占有绝对比重。

①《保晋公司矿工服务细则》。
② 常旭春、白象锦：《保晋公司报告书稿·第八章　工人》（民国十九年）。

（三）保晋公司人员的培训与开发

员工的培训与开发是企业人力资源管理的重要环节，煤炭类企业从业人员的入职岗前培训及后续教育培训显得更为重要，其不仅直接影响着企业的安全稳定生产与经济效益提升，更关乎着广大从业人员的人身安危。因此，绝大部分煤炭类企业历来都比较重视对从业人员的培训与后续开发。保晋公司作为一个煤炭类生产企业，为了最大限度地追求经济效益，为了尽可能避免意外事故而不至于影响正常生产及造成不必要的经济损失，在某种程度上也开展对矿工的理论知识与专业技能培训。保晋公司在蒙村设立招工点，分期分批招收工人，并且进行入职前培训，培训合格方可上岗。从民国八年（1919）三月一日起，保晋公司每期招收矿工300名，培训期为3个月。培训教材有《矿工须知》《矿务大意》等。除了学习理论教材，保晋公司还挑选富有实践经验的工头讲授基本采煤技术。培训期满，考核通过，即分配到各矿厂从事生产。[①]

尽管保晋公司在一定程度上开展从业人员的专业培训，但实际上，无论是管理者，还是矿工，其安全防范意识都比较淡薄，违规违纪现象屡见不鲜，安全责任事故频频发生。例如，保晋公司第二矿厂即燕子沟煤矿，在2年时间内，先后发生重大责任事故3起，11名矿工丧生，13名矿工致残。清宣统元年五月十一日（1909.6.28），油灯引起瓦斯燃烧，当即致死1人，致伤7人；清宣统元年六月四日（1909.7.20），矿工在用香烟点燃黑色炸药时，又引起了瓦斯爆炸，井内3人和井口5人，全被炸得骨肉横飞，无一生还；清宣统三年（1911）六月，又因井下矿工点火吸烟，引起瓦斯燃烧，结果烧死2人，烧伤6人。[②]上述三次事故，分别缘于从业矿工油灯使用不当、点火技术失误及违规点火吸烟，都是人为因素造成，如果遵规守纪并谨慎小心作业，则这几起事故完全可以避免。可见，保晋公司对从业人员的安全理论灌输与专业技能培训是相对薄弱与滞后的。

（四）保晋公司的绩效管理

绩效是组织期望的结果，也是组织为实现其目标而展现在不同层面上的有效输出，它包括组织绩效和个人绩效两方面内容。组织绩效的实现以个人绩效的实现为基础，但个人绩效的实现并不一定能保证组织绩效的实现。如果组织绩效按一定的逻辑关系被层层分解到每一个工作岗位及每一位从业人员，只有每个人都达到了组织目标的既定要求，组织绩效才可能实现。绩效管理是指各级管理者及

①《阳泉煤矿史》编写组：《阳泉煤矿史》，山西人民出版社1985年版，第52页。
②《阳泉煤矿史》编写组：《阳泉煤矿史》，山西人民出版社1985年版，第99页。

每位从业人员为了最终实现组织目标而共同参与的绩效计划制定、绩效辅导与沟通、绩效考核与评价、绩效结果应用、绩效目标提升的持续循环过程。绩效管理的目的是持续提升个人、部门和组织的绩效，绩效管理是所有人力资源管理和企业管理中最为复杂与高难度的工作。绩效管理的对象是人，人和机器的根本区别在于，人有思想、有情绪，而且始终处于动态变化过程之中，直接关系到其业绩的波动。人力资源投资本质上就是一种高风险与高收益并存的投资。下面，著者拟从组织与个人两个不同纬度，对保晋公司的绩效管理状况进行相应的评价。

1.保晋公司的组织绩效管理

组织绩效是指组织在某一段时期内组织任务完成的数量、质量、效率及赢利情况。组织绩效管理最核心的内容是组织绩效评价。组织绩效评价是管理者运用一定的指标体系对组织的整体运营效果做出的概括性评价，通过有效评价可以揭示组织的运营能力、偿债能力、赢利能力和对社会的贡献，为投资者、决策者、各级管理人员及其他利益相关者提供相关信息，为改善组织绩效指明一定的发展方向。在具体的实践运作过程中，战略取向、高层管理、组织结构、组织变革、组织内部的信任关系等因素都直接影响着组织绩效的实现。囿于保晋公司相关原始史料的匮乏，著者无法对其组织绩效展开相应的定量分析，现仅就上述五方面因素对于保晋公司组织绩效的影响评析如下。

（1）保晋公司的战略取向对其组织绩效的影响　任何一个经济组织的战略取向都决定了该组织的经营范围、营业对象及所采取的竞争战略，其不仅影响着宏观层面上的组织绩效，又影响着微观层面上的组织结构。绝大部分的成功企业，在战略取向方面一般都有以下三个特征，即接近顾客、快速反应与焦点清晰。

通常情况下，一个高绩效的经济组织应当是顾客驱动型的，其主流的价值观应当是最大限度地满足顾客的需要。保晋公司作为一个近代工矿企业，无论是前期单纯的原煤产品，还是后期主产煤炭并兼营钢铁生产，相对而言，其外在需求市场是比较庞大的，因此，据著者现收史料发现，保晋当局几乎没有进行过专门的市场调研与拓展。纵观保晋公司整个发展历程，始终缺乏市场导向，缺乏服务顾客意识，这种价值取向在保晋公司的创办期、奠基期及扩充期缺陷并不明显，但时至呆滞期与衰落期，保晋公司“销路窒塞，销额亦逊……自民国十四年（1925）至民国十九年（1930）年底，营业疲滞，逐年亏累，截至年终，尚亏洋 24 800 余元。”[①] 保晋公司运营到后期，之所以出现滞销局面，除缘于帝国主义的大肆经济入侵、强取豪夺，国民政府及封建军阀多如牛毛的苛捐杂税与肆意侵

① 常旭春、白象锦：《保晋公司报告书稿 · 第九章 本公司营业状况》（民国十九年）。

压，战乱不断、时局不靖，超乎寻常的高昂运输费用等诸多客观外在因素外，缺乏必要的前期市场调研、市场预测与服务顾客的导向与意识，是其市场萎缩、营业疲滞的内在主观原因。

同时，绝大部分的高绩效组织对于与自身相关的问题和机遇一般都能做出迅速的反应。保晋公司作为一个近代工矿类企业，投资大且周期长，生产技术与营业方针不宜反复变动与调整，这是其企业特性使然，但总体而言，著者认为，保晋公司在各种内外信息的捕捉与处理上，或多或少存在一定程度的滞后性。

最后，著者认为一个成功的、高绩效的经济组织，应当是焦点清晰、目标明确的，也就是说，组织战略应当具有一定的持续性，不宜时常进行业务间的转换。综观保晋公司的整个发展历程，总体的战略目标定位是相当明确的，始终聚焦于煤炭开采，尽管保晋公司董事会于民国六年（1917）议决设立保晋铁厂，在营业范围上，由单一采矿向兼营铁业转变，实现了两元化经营，但毕竟没有脱离以煤炭为基的资源型重工业营业范畴，并没有影响保晋公司煤炭开采的主流特性。由于保晋公司业务战略目标定位的准确性与持久性，在较大程度上有利于指导、保障与促进保晋公司的持续、健康、快速发展。

（2）保晋公司的高层管理对其组织绩效的影响　高层管理人员的职业情操、专业知识、业务能力、战略思维等都直接影响着企业的组织绩效。

①保晋公司运营前期，所聘任的高层管理人员绝大部分是日趋衰落、谋求转型的传统封建晋商及其代表人物，他们有创业的内在需求与冲动，也在山西争矿运动过程中，奠定了良好的群众基础，但他们本身的传统封建思想根深蒂固、官本位倾向相当严重，缺乏必要的矿业知识，重大决策具有极大的盲目性。

保晋公司前期所推选或聘任的高层管理人员，由于官本位思想严重，缺乏持久与稳定的职业心态，不是主动引退，就是根本谢绝上任，频频变动，人心不稳。清宣统二年（1910），渠本翘赴京供职，董事局将其推为主持总理，另推刘笃敬为坐办总理；民国元年（1912），“渠总理、曾协理函请辞职”；民国五年（1916）七月，刘笃敬以年老力衰为由，竭力辞职；民国十一年（1922）十月，崔廷献调任河东道尹，坚请辞职；民国十一年（1922年）十二月，董事公推乔殿森为正经理，未就；民国十二年（1923）一月，董事会另推乔映霞为正经理，未到任前；民国十四年（1925）七月十日，保晋公司召开第十次股东会，曾（纪纲）副经理请辞职。[①]

可见，保晋公司运营前期，所聘主要高层管理人员的思想状态很不稳定，在

① 常旭春、白象锦：《保晋公司报告书稿·本公司大事记》（民国十九年）。

仕途与从商二者的比较与权衡之后，纷纷弃商而从政，频繁的离职或调整极大程度上影响着保晋公司的正常运营。再者，前期的高层管理人员，尽管绝大部分都是具有一定地位与声望，富有一定商战经验的社会知名人士，但他们对于矿业生产与管理却是外行，缺乏必要的矿业知识与管理能力，这一缺陷在保晋公司日后的运营中日益凸显，极大程度上阻滞了保晋公司的正常运营。同时，由于这些高层管理人员缺乏必要的风险评估与预测意识，而且存在家长制管理倾向，因此，造成了个别决策的重大失误，给保晋公司的发展造成了致命的打击。例如，"赎矿之款，原恃各县亩捐拨用，迨至宣统元年（1909），山西大吏因亩捐收数年仅30余万两，不敷按批交付赎款之用，欲向商家借垫款项，利息多在1分以上，因向本公司将所集股本暂时借用1 179 305两9钱3分，即照本公司股息8厘之数出息。前总理渠本翘京卿，顾念矿案为地方公益所关，慨允借垫……乃自民元（1912）后，亩捐挪作别用，垫款难以归还，经本公司迭向省宪交涉，直至民国九年（1920）五月，始行陆续收回，而所欠利息70余万元，经省长指定，作为报效地方公益之款。"[①] 可见，由于渠本翘的盲目决断，代垫巨额赎矿款，本金延期回收，利息全部打了水漂。由于资金供应的长期匮乏，对保晋公司的发展造成了致命的一击。

②保晋公司运作到后期，高层管理人员的任用重点向拥有一定的理论知识与实践经验的高学历矿业人才倾斜。保晋公司第四任总经理常旭春是山西大学教授，协理白象锦是英国威尔士大学矿科毕业生，总稽核杨仁显是英国伦敦帝国大学毕业生，总工程师兼工程课长张景良是英国威尔士大学毕业生。新式矿业人才充任高层管理人员，业务上容易进行沟通与交流，思想上容易达成共识，他们针对保晋公司的客观现状，对机构设置与人员录用进行改革与调整，富有一定的实效性，在一定程度上有利于保晋公司的后续发展。

（3）保晋公司的组织结构对其组织绩效的影响　保晋公司的组织机构建设，鉴于外在客观情势及内在管理绩效的双重需求，而不断动态调整与适时变动。①保晋公司自清光绪三十四年六月初三日（1908.7.1）正式创办，直至清宣统二年（1910）九月，在创办初期的2年多时间里，保晋公司的组织机构比较单一。其间，"局面极其狭小，规模尤属简陋……一切组织，多采取汇票庄之形式。"[②] 这一时期，保晋公司仅仅构建了最为简洁的组织构架，勉强能够开门营业，经济效益无从谈起。②自清宣统二年（1910）十月保晋公司第1次股东会议召开，直至

① 常旭春、白象锦：《保晋公司报告书稿·第二章 本公司股份》（民国十九年）。
② 常旭春、白象锦：《保晋公司报告书稿·第三章 本公司组织》（民国十九年）。

民国九年（1920）十二月十四日，在这10年多的时间里，保晋公司的组织机构历经了数次变动与调整。特别值得关注的是，清宣统二年（1910）十月，保晋公司组织召开的第1次股东会议，增设了董事会与监察人员，在一定程度上保障了企业重大决策的科学性，较为有效地遏制了营私舞弊与违章乱纪行为。③民国九年（1920）十二月十五日，保晋公司组织召开了第6次股东会议，议修章程，组建了较为完善的组织机构，一直到民国十九年（1930），这10年期间，保晋公司的组织机构都没有什么大的变动，比较平稳。这一时期，保晋公司以股东会为主权机关、以董事会为领导机关、以公司为执行机关，建立了权责分明、管理有效的公司内部治理结构，在很大程度上保障了企业的正常业务运营。但时至后期，“惟此项组织，行之有年，不无窒碍”[①]，由于缺乏必要的适时变动与调整，也在一定程度上影响了保晋公司的正常发展。④民国二十年（1931）一月至民国二十六年（1937）十月三十日，保晋公司的内部组织机构进行了相应的调整，旨在“总期事权统一，系统划然，脉络贯通，而收指臂相关之效”[②]，适时的机构动态调整，在一定程度上延缓了保晋公司的衰落进程。

（4）保晋公司的组织变革对其组织绩效的影响　保晋公司除根据业务发展及内部经营管理的需要对其组织结构进行适度调整外，富有代表性的组织变革有两次，均产生了一定程度的正效应。

①保晋公司第一次组织变革及其绩效。保晋公司在初创阶段，经营一直处于不佳状态，这固然是多种原因造成的，但就公司本身而言，最主要的是用人不当和实行全公司统一经济核算。实行全公司统一经济核算，各分公司相互依赖，吃大锅饭，很不利于调动各自的积极性。大量使用旧商号人员来管理矿厂的生产经营活动，又势必造成盲目指挥。民国五年（1916）八月，保晋公司总部从太原海子边迁到阳泉火车站附近之后，重点针对上述问题，进行了首次重大变革。保晋公司变全公司统一核算为各分公司独立核算；取消平定分公司，阳泉各矿厂归总公司直接管辖，各矿厂独立核算，自负盈亏，并鼓励竞争。另外，辞退了不少旧商号人员，招聘了一些精通矿业和商业的专门人才，把山西大学的一些矿业教员和留学生招来，作为生产技术和经营管理骨干。这次改革是比较成功的。经济核算单位的改变，调动了各矿厂的生产积极性；内行管理企业，提高了企业的管理水平。这次改革为保晋公司后来的短期繁荣奠定了组织和人员基础。[③]

① 常旭春、白象锦：《保晋公司报告书稿·第十章　本公司将来进行计划》（民国十九年）。
② 常旭春、白象锦：《保晋公司报告书稿·第十章　本公司将来进行计划》（民国十九年）。
③《阳泉煤矿史》编写组：《阳泉煤矿史》，山西人民出版社1985年版，第47页。

②保晋公司第二次组织变革及其绩效。保晋公司运作到后期，机构逐渐臃肿起来，人浮于事的问题非常突出。多层领导，盲目指挥，使被领导者无所适从，尤其是阳泉各矿厂的厂长，滋长了严重的官僚生活作风，他们只拿薪金，不问生产，矿厂经营不景气。矿厂的生产，由坑务员（亦即领事）直接承揽给把头（领岔）。把头自己雇佣工人。工人和矿厂不发生直接联系，他们的劳动由把头安排，他们的工资由把头发给。唯一和矿厂发生联系的是把头，他们不劳动，只是通过剥削雇工而大获其利。工人受不了把头的残酷剥削，劳动情绪低下，同把头的矛盾日益尖锐起来。民国十七年（1928 年）十二月，白象锦任保晋公司总公司副经理后，对保晋公司的组织机构现状进行了认真分析，发现了其症结所在，并于民国二十一年（1932 年）[①]进行了创新性的改革。这次改革重点解决两个问题：一是精简机构，调整人员；二是程度不同地取消把头制。所谓精简机构，调整人员，就是撤掉那些不称职的厂长，抽调一批精通业务、有工作能力的内行担任坑务主任，以取代原先的厂长，主持矿厂事务；取消矿厂坑务、事务两课及其下属六股，仅设几名精干的坑务员和事务员，受坑务主任直接领导，具体管理矿厂事务。公司成立工程课，直接管理各矿厂的工程事项。所谓程度不同地取消把头制，是在大部分矿厂取消把头，由工人自愿组织一伙人，叫老伙班；矿厂把生产直接承包给老伙班，并按照生产完成情况，把工资付给他们，由他们自行分配。通过这次改革，使各矿厂实现了精兵简政，职员的官僚化作风受到有效的洗礼；取消把头制，减少了中间剥削，缓和了劳资矛盾，使工人的生产情绪有所高涨，生产效率有所提高。[②]

（5）保晋公司组织内部的信任关系对其组织绩效的影响　企业作为一个以盈利为目标的经济组织，应当在投资人、决策者、债权人、管理者及广大从业人员之间创建一种多维的立体化的信任关系。保晋公司由日趋衰落、谋求转型的传统封建晋商牵头创办，主张用人办事向以商务为宗，所聘人员许多是旧有山西票号或旧商号的职员，因此，在很大程度上继承了传统封建晋商的遗风，十分重视“忠义”与“诚信”，相对而言，保晋公司内部总体的信任关系应当是呈良好态势的。仅就各级职员之间的称谓而言，保晋公司规定“称谓亟须订定，不可沿用官场通称，总办理即称办理，依次或称某弟、或称某兄，凡大人、老爷等称，一概

① 关于保晋公司第二次组织变革的时间，据《阳泉煤矿史》记载为民国二十一年（1932），但著者查阅了收录到的有关保晋公司的相关史料，并没有发现这次改革的时间记载，另据现收史料分析，这次变革只可能在民国十九年（1930）以后，故著者认为在没有其他史料为证的情况下，我们暂以《阳泉煤矿史》记载的民国二十一年（1932）为凭。当然，这个时点有待进一步考证。

②《阳泉煤矿史》编写组：《阳泉煤矿史》，山西人民出版社 1985 年版，第 47—48 页。

禁除。”[①] 职员之间称兄道弟在一定程度上增进了同事间的亲情感，弱化了等级差异，有利于调动广大职员工作的积极性与主动性，提升工作绩效。但是，保晋公司作为一个企业，以获取最大经济利益为根本目标，投资人、决策者、债权人、管理者及广大从业人员之间存在不同程度的经济利益错位现象，导致在特定情况下，特定主体之间产生了一定的信任危机。保晋公司通过“米面柜”供应矿工米面，但贱买贵卖、缺斤短两，不断从矿工身上榨取膏血。“民国十三年（1924）七月，矿厂规定工人每从井下吊一车碎煤，付给1角2分的工钱，可是到发工钱的时候，却硬要按8分算。”[②] 保晋公司管理者通过名义上的福利机构“米面柜”、工资结算等方式，不断加强对矿工的盘剥，致使信用缺失。保晋公司运营前期，实行“把头制”，矿工受雇于把头，不与矿厂发生直接联系。把头不劳动，通过榨取矿工们的血汗而大获其利，矿工深受其害。尽管把头与保晋公司当局并非经济利益共同体，但由于矿工对把头盘剥的抵制情绪，继而对保晋当局也产生了极大程度的不信任感，劳动效率低下。

2. 保晋公司的个人绩效管理

个人绩效是指企业员工在工作过程中所表现出来的与组织目标相关且能够被评价的工作业绩、工作能力和工作态度。企业员工个人工作绩效的优劣，不是由某项单一因素决定，而是受制于知识、激励、能力、环境等多种主观与客观因素的综合影响。同时，我们还应当清晰地认识到，每位企业员工的工作绩效都具有一定的动态变动性，随着时间的推移，由于激励机制、能力水平及环境因素的变化，原来效益差的员工也可能获得相对性的改进、提高；同样，原先业绩优良的员工，也可能会退步、变差。绩效管理是管理者确保员工的工作活动以及工作产出能够与组织的目标保持一致的过程。在一些情况下，许多人把绩效管理与绩效评价混为一谈，其实二者并不等同。绩效管理比绩效评价的范畴更大，不仅要评价员工的绩效，还要对考核对象进行奖惩，旨在促进其改进与最终提升绩效。绩效管理的具体过程主要包括四步，即制订绩效计划→实施绩效评价→提供绩效反馈→指导绩效改进。企业对员工实施个人绩效考核，不是为评价而评价，也不是为考核而考核，其根本初衷是帮助员工提升个人工作绩效，最终保证与促进组织目标的实现。下面，我们试析保晋公司对于职员与矿工的绩效管理。

（1）保晋公司职员的绩效管理　保晋公司职员，是保晋公司行政管理系统的从业人员，他们不直接从事具体的生产活动，而是间接地服务于保晋公司的生产

① 1908年10月7日《晋阳公报》。

②《阳泉煤矿史》编写组：《阳泉煤矿史》，山西人民出版社1985年版，第101页。

经营活动。保晋公司对于职员的绩效管理，侧重于职业态度、职业行为的评价与奖罚。民国二十三年（1934）三月三十一日，保晋公司大同矿业公司董事会在召开第1次常会会议时，议定“①经理薪水：第一级500元、第二级450元、第三级400元（现仍支第三级400元）；②协理薪水：第一级400元、第二级360元、第三级320元；③副理薪水：第一级320元、第二级280元、第三级240元。”①可见，每个高层管理岗位，均定有三个不同等级的薪金水准。每个高级管理岗位之所以都规定高、中、低三档薪水，主旨一定在于调动高层管理人员工作的积极性与主动性，最大限度地提升个人工作绩效。

保晋公司明文规定，“自总办理依次暨各分号号友，不得在本号零星支用银钱，以杜流弊，凡系己身用项，均须在外另行支取。”②“在事人等，如有舞弊等事，股东均有查察之权，如查有实据，按律罚办。”③“总、协理如侵蚀公司款项，经众股东查有实据者，应立时辞退，并着落赔缴；如抗不肯缴或缴不足数，众股东除禀官追究外，仍按律议罚。以次所用之人，如有此项情弊，总、协理亦照此办理。倘扶同隐饰，应将徇庇者一并议罚……总、协理如将公司款项移作别用，或潜营私利，一经觉察，众股东可从重议罚。以次所用之人，如有此项情事，经总、协理觉察者，亦照此办理……总、协理于月报、年报，报告不实，意图隐骗，及公司人等伪造股票息折、图记，骗取利息，一经发觉，众股东可送官严究，除罚办外，仍治以应得之咎。各分号有此等情弊，总、协理亦照此办理。”④“自总办理依次均不得沾染嗜好，暨酗酒嫖赌凡一切不名誉之事，违者以犯规论。”⑤由于保晋公司对职员的营私舞弊等行为制定了明确的惩罚办法，并加监察人随时检查，所以，保晋公司一般职员的营私舞弊现象少见发生，但也并不能从根本上杜绝。在崔廷献任经理期间，就和总稽核王骧串通一气，进行过营私舞弊活动。他俩在石家庄匿名私设售煤站，自赚了不少黑钱。⑥

（2）保晋公司矿工的绩效管理　保晋公司矿工，是企业经济利益的直接创收者，其在生产系统从事具体的实践工作。《保晋公司矿工服务细则》明文规定：“至工作疏忽者，轻者则罚扣工资，重则开除名额……各矿厂各种工人，对于执事人

---

① 民国二十三年（1934）三月三十一日：《大同矿业公司董事会民国二十三年（1934）第一次常会会议记录》。

② 1908年10月7日《晋阳公报》。

③《保晋矿务总公司简章》。

④ 民国八年（1919）十月二十四日奉部批准并备案之《山西保晋矿务公司章程·第十三节　惩罚》。

⑤ 1908年10月7日《晋阳公报》。

⑥《阳泉煤矿史》编写组：《阳泉煤矿史》，山西人民出版社1985年版，第50页。

员之指挥，务必服从。对于同等工人之交接，务必谦和。不得聚赌，不得豪饮，不得吸食鸦片，不得私服金丹，不得口角斗殴，不得挟带违禁货物，违者立即开除名额。”为了加强对矿工的监督，保晋公司还设有矿警队，随时弹压。《保晋公司矿警规则》规定：“各厂工役如有违章犯法情事，轻则由矿警酌办，重则备文送行官厅，依法惩办。”保晋公司虽然不乏对所属矿工职业态度与工作行为的约束性规定，但更注重其工作实绩、工作效果的考核。保晋公司包工制或计件工资制薪酬制度的设计均源于对矿工的经济绩效考核。

客观上讲，就保晋公司而言，无论是职员，还是矿工，保晋公司均侧重于其绩效的评价，而不注重甚至忽略了个人工作绩效的改进与提升。

（五）保晋公司的薪酬设计与福利管理

1.保晋公司的薪酬设计

保晋公司的薪酬设计灵活多样，对职员实行职务等级工资制，对矿工实行计件工资制或计时工资制。

（1）职员的薪酬设计　保晋公司对于职员推行职务等级工资制，依据职员职务的高低及能力的强弱来制定相应的级差工资。职员的能力越强、职务越高，则获得的工薪报酬就越高；反之，如果能力较弱、职务较低，则获得的工薪报酬就越低。同时，保晋公司对于职员的薪酬管理，遵循分级分层管理原则，“董事、监察人应得之报酬，由股东会议定；总、协理应支之薪水，由董事会规定。至总、协理以次各号友，均由总、协理酌定……自总、协理以次，除支薪水外，并给奖励金。其奖励金规则由董事会另定之。”[①]

据《民国二十三年（1934）保晋公司职员明细表》记载，当时保晋公司各级职员的平均月薪为：经理 300 元，协理 280 元，总稽核 260 元，总工程师 225 元，课长 136.25 元，股长 51.62 元，坑务主任 79.50 元，坑务员 34.43 元，事务员 18.80 元，练习生 12.30 元。[②]可见，保晋公司职员由于职位的差异，薪酬相差悬殊，最高级薪金为最低级薪金的 24 倍之多。

另据《大同矿业公司董事会民国二十三年（1934）第一次常会会议记录》记载，保晋公司大同矿业公司经理、协理、副理的薪水均定为三个不同级别，“①经理薪水：第一级 500 元、第二级 450 元、第三级 400 元（现仍支第三级 400 元）；②协理薪水：第一级 400 元、第二级 360 元、第三级 320 元；

① 民国八年（1919）十月二十四日奉部批准并备案之《山西保晋矿务公司章程·第七节　薪俸》。
②《阳泉煤矿史》编写组：《阳泉煤矿史》，山西人民出版社 1985 年版，第 50—51 页。

③副理薪水：第一级320元、第二级280元、第三级240元。”[①] 在实际支付薪水时，则根据这些高层管理人员在任职期间的客观工作绩效，由董事会决议支付某级薪水。同时，保晋公司大同矿业公司对于兼职职员，只发一份薪水，对于兼职业务，则以津贴的形式予以补贴，不发双份工资，“协理梁上椿支第二级薪，每月360元，因兼矿务局职务，暂不支薪，每月津贴120元……公司兼任员司，拟停发薪水，一律改支津贴。”[②]

（2）矿工的薪酬设计　保晋公司支付给矿工的劳务报酬，比照当地生活程度及其他矿厂同等工人之工资而定，实行计件工资制与计时工资制。“各矿厂发给工资，每月一次；发给日期，以月初发给上月者为度。”[③]

采煤工、运煤工及临时包工均实行计件工资制。采煤工在保晋公司全体矿工中占有主体地位，无论是前期的“把头制”，还是后期的“老伙班制”，均按采煤数量及进尺核给工资。运煤工是采煤工自己雇佣，并经公司许可的。临时包工则是公司进行特别建筑时雇佣的。[④] 上述工种主要依据实际提供劳务量的多寡、工程量的大小或实际产量来核定与支付劳务报酬。“采煤工价按重量计，运煤工价按车数计。每吨块煤之采煤工价，大洋8角至9角；每车块煤及末煤之转运工价，大洋3分；其有特别情形时，得酌量增减。”[⑤]

对于无法考核工作量的工种，保晋公司实行计时工资制。计时工资分日计时和月计时两种。“日工人为修路、通风、提水、挂钩、撤钩、推车、堆煤、上油、点灯、木作、泥作11种，其修路、通风、提水、挂钩等工价，每日每工大洋2角5分至2角8分；撤钩、推车、堆煤、上油、点灯等工价，每日每工大洋1角8分至2角3分。月工人为提煤、司锅炉2种，其工价每月每工8元至12元。”[⑥] 计时工资，除特殊技术工外，一般地要低于采煤工的工资。

除了计件工资和计时工资之外，保晋公司还规定了对矿工的奖励工资。“各矿厂工人，工作勤慎者，在平日均以加增工资为奖励；在年度时，均以格外给金

---

① 民国二十三年（1934）三月三十一日：《大同矿业公司董事会民国二十三年（1934）第一次常会会议记录》。

② 民国二十三年（1934）三月三十一日：《大同矿业公司董事会民国二十三年（1934）第一次常会会议记录》。

③《保晋公司矿工服务细则》。

④《阳泉煤矿史》编写组：《阳泉煤矿史》，山西人民出版社1985年版，第51页。

⑤《保晋公司矿工服务细则》。

⑥《保晋公司矿工服务细则》。

为奖励。”[①]事实上，这种奖励是微不足道的。平定第一、第二、第三矿厂逐年尚有盈利，其余矿厂经常亏损，连起码的工资都维持不住，奖金就更无从谈起了。[②]兹将民国十九年（1930）保晋公司各工种矿工的工资收入情况统计如下（表4–4）。

表4–4　保晋公司各种工人工作数目、工资暨每工平均所得工资统计表[③]

工别	项别		
	全年工作数 / 工	全年工资数 / 元	每日每工平均数 / 元
采煤工	370 008	243 077.66	0.657
运煤工	163 513	65 300.34	0.399[④]
司机工	65 324	26 817.33	0.411[⑤]
提水工	33 632	10 809.08	0.321
其他工	126 080	39 986.68	0.317[⑥]
共计	758 557	385 991.09[⑦]	0.509[⑧]

据上表有关数据可知，保晋公司采煤工民国十九年（1930）全年工作数为370 008工，占保晋公司当年工作总数的48.78%；该工种全年实得工资额为243 077.66元，占保晋公司全年实际支付工资总数的62.97%；再者，当年采煤工平均日工资为0.657元，超过了当年全体工种日平均工资的29.08%。可见，保晋公司采煤工的出勤数、实得薪金额在各工种中均占有最大比重，也是平均薪金水平最高的一个工种。

保晋公司的矿工尽管付出了辛劳的血汗，可是得到的报酬却少得可怜。以工资较其他工种为高的采煤工为例。据统计，民国七年（1918）至民国十一年（1922）的五年间，保晋公司阳泉各矿厂采煤工人的日平均工资徘徊在0.275元至0.419元之间，日平均工资为0.377元。按每月出勤23天计算，一个采煤工的月平均

①《保晋公司矿工服务细则》。

②《阳泉煤矿史》编写组：《阳泉煤矿史》，山西人民出版社1985年版，第51页。

③ 常旭春、白象锦：《保晋公司报告书稿·第八章　工人》（民国十九年）。

④ 此处，据原史料记载为0.400，但著者通过计算，认为应当为0.399。

⑤ 此处，据原史料记载为0.410，但著者通过计算，认为在四舍五入，保留三位小数的情况下，应当为0.411。

⑥ 此处，据原史料记载为0.318，但著者通过计算，认为应当为0.317。

⑦ 此处，据原史料记载为385 991.10，但著者通过计算，认为应当为385 991.09。

⑧ 此处，据原史料记载为0.508，但著者通过计算，认为应当为0.509。

工资为8.671元，扣除米面费和工具费，只剩5元左右。也以民国七年（1918）至民国十一年（1922）五年间的平均物价衡量，小麦每斤0.038元、白面每斤0.058元、麻油每斤0.13元、食盐每斤0.043元。一个采煤工所得工资，除维持本身生活外，还可勉强维持两口人的生活。中原大战后，晋钞贬值，3元钱只能顶过去的1元钱使用。民国十九年（1930），虽然采煤工的日平均工资为0.657元，但实际上只顶物价上涨前的0.23元。由于钞票贬值、物价上涨，一个采煤工除去维持自身生存外，仅能勉强负担一口人的生活。这还仅仅是从账面上计算，实际上由于把头克扣矿工工资和米面柜发放米面缺斤短两，每年又从每个矿工身上刮去5元左右。矿工王风山和王风岗兄弟俩都是身强力壮的小伙子，他俩一同在四矿厂井下推车。王风山每日工资0.24元，王风岗0.2元。两人都没有成家，只养活母亲一人，还常常弄得有上顿，没下顿。①

保晋公司矿工微薄的工资收入与其高层管理人员的收入相差悬殊，形成了鲜明对比。自民国十年（1921）起，保晋公司总经理的工资定为每月300元、协理280元、总稽核260元。经理一人的工资等于一个采煤工工资②的60倍。这也仅仅是从账面上计算而已，实际上，工资悬殊比这还要大得多，且不说公司经理可以使用与支配公司的招待费、交际费，仅回家探亲的车马费，每月就要津贴20元之多，仅此一项就为一个采煤工工资的四倍。③

2. 保晋公司的福利待遇

保晋公司对于所聘职员，除正常薪酬外，在用餐、烟茶、休假及川资路费等方面也有一定的约束性福利规定，“公司每日依次备具三餐，已不至枵腹从公，此外一概不管……烟茶两项，公司自酌中置备，以供众用，自总办理依次均不得先时预支，即有要需，亦只宜自行筹措，号中不管……自总办理依次每年回家，只准两次，不得逾一月，由公司酌给相当川资脚费，此外如有要事，必须回里者，可自行告假，川资脚费自备，公司一概不管，其住家日期亦不得逾一月，每年告假至多两次。至家在本州县者，可略予通融，惟不给川资脚费。倘第 次回家，适值有事，断非一月能办结者，准其多住一月，于本年内即不得再行回里，其用川资脚费，亦只给一次，毋得有异说。”④

保晋公司除按规定支付给工人正常薪酬外，对于假期、住屋、物品供给、医药、抚恤、烧炭等具有一定福利性质的待遇，也进行了明确的规定，“①假期：

①《阳泉煤矿史》编写组：《阳泉煤矿史》，山西人民出版社1985年版，第95页。

② 这儿采煤工的工资取扣除米面费与工具费后的净额，即约为5元。

③《阳泉煤矿史》编写组：《阳泉煤矿史》，山西人民出版社1985年版，第95—96页。

④ 1908年10月7日《晋阳公报》。

工人除每日工作完毕休息外，依当地习惯，每月于旧历朔、望两日及春、夏、秋、冬四节，各休息一日。旧历十二月十八日以后，工人多数回籍，虽各矿规定旧历正月初六开工，而遵者甚少，必须二月初二后，矿工方能全来；②住屋：工人于每日工毕，除附近有家者，各归舍食宿外，其外籍工人，皆住于各矿特备之宿舍，由公司供给火、电、炕[①]、席等物，不收租费；③物品供给：工人所需食用物品，均由各矿预备，取价应以市价为标准，月终结算由工资内扣除；④医药：各矿备有各种药品，专供职工领用，不取药资，复延用医生之，以便随时疗治之疾病，其有肢体受伤或罹重病者，则送往平定友爱医院或附近医院诊治，药资亦由公司支付；⑤抚恤：凡有因工受伤，酌给假日，并予调治，因而死亡者，每名给予恤金；⑥烧炭：工人下班时，得由厂内挑取碎炭一筐，不取价款，但以自烧为限。”[②]“本公司所用职员，若在号病故，另送3个月薪水。至所延矿师、技师，倘有意外之事，华人照职员办理；洋人由内地聘用者，照华人办理，由外洋聘用者，加倍送6个月薪水，以示体恤。其余各峒所用工人，有压毙淹毙等事，每名给埋葬费30两。”[③]“各矿厂之休息日期，以每月初一及十五两日为度。至休息日应有之博欢鼓兴等具，应设法组织矿工俱乐部，设备手球、足球、网球，以节劳动而爽精神。”[④]

保晋公司专门制定有《矿工抚恤规则》，其将矿工抚恤种类分为“①压毙、淹毙；②因伤死亡；③因公负伤致罹疾病或身体残废等”三类情形，并且规定了相应的抚恤标准，“压毙、淹毙者，每名给予抚恤费大洋45元，并由公司备具棺木，且得令其各回原籍；其因路远无力搬柩者，公司特购义地葬埋之……因伤死亡者，须按其死亡情节，给予前条金额或2/3以下之抚恤金；至于购棺葬埋，一如前条所定……因公负伤者，须立刻送之附近医院医治，医药等费由公司代付，且帮贴米面。伤愈后，仍令就业；其因负伤太重，致身体残废不能服务者，得酌量给予抚恤金；肢体不能动作者，须设法派与能办事件，以示体恤；惟伤愈后，续经死亡者，不在此例。”同时，明文规定了抚恤金领取人的先后顺序，“①死亡者之父母；②父母不在时，其妻；③妻不在时，其子；④父母、妻、子俱不在时，其亲族。”另外，为了防止空口无凭，在发放抚恤金时双方签订有书面凭据，“凡遇此等情形，须通知其父兄及亲族，书立领据，呈明总（理）、协理及该管厂

① 原史料中记载，此处为“坑”字，但据著者根据上下文推断，此处可能为笔误，应当为“炕”字。
② 常旭春、白象锦：《保晋公司报告书稿·第八章　工人》（民国十九年）。
③ 民国八年（1919）十月二十四日奉部批准并备案之《山西保晋矿务公司章程·第十二节　恤赏》。
④《保晋公司矿工服务细则》。

长，核准签字，照章发恤，并须索还原发之证书。”①

尽管保晋公司名义上规定了生产工人相应的福利性待遇，但事实上却大相径庭，矿工们不仅享受不到应有的福利待遇，而且由于劳动环境恶劣及长期的超负荷劳作，伤亡严重；同时，矿工所遭受的盘剥相当惨重，生活异常窘迫，始终处于水深火热之中。

（1）保晋公司矿工工作环境恶劣且长期超负荷劳作，伤亡异常严重　保晋公司矿工的井下劳动环境是十分恶劣的。所有的矿井都是自然通风。有些矿井虽然购置了通风机，但保晋当局为了节省消耗，不准使用。由于风量严重不足，井下温度很高，有时竟高达摄氏 30 多度，矿工们冒着高温劳动，光着膀子，大汗淋漓。另外，资本家发给矿工的点灯用油是定量的，矿工为了节省使用，常常两人伙用一盏，或者摸黑作业。②在那暗无天日的井下，缺乏必要的卫生设施和安全保障，疾病和事故时时侵蚀着每位矿工。因此，人们常说，“下了井就是进了阎王殿。”

当时，虽然已经开始使用机器，但所占比重并不大，煤矿生产还主要靠体力劳动。采煤则完全是靠手工完成的。采煤时，矿工口叼油鳖灯，手使尖嘴镢，有时坐着，有时趴着，有时跪着，体力消耗非常严重。长期的采煤生产，使身强力壮的矿工积劳成疾，未老先衰。保晋初期，提升煤炭还都是靠人力和畜力来完成。竖井上安装辘轳，数人绞动，提煤出井。绞辘轳是一种繁重的体力劳动。据阳泉市郊区桃林沟村保晋公司矿工李根祥老人回忆，他 17 岁时就绞辘轳，一班 4 个人，两班倒着干，一天下来，浑身酸麻，动也不想动。保晋公司运作到后期，大多数矿厂虽然铺上了轻便铁道，但矿车却是靠人力推动的，推车工人要付出很大的力气。推车工人在井下斜坡上推车，用肩膀扛住车角，用脚蹬住枕木往上推，每推一车就冒一身汗，时间一长，肩膀上都磨起了老茧。保晋公司的工人劳动时间规定为昼夜两班，每班 10 小时，上下班以锅炉房鸣汽笛为号。实际上，工人早 5：00 上班，晚 5：00 下班，赶回家就得 13 个小时。有些人为了养家糊口，连续下井二十几天不见太阳，眼圈发绿，身上惨白，不成人样。③

由于工作环境异常恶劣及长期超负荷劳作，保晋公司矿工的伤亡极其严重。保晋当局为了节省坑木，依赖煤柱支护，只有危险地段才使用少数坑木进行简单支护。采煤使用人工搬根凿壕法，虽然成块率极高，但危险性却很大。井下通风

---

①《保晋公司矿工抚恤规则》收录于虞和寅：《平定阳泉附近保晋煤矿报告》，民国十五年（1926）3 月，农商部矿政司印行。

②《阳泉煤矿史》编写组：《阳泉煤矿史》，山西人民出版社 1985 年版，第 98 页。

③《阳泉煤矿史》编写组：《阳泉煤矿史》，山西人民出版社 1985 年版，第 94—95 页。

不良，瓦斯燃烧和爆炸事故经常发生。所有这些都使井下生产很不安全，矿工随时受到伤亡的严重威胁。保晋公司第二矿厂即燕子沟煤矿，在建井过程中曾连续发生过数次瓦斯燃烧和爆炸事故。仅燕子沟矿厂一处，两年内前后三次事故，就断送了11条矿工生命，致残了13名矿工。[①]可见，当时保晋公司的伤亡率却异常惨重、触目惊心。民国十年（1921），当年保晋公司阳泉各矿厂矿工总数为1 136人，产煤额为225 707吨，死者28人，伤者29人。按矿工数量计算，死亡率为2.46%，受伤率为2.55%。按产煤额计算，死亡率为124.05人/百万吨，受伤率为128.49人/百万吨。[②]据《保晋公司最近三年（民国十七年至民国十九年）各工死伤人数及原因表》[③]记载，民国十七年（1928）至民国十九年（1930）3年期间，保晋公司累计死亡矿工59人，累计致伤矿工159人；另据《保晋公司各矿产量及其成数表》[④]记载的原始数据，通过汇总可得，民国十七年（1928）至民国十九年（1930）3年期间，保晋公司累计产煤862 703.41吨。如此一来，我们可知，民国十七年（1928）至民国十九年（1930）三年期间，保晋公司矿工的死亡率为68.390人/百万吨，受伤率为184.304人/百万吨，其死伤率之高骇人听闻，每位矿工都时刻面临着伤亡的威胁。

（2）保晋公司矿工所遭受的盘剥相当惨重，生活窘迫，始终处于水深火热之中　米面柜是专为矿工供应米面的，名义上是保晋公司的福利机关，却不断伺机盘剥矿工。柜上把米面转给把头，再由把头发给工人。工人每天吃每天领，满月之后统一算账，开资时一并扣除。柜上的米面是趁市价较低时购来的，和工人结算时，柜上暗暗抬高价格。把头把米面分给工人时，又在秤上做手脚，缺斤短两。由于层层剥皮，一个月下来，仅吃饭一项，就要占去工人工资的一半。我们不能小看米面柜剥削工人的“水磨功夫”，又是缺斤少两，又是高抬价格，这样一点一滴地从每个矿工身上搜刮，长年累月下来，搜刮去的膏血竟成了一个惊人的数字。保晋公司的米面柜每年要从矿工身上搜刮去1万多元，这笔款一半由相关职员私分，一半被经理装入腰包。[⑤]

保晋公司矿工的生存质量异常低下，大多数矿工来自附近农村，住宿尚可回家。外地来的矿工，有的在煤矿附近的农村找个破土窑洞，居住下来。有的住在矿厂的工房里，名为工房，实际上是一些破窑洞。二十多人挤在一起，乱哄哄的

①《阳泉煤矿史》编写组:《阳泉煤矿史》，山西人民出版社1985年版，第99页。
②《阳泉煤矿史》编写组:《阳泉煤矿史》，山西人民出版社1985年版，第98—99页。
③ 常旭春、白象锦:《保晋公司报告书稿·第八章　工人》（民国十九年）。
④ 常旭春、白象锦:《保晋公司报告书稿·第七章　各矿工程设施状况》（民国十九年）。
⑤《阳泉煤矿史》编写组:《阳泉煤矿史》，山西人民出版社1985年版，第97—98页。

一团。冬天，破窑洞里笼起炭火，烟熏火燎，又黑又脏。有的矿工连铺盖也没有，下窑回来，往土炕上一躺，枕块砖头或者炭块，就睡觉了。还有的外地矿工是带着老婆、孩子来到保晋公司矿厂谋生的，他们求得地主同意，在山上挖个能躲风避雨的洞子，就算安了家。在这个家里，阴暗潮湿，跳蚤成群，除了一块破被和一口做饭锅，就几乎再没有什么家产了。保晋时期，矿工们终年穿着褴褛的衣服，就像叫花子一样。条件好一点的，下班回来还能换换，大多数的常年不换，上班穿啥，下班还穿啥。煤矿没有澡堂，所以矿工从来不洗澡，浑身总是漆黑漆黑的，偶尔用盆子洗洗，买不起肥皂，用碱面或豆面搓搓，就算了事。①

当时，煤矿工人被称为“窑黑子”，身份始终低人一等。他们要找个老婆，成个家，简直比登天还难。有的矿工累死累活半辈子，攒了一点钱，到三四十岁才能买个穷孩子当老婆。有的干脆找不到老婆，一辈子打光棍。平定地区流传着这样一首民谣：“闺女嫁给窑黑汉，黑水衣裳洗不完；黑人黑衣黑世界，黑窑洞里日子难。”这首发自矿工心底的歌，概括了矿工婚姻的艰难，也唱出了他们的苦衷和不平。②

（六）保晋公司的劳动关系管理

劳动关系是指用人单位招用劳动者为其成员，劳动者在用人单位的管理下提供有报酬的劳动而产生的权利义务关系。劳动关系是劳动者与用人单位在实现劳动过程中建立的社会经济关系。劳动关系管理主要包括劳动合同管理、企业用工管理、劳动标准管理、劳动争议处理等内容。

1.劳动合同管理

劳动合同管理，包括劳动合同的订立、履行与变更、解除与终止等内容。劳动合约有纸质合同与口头约定两种形式。据著者目前所集史料，并没有发现保晋公司在录用职员或矿工时签订纸质合同的记载，说明保晋公司当时在录用职员或矿工时一般采取口头合约的形式，通常情况下并不签订纸质文书。至于劳动合约的解除或终止，有些情况下是由保晋公司强行解雇所聘职员或矿工，有些情况下是由劳动者提议解除劳动雇佣关系，还有些情况下是自然解除劳动关系的。

如果劳动者严重违反劳动纪律或企业规章制度，或者营私舞弊、严重失职，给企业造成重大损失，那么保晋公司将无条件强制解除劳动关系，“总、协理如侵吞公司款项，经众股东查有实据者，应立时辞退……以次所用之人，如有此项

① 《阳泉煤矿史》编写组：《阳泉煤矿史》，山西人民出版社 1985 年版，第 96 页。
② 《阳泉煤矿史》编写组：《阳泉煤矿史》，山西人民出版社 1985 年版，第 98 页。

情弊，总、协理亦照此办理。”[①]保晋公司的《矿工服务细则》明文规定：“至于工作疏忽者，轻者则扣罚工资，重者则开除名额。”

同时，由于被雇佣者个人原因，也可以向保晋当局提出辞职申请，而解除劳动关系，“诸号友即有意见不合，不愿在公司者，可径向号上告辞，或托推荐承保之家代辞，不得托故迳致紊公司规则。”[②]“民国元年（1912），渠总理、曾协理函请辞职……民国五年（1916）七月，刘（笃敬）总理辞职……民国六年（1917）九月，采煤部长李建德辞职……民国十年（1921）二月，总稽核王骧辞职……民国十一年（1922）十月，崔廷献辞职……民国十四年（1925）七月十日，开第十次股东会，曾（纪纲）副经理请辞职。”[③]对于职员的主动辞职，保晋当局一般都会批准，因为即使挽留，一方面由于辞职人员去意已决，很难改变离职的初衷，再者由于劳资双方并没有事先签订约束性的纸质文书，无法诉诸法律程序予以解决。

另外，如果保晋公司所雇从业人员因病、因伤死亡，或因病、因伤而客观上无法继续工作，在这种情况下，保晋当局与被雇佣者之间的劳动合约即被自然解除。例如，民国三年（1914），因为赵奇英矿师病故，保晋公司只得另聘武汉三为矿师，王宪为副矿师。[④]

最后，保晋公司在人员聘用与劳动关系解除管理过程中，还有一种特殊现象值得引起我们的注意。保晋公司在决策当局荐举与任命高层管理人员的过程中，存在被荐举人员拒绝任职而不到岗的情形。“民国十一年（1922）十二月，董事公推乔殿森为正经理，未就……民国十二年（1923）一月，董事会另推乔映霞为正经理，未到任前。”[⑤]可见，这种情况是保晋公司单方面的人才需求，并没有事先征得被荐举人的同意，进而遭到被荐举当事人拒绝，未曾到岗，劳资合约关系根本没有真正启用，也就无所谓劳动关系的解除了。

总之，保晋公司当时的劳动合同关系，大多数情况下为口头合约，对劳资双方都缺乏必要的约束力。无论是以总经理或协理为核心的高层管理人员，还是以矿师为代表的专业技术人员，乃至普通的生产工人，皆频繁更替、来去自由，缺乏稳定的管理团队、技术团队与生产团队，在用人管理机制上存在重大缺失。

---

① 民国八年（1919）十月二十四日奉部批准并备案之《山西保晋矿务公司章程·第十三节　惩罚》。
② 1908年10月7日《晋阳公报》。
③ 常旭春、白象锦：《保晋公司报告书稿·本公司大事记》（民国十九年）。
④ 常旭春、白象锦：《保晋公司报告书稿·本公司大事记》（民国十九年）。
⑤ 常旭春、白象锦：《保晋公司报告书稿·本公司大事记》（民国十九年）。

2. 企业用工管理

企业用工管理，主要包括员工的招聘管理、试用期管理、员工培训与服务期管理、商业秘密与竞业限制管理等内容。至于保晋公司从业人员的试用期管理、商业秘密与竞业限制管理，由于著者没有发现保晋公司聘用从业人员先行试用的相关史料，也没有发现约束从业人员保守商业秘密及企业机密的条文性规定，不便妄加评论。

3. 劳动标准管理

劳动标准管理，主要包括工作时间与休息休假、劳动报酬、劳动安全与劳动保护、企业规章制度等内容。有关保晋公司劳动标准管理的相关内容，本章前已分散述及，这里不再单独阐释。

4. 劳动争议处理

劳动争议处理，主要包括劳动争议的调解、劳动争议的仲裁、劳动争议的诉讼。保晋公司在实践运营过程中，劳动争议时有发生，但大多数情况不是通过调解、仲裁或诉讼的途径加以解决，而是以斗争或罢工等非正常渠道得以处理。民国十三年（1924）七月，保晋公司第三矿厂规定工人每从井下吊一车碎煤，付给1角2分的工钱，可是到发工钱的时候，却硬要按8分算。为了争取本来应得的微薄工资，三矿厂的工人们计划组织起来同保晋管理当局斗争，管理者看到来势不妙，被迫按原先同工人们协定的工资发放了劳动报酬。① 还有一次，保晋公司三矿厂工人从井下运出一块大炭，重量有120斤，可是领事非要按100斤算。为此，三矿厂工人以罢工相威胁，管理当局只得认错并道歉，按实际的120斤计酬。② 民国二十六年（1937）日寇入侵阳泉前夕，保晋公司当权者闻风而逃，其代理人也伺机逃走。煤矿停了产，工人失了业，欠下工人两个半月的工资没有发放。工人们便组织起来，同其代理人进行斗争。代理人不得不答应先发口粮，让工人复工，然后再补发工资。此后，又经过矿工们集体到总公司的说理斗争，保晋公司的留守者才给矿工们补发了两个月的工资。③ 可见，劳动者在当时不能通过正常法定渠道获取应得酬劳的情况下，矿工们只能以自身特有的抗争方式来争取本属于自己的经济利益。

通过上述分析，我们不难发现，清末民国时期，传统晋商在衰落之际谋求转型突破，在商号性质、管理机制、组织构架、管理制度等方面均进行了新的探索

---

①《阳泉煤矿史》编写组：《阳泉煤矿史》，山西人民出版社1985年版，第101页。

②《阳泉煤矿史》编写组：《阳泉煤矿史》，山西人民出版社1985年版，第102页。

③《阳泉煤矿史》编写组：《阳泉煤矿史》，山西人民出版社1985年版，第107页。

与实践，特别是在人力资源规划、员工的招聘与配置、员工的培训与开发、绩效管理、薪酬设计与福利管理、劳动关系管理等环节进行了相应的改革与尝试，在很大程度上渗透并融入了一些近代新型人力资源管理理念与思潮，但缘于客观情势及本身阶级特性所限，并没有取得实质性突破与进展。

第5章

明清晋商人力资源管理的启迪与警示

明清时期，晋商之所有能够称雄商界500余年，很大程度上归功于其“以人为本、知人善任、任人唯贤”的人力资源管理思想、制度安排及其有效践行。时至今日，明清晋商的人力资源管理思想依然熠熠生辉，不乏现实指导意义。当然，传统晋商商号对于从业人员的约束与规范，在某些方面也过度苛刻，在很大程度上约束了人身自由且侵犯了人权，应当引以为戒。

一、明清晋商人力资源管理的启迪

明清时期的晋商对商号的管理，非常注重管理机制的创新。通过引入先进的管理机制，不断推动员工提升自己的能力、业绩和地位，使员工始终处于“不用扬鞭自奋蹄”的激活状态，进而为商号创造了较高经济效益的同时向社会展示了良好的形象。晋商创造了具有自身特色的人力激励机制和文化管理机制，创造了卓越的信用机制和金融风险防范机制。晋商能在竞争中立于不败之地，关键取决于管理机制的不断创新。明清晋商在人力资源管理方面所践行的“激励机制”“约束机制”与“信用机制”，对于当前企业管理与运作具有很强的借鉴作用。

（一）激励机制

人才是企业第一珍贵资源。商号管理只有充分调动人的积极性和主动性，才能提高竞争力，推动商号不断发展。要充分调动人的积极性和主动性，就必须建立一套行之有效的激励机制。所谓激励机制，就是通过一套理性化的制度安排和文化氛围营造，激励员工由消极的“要我做”转化为积极的“我要做”的手段或方法。晋商从明末清初就开始构建商号的激励机制，他们根据商号的特点，设计薪酬体系、规划员工的职业生涯、升迁制度以及委任授权等管理机制。通过这些机制，满足了员工的需要，进而使商号的利益与员工个人利益密切结合，为商号的发展奠定了坚实基础。

1. 激励的来源

激励这一术语，在我国最早出现在司马迁的《史记》中，“欲以激励应侯”。战国时，秦昭公把应（现在的河南宝丰县西南）封给范雎，称他为应侯。两人在一次谈话中，秦昭公谈到秦国的内忧外患，以激发当时为相的范雎振作起来。所谓激励，是指通过一定的措施与手段，激发人的动机，鼓励人的工作行为。需要是人积极性的基础和源泉，动机是推动人活动的直接动因。人的各种行为都是在动机的支配下，向着某一目标运行的。而人的动机又是因为某种欲求或需要引起的。但并不是所有的需要都能转化为动机，需要转化为动机必须满足两个条件：第一，需要必须有一定的强度。也就是说，某种需要必须成为个体的强烈欲望，并且迅速能将这种欲望变成现实，以满足需要。如果需要不迫切，则不足以激发人的追求欲望。第二，需要转化为动机还要有适当的客观条件，也就是说，需要必须有客观对象。只有当外界条件足以满足他的需要时，才能转化为动机。有了客观的诱因才能促使人去追求它、得到它，以满足某种需要。因此，可以说，动机是人的直接动力，而需要是人的潜在动力。

可见，人的行为动力是由主观需要和客观事物共同制约决定的，动机支配着人的行为。作为个体的人产生某种需要时，就会导致心理紧张，成为一种内在的驱动力，即动机。它驱使人选择目标，并进行实现目标的活动，以满足需要。需要满足后，人的心理紧张消除，然后又会产生新的需要，依次再激发新的动机，这样周而复始，循环往复。

2. 激励的本质

激励的本质是要满足员工的个人需要，而使员工产生做某件事的动机。因此激励的核心在于深入了解员工的内在需要，特别是优势需要，为员工满足这种需要创造方便条件，以激发员工的动机。

3. 激励的目的

激励机制的直接目的是为了调动员工的积极性，而最终目标是谋求商号利益和个人利益的最大化。激励机制的核心是设计合理的酬薪制度。酬薪制度将外界诱因与员工的个人需要密切结合起来，从而激发员工的积极行为。激励机制运行的最佳效果是以较低成本而达成商号目标，使员工个人利益与商号利益统一起来。

明清时期山西商人创造的“人身顶股制”，是晋商设计的一种行之有效的激励机制。顶身股制度是晋商商号中最有特色、也最具有创造性的管理机制，并在其管理实践中收到了显著的效果。比如，清代著名大商号大盛魁、协成乾、志成信、大德通、日升昌等都实行这种顶身股制度。这不但使经营管理人员获得极大的物质利益，而且为财东创造了很大的经济效益。身股之所以能同银股一起参与分红，是因为晋商把身股看作是一种创造价值的资本。也就是说，身股持有者的知识、技能和经验已经成为与银股一样具有增值力的资本，而且是比银股的增值力更大的资本。身股与银股一起参与分红，极大地调动了身股持有者的积极性、主动性和创造性，为员工各尽其能注入了用之不竭的内在动力，收到了“不用扬鞭自奋蹄”的效果。使众多掌柜与员工更加欢欣鼓舞的是，顶身股的份额可以超过财东的银股数。也就是说，票号中掌柜和员工不出资金，全凭自己辛勤的劳动，就可能在分红中拿到比财力股拥有者更多的红利。随着票号规模的逐步壮大，顶身股越来越多，到 20 世纪初，各票号的身股数普遍超过了银股数。譬如，大德通票号光绪十五年（1889）分红账记载，光绪十一年至光绪十五年账期，资本股和人身股共 29.7 股，其中资本股 20 股，顶身股 9.7 股；光绪三十一年到光绪三十四年（1905—1908）账期资本股和顶身股共计 43.95 股参与分红，其中资本股仍为 20 股，而顶身股达到了 23.95 股，顶身股的份额是 19 年前的 2.5 倍。[①]

随着身股比例的增长，顶身股的员工越来越多，同时每个员工所顶的股份也越来越多，员工与商号的关系情同手足，员工个人利益与商号的整体利益愈加紧密。因此，员工自然而然地会把商号的经营状况、财东的利益、掌柜的名望及自身的前途有机地结合起来，很好地协调了劳资关系，充分调动了所有人员的工作积极性。

商号员工顶上身股以后，虽然身份和地位发生了变化，但并非一劳永逸，而是随着个人的业绩有升有降。晋商非常清楚，如果顶身股没有等级、不分层次，每个员工都顶一样的股份，拿一样的分红，没有区别，同样不能调动员工的积极性。由于员工受教育程度、经历经验、知识技能、做出的贡献不同，在票号中自然而然形成了许多等级，一般分为 19 个等级。在晋商商号中，对于无论是否顶上身股的员工，这种等级分明的激励机制无疑都极具诱惑力，以至于在各票号中都流行着这样的一句话“薪金百两是外人，身股一厘自己人。”在这种激励机制的作用下，自上而下就形成了你追我赶、努力上进的局面。

① 中国人民银行山西省分行、山西财经学院、黄鉴晖：《山西票号史料》（增订本），山西经济出版社 2002 年 10 月版，第 631—633 页。

从历史资料中，我们还可以看出，商号员工身股份额的增加，不完全是循序渐进地“爬楼梯”，而是根据业绩和贡献来决定提升的幅度。比如在大德通票号，光绪十五年（1889）时王振铎身股为5厘，郝荃3厘，高钰3厘，吕永和2厘；19年后，到光绪三十四年（1908），高钰、郝荃、吕永和的身股晋升为1股，而王振铎仅由5厘增加到7厘。[①]从中不难看出，晋商身股份额的增加并不是吃大锅饭，搞平均主义，而是把员工的业绩和贡献作为主要依据。这种差距较大的分配制度，使顶身股的人数和每人顶身股份额的增加，对未顶身股者产生的吸引力可想而知。

据中国历史博物馆收藏的光绪三十二年（1906）《协成乾人名折》记载，协成乾票号员工的薪金和顶身股具有明显的层次结构。协成乾票号共有员工112人，其中96人有薪金，16人没有薪金。有薪金的96人中，薪金最高者为100两，薪金最低者为4两。同时，在有薪金的96人中，享有顶身股者32人，未享有顶身股者64人。在未享有顶身股的64人中，薪金为100两者2人，70两者1人，70两以下者61人。在享有顶身股的32人中，薪金为100两者1人，80两者1人，70两者30人。从资料中可以看出，薪金在70两以上的员工才有顶身股的资格。在薪金为70两的30名享有顶身股的人中，其所顶身股又分成8个等级。

我们不难看出，第一，票号员工的薪金结构呈现出多层次。协成乾票号有薪金的96人中，享有70两以上高薪者有35人，占36%，薪金高者仅占1/3；70两以下者有61人，占64%。薪金最高者与最低者相差25倍。第二，享有顶身股者只有32人，所顶股份又分成8个等级，说明该号的顶身股结构也是多层次的。第三，有2人虽然薪金高达100两，但未能取得顶身股资格，可能是由于进号年限不够，依然没有顶身股的资格。

理想的薪酬制度应达到三个目的：第一，提供具有竞争性的薪酬，以吸引有才能的人；第二，组织内部给每一位员工提供公平的竞争机会，合理确定企业内部各岗位的相对价值；第三，薪酬必须与工作绩效挂钩，激励员工的工作动机，奖励优秀的工作业绩，利用金钱奖赏达到激励员工的目的。企业的薪酬制度是否合理，直接影响到企业在人才市场上的竞争力。薪金和顶身股有如此大的差别，才能区分出贡献的大小、能力的不同，才能激励股份低者力争上游。

业绩作为一种有效的评价工具，任何组织管理都离不开。在组织管理过程中都需要某种诱因机制的存在，才能激发人的工作热情和动力。管理机制的创新和

---

① 中国人民银行山西省分行、山西财经学院、黄鉴晖：《山西票号史料》（增订本），太原：山西经济出版社2002年10月版，第631—633页。

建设是管理的核心环节。只有管理机制适应了组织环境，才可能抓住组织管理的长效机制。组织诱因机制最重要者莫过于将业绩与奖惩相联系。通过业绩评价，使组织的激励约束机制有据可依，建立在业绩评价基础上的奖惩，强化了组织的激励机制。业绩评价不仅为奖惩提供依据，而且还能够在组织中营造一种注重业绩的组织文化，使员工以业绩为目标，时刻校正自己的行为，并为员工发挥积极性、创造性提供条件。

明清时期晋商创造的顶身股制度是商号管理的最有效激励机制。晋商的顶身股制度要求，必须具备一定的工作年限和工作能力，这是享有顶身股的前提，而股份的多少则主要取决于工作业绩。晋商商号这种劳资并重的激励机制，通过顶身股密切了员工与商号的利益关系。对于员工而言也是名利一体的褒奖，它激励着员工全心全意地为自己的商号工作。通过利益共享机制，把员工个人利益与商号利益、财东利益捆绑在一起，稳定性更为显著。

以大德通票号为例，从表面上看，公元1888—1908年的20年间，银股份额的相对值变小了，但由于整个蛋糕做大——分红总额增大了，财东最终所分得的银子不是少了，而是大大增加了。1888年大德通票号盈利总额约25 000两白银，每股分红约850两白银，财东分得17 000两白银；而到1908年盈利总额达743 545.25两白银，每股分红约17 000两白银，大德通此时的资本银为22万两白银，虽然其红利的一半以上分给了员工，但财东却分得了338 360两白银，相当于20年前的19.9倍。

“上下同欲者胜”，东家用高报酬凝聚了员工中的骨干力量，激励他们为东家效力，在劳资之间建立起“同心协力”的关系，有利于商号事业的发展。商号事业愈发展，东家获得的利润也就愈多，即使账期利润一半多分给员工，东家仍然可获得丰厚的利益。正是这种原因，东家才允许把一部分利润让渡给主要员工。顶身股的员工因为在一个账期内，可以取得超过薪金几倍甚至几十倍的红利，所以他把票号的发展视为己任，兢兢业业、任劳任怨，为东家效劳，以图增加自身收入，每个身股持有者都自觉地关心商号的经营管理。顶身股制度极大地调动了经营者的积极性、主动性和创造性，从而为商号的经营管理注入了强大的动力与活力。对未定顶身股的大部分员工来说，顶身股具有极大的引诱力，能够刺激他们守规矩、尽责任，勤学苦练，希望早日顶上身股。

同时，为了防止经营管理人员的短期行为，晋商还形成许多不成文的规定。譬如，大掌柜退休后仍可享受若干年的红利。但是，如果大掌柜举荐的接班人不称职，则大掌柜要受到株连，身股红利要相应减少。所以大掌柜举荐接班人是慎之又慎，以免自己受到株连。

票号的经营较其他商号更为复杂，这就使得财东对经营人员更加器重。为了经营好自己的票号，各财东之间展开对经营管理人员的争夺，其中最重要的手段就是以更大额的顶身股作诱饵。宋聚奎初在蔚泰厚任二掌柜，顶身股9厘。光绪三十二年（1906）介休洪山乔英甫新开宝丰隆票号，聘宋聚奎为大掌柜，破天荒地特许顶身股1.2股。可见，票号对优秀管理人才的争夺是非常激烈的。

我们当前进行企业管理与运作，可以在某种程度上借鉴明清晋商的激励机制。人的需要是社会实践的动因。管理活动作为社会实践的一种基本形式，也是以人的需要为出发点和动因的。商号发展的动力大小，主要取决于满足人的需要程度。管理者要想方设法创造相应的条件或环境，激发员工的动机，想方设法地把集体目标变成每个员工的内在需要，将集体利益与个人利益巧妙而有机地结合起来，以调动员工的积极性，使他们竭尽全力的工作。

（二）约束机制

所谓约束机制，其本质是对员工的行为进行限定，使其符合企业管理要求的一种行为控制，它使得员工的行为始终在企业文化约定的轨道上运行。

在管理中，对员工的约束无非两种，一种是硬约束，即用规章制度来规范人的行为；另一种是软约束，即用文化氛围或心理氛围影响、制约人的行为。在这里我们着重分析明清时期晋商如何用文化氛围来约束员工的行为。

1. 企业文化的软约束

管理在一定程度上就是用文化来塑造人。企业文化是人力资源管理中的一个重要机制，它通过文化的“化人”功能，起到对员工管理的软约束功效。两千多年来，我国形成了以儒家伦理道德为核心内容的管理文化体系，不仅影响着我国整个社会的管理，同时也影响着明清晋商商号的管理。

文化的本质是“人化”。作为主体的人，把自己的智慧和思想凝结于客体，这种客体便成为人的智慧和思想的加工对象。由于人的智慧和思想创造的物质成果和精神成果，不因直接消费活动而消失，通过世代的社会遗传和积累，淀积成人类的物质文化和精神文化。人类创造物质文化和精神文化的过程，是人的智慧和思想的“外化”过程。

人在一定社会中实践着，必然要接受人类在历史过程中所形成的，并构成人们共同生活的共同文化，人所处环境中孕育的文化对人的身心具有潜移默化的影响，这种影响完全是一种不自觉、无意识的过程，即“文化无意识”作用。组织文化是组织成员共同创造的文化环境，组织成员被自己创造的文化环境所包围，将特定的文化内容“内化”于组织成员的主体之中。组织成员便成了组织文化的特定类型。文化一经形成，它作为客体又会反作用于主体，使作为主体的人获得新的素质、新的特质和新的能力。组织文化正是基于这一原理，对组织成员具有教育、陶冶、塑造的作用。组织文化是社会文化中的一部分，组织文化的实质是利用文化构造的氛围对组织成员施行教育、陶冶、塑造，使他们成为特定的文化类型。

环境对人的发展的决定作用，并非机械的决定。人接受环境的影响并非消极的、被动的，而是在接受环境影响的同时，积极地、能动地改造着环境，使环境对人的影响能符合一定的要求。人在组织文化建设中的能动作用，可以促进组织文化的发展，使组织文化有所创新。从社会心理学的角度看，组织文化对组织成员的作用，是它塑造了一种文化氛围，对组织成员的心理产生一种巨大而无形的影响。生活于同一环境中的人，心理上所承受的环境影响大体相同。这种影响是以心理氛围的形式出现，要是心理氛围已成为影响整个组织活动的一种规范力量，那么，这种心理氛围便构成对组织成员的一种制约作用。组织文化作用的心理机制，就是组织成员受到组织文化氛围的感染，从行为上遵从、到思想上同化，最后把组织的价值观念、行为规范等内化于组织成员的价值观念体系中，组织文化也就把组织成员塑造成特定的文化类型。

企业文化是组织文化的一部分。只有当企业文化能够真正融入每个员工个人的价值观时，他们才能把企业的目标当成自己的奋斗目标。因此，用员工认可的文化来管理员工，即通过文化的软约束，可以起到规章制度的硬约束难以达到的作用。

企业文化具有约束作用。企业文化包含规范管理的相关内容，而且管理本身也体现着企业文化。在企业行为中哪些不该做、不能做，正是企业文化、企业精神发挥“软”约束的结果。积极向上的约束力能够提高员工的自觉性、积极性、主动性和自我约束能力，使员工明确工作意义和工作方法，从而提高员工的责任感和使命感。

美国加利福尼亚大学的管理学教授威廉·大内认为，企业的生产效率不能单纯依赖奖金或管理制度，而应该注意调动人的内在积极性，即追求成功的信念与不断成长的业绩。他的理由很简单，在他看来，企业的发展离不开员工的成长。他强调文化对管理模式的决定性影响。

文化性层面的激励与约束机制是通过道德、荣誉、信念、价值观念认同等来实施的。文化性层面激励约束方式一般不能对员工行为产生确定性的结果。但是，其对员工行为的激励和约束却是潜移默化和最为深刻的，其时效也是最为持久的。

2. 道德伦理方面的软约束

晋商在约束机制上，既有号规方面的硬约束，还有道德伦理方面的软约束。他们在管理实践中，非常重视用伦理道德对员工的软约束。这种约束是伦理思想的约束，是潜移默化的约束。晋商崇尚儒学，巧妙地用儒学中的“诚、信、忠、义”来教育员工、塑造员工。

①所谓“诚”，就是不欺人、不欺己、不欺心，在商业活动中不允许有欺骗行为，杜绝以次充好、以假乱真、欺行霸市。对顾客一定要讲究一个“诚”字，以诚来对待自己的客户。尤其对票号来说，客户把真金白银交给你，换回了一张纸条，若不守信誉，绝不可能长久存活下去。晋商中有许多讲诚信的例子。比如，八国联军侵入中国，在北京的晋商分号都被八国联军毁坏了，账本也给烧了，钱也丢了，但是晋商仍然坚持只要你拿票，只要你在我这儿存了银子，有凭据，照付不误。

②所谓“信”，其本意是指一个人忠实地履行自己许下的诺言。故常与“忠”“义”“诚”连语为“忠信”“信义”“诚信”。讲信义，是晋商形成的一个优秀传统。“受人之托、忠人之事”，在很多动乱的时候，晋商的职业经理人非常敬业。八国联军侵略北京，总号告诉各个分号，你们不要管钱丢了多少，也不要管店铺怎么样，只要人回来就行，让分号掌柜们都撤回来。但是志成信分号掌柜齐梦彪，坚持让别人回去，自己留下来。他认为，自己是北京分号的掌柜，战乱时留在这儿损失会小一点。他把自己的生死置之度外，坚守在自己的岗位上，志诚信北京分号成为八国联军在北京烧杀抢掠期间受损失最小的票号。讲诚信，这是晋商成功的一个重要因素。一旦某个员工失信于财东而被逐出商号，他的失信行为将为自己的前程付出沉重的代价，以后被其他商号录用的概率是非常小的。也就是说，他在本行业中失去了立足之地。

乔家“大德恒”总号大掌柜阎维藩，从光绪二十年（1894）起总揽号事，长达26年之久，对大德恒的发展起了决定性作用。在这26年中，阎维藩忠心不二、苦心经营、审时度势、尊重人才，使大德恒与大德通一起度过甲午战争、庚子之变、辛亥革命，又培养了一批金融人才，他的女儿就许配给乔致庸的孙子乔映庚为妻，可谓家族化信任与忠诚的一个特例。

人努力的程度取决于对人的态度，而态度又与信任的高低直接相关，信任高，努力程度也高；反之，则努力程度低。晋商在两权分离的商号中，所有者（委托人）对委托代理人（大掌柜）的目标是笼统的，在很大程度上是基于对代理人（大掌柜）的信任。晋商“以信接人，天下信之”，把信用视为从商的生命，

"可终身而守约，不可斯须而失信"[①]。东家充分信任掌柜，将人事任免权、财务支配权、业务运营管理权全部交给大掌柜。好的代理人不仅仅是节省代理成本，而且是作为管理专家为委托人创造或抓住一些事前意想不到的收益或机会。大掌柜对东家忠心耿耿，一般不做那些背信弃义的事。

③所谓"忠"，就是要求大掌柜忠于东家，下级员工忠于上级。作为一个团队，其效率来自内部的协调，这种协调的基础是秩序。这种秩序的中心是等级制与服从。掌柜效忠东家，分号掌柜效忠大掌柜，普通员工效忠分号掌柜，这种"忠诚链"便形成了有效的管理秩序。晋商所讲的忠，是对其员工最基本的道德规范要求。

④所谓"义"，指是非善恶之心，凡符合社会道德规范皆为义。"义，公天下之利。"[②]"义之法，在正我，不在正人。"[③]经商之目的在于取利，晋商选择了既不违背仁义之道，又不影响获取利益的两全之策，即化义为利，逐利思义。晋商讲义，体现了他们在行商过程中表现的公平交易、互惠互利、乐善好施。这样做既顾全了"仁爱"之心，又可开辟更加广阔的商业市场。乐善好施既可以满足商人行善积德的心理需要，又可以借此为商号赢得良好声誉。晋商行"义"，就是要求对同业、对客户讲诚信，把它作为维持人与人之间正常交往的伦理道德基础，晋商成功地把这种伦理道德观运用于商业活动之中。因为这是任何一个社会中商业成功的基础。在一个法制不健全的农业社会里，对利的角逐若危及整个社会和经济交往的秩序时，就应该用道德规范加以限制，因为稳定的社会秩序更有利于经济的增长。先秦思想家们提出了"义"这个道德规则，即用义来约束社会中互动的人们之间所可能出现的机会主义，要求人们在交往中要重义轻利，以义为上。随着西汉对儒家思想的尊崇，儒家之"义"也成为弥漫在中国传统社会中的文化气氛。此种文化观念，约束人们在"义"的框架内行动。晋商认为做官和经商都应以义为上，提出了"夫士与商，异术而同心，故善商者，处财货之场，而修高明之行，是故虽利而不污。故利以义制，名以清修，各守其业，天之鉴也。如此则子孙必昌，身安而家肥矣"[④]。

在晋商看来，行义会给他们带来有形和无形利益。在这样的文化理念下，他们在经营过程中非常注重诚信，"诚招天下客，义纳八方财"，可谓其精神价值观的体现。他们在经营过程中能够非常恰当地处理"义"与"利"的关系，坚持义

① (唐) 张弧:《素履子·履信》。
② (北宋) 张载:《正蒙·大易》。
③ (汉) 董仲舒:《春秋繁露·仁义法》。
④ (明)《故王文贤墓志铭》。

利统一、义利互惠和义利相促，决不舍义取利，更不唯利是图。在遍布全国的晋商商号中，大都书有类似“贵忠诚、鄙利己、奉博爱、举善事”“平则人易亲，信则公道著，到处树根基，无往而不利”的警言，用以告诫自己的员工无论在何时何地，都要“重信义，除虚伪，倡仁义，守良规”，都要“重廉耻而惜体面”，都要“利以义制”，都要“处财货之场而修高明之行”。

3. 晋商软约束机制的意义

①晋商把诚、信、忠、义作为自己企业文化的核心，对内是提高效率的需要，在外是开展业务的需要。把这种文化观念灌输到每个员工的头脑里，变为他们工作的指南。晋商在这方面做了两件基础性的工作，一是从学徒时起就要读四书五经，读书的目的主要不在于学文化，而在于接受儒家的伦理道德熏陶；二是把关公作为“诚、信、忠、义”的楷模，作为至高无上的神，用这个偶像来表达“诚、信、忠、义”的观念。晋商对关公宗教般的信仰，最根本的原因就在于关公是“诚、信、忠、义”的化身，是伦理道德最优秀的典范。关公的言必忠信、行必笃敬的品格可以作为诚商廉贾的商家正气和伦理道德的脊柱。这样，在晋商中洁身自好便成为一种风尚。关公似乎成为晋商商号文化的载体或符号。

②晋商在管理中运用的软约束机制，就是发挥儒家伦理思想和道德观念上的约束。马克斯·韦伯曾在《儒教与道教》中指出：晋商奉行“诚、信、忠、义”的文化理念，对推动明清两朝经济的发展，推动社会文明进步发挥了极其重要的作用。

③在中国传统社会，晋商的管理与运作主要依赖于“自我控制”（德治），即通过对全体员工的道德观念和价值观的塑造来实现。一方面，文化传统作为历史的积淀而内化为员工的经营意识；另一方面，商业的运作及其经营管理机制的选取也必须符合内部各成员的价值取向和心理认同。晋商在经营过程中从我国传统文化中吸取了优秀的商业道德和商业精神，他们恪守诚实守信、以义为上的原则，提倡“仁中取利真君子，义内求财大丈夫”，以此建立了一套自我管理、自我修省的约束机制。明清晋商探索并践行的这套行之有效的软约束机制，对于当前企业管理有很强的借鉴意义。

（三）信用机制

1. 信用的含义

“信用”一词的含义：一是信任使用；二是遵守诺言，实践成约，从而取得别人对他的信任；三是以偿还为条件的价值运动的特殊形式，多产生于货币借贷和商品交易的赊销或预付中，其主要形式包括国家信用、银行信用、商业信用和消费信用。因此，信用具有信任、可信、诚信、履约、信誉等含义。一种简明的解释是，信用即承诺的可期性。或者说，信用即委托（方）与受托（方）之间的责任承诺。既然是一种责任承诺，也就意味着信用只能是一种有条件的相互性信任担保和平等对应的信用责任。经济活动中的信用，是指在商品交换或其他经济活动中，投信人在充分信任受信人能够实现其承诺的基础上，用契约关系向受信人放贷并保障自己所贷的本金能够收回和增殖的价值运动。即接受信用的一方，不需要立即付款就可获取另一方的商品、资金和服务。受信方以其承诺的时间为限偿还其所获得的物资、资金和服务的价值。

2. 信用的历史内涵

信用是诚实不欺、恪守诺言，按照自己许诺的话忠实地践履其行为。在中国古代，许多贤哲对信用展开过热烈的讨论，其内涵是非常丰富的。①孔子一贯强调以信为本，他在《论语》中提及："子以四教：文、行、忠、信。"信被孔子列为四教之一，把信作为人最重要的本质。孔子要求人们讲究信义，"与朋友交，言而有信"[①]"信则人任焉"。也就是说，与人交往首先要讲诚信，要做到言而有信，行而有信，只有这样才能得到他人的信任，才能获得他人的尊重、理解和支持，才能保证正常的社会秩序，才能有效地实现自己的既定目标。相反，"人而无信，不知其可也"。②孟子把"善德"看作是一个人发自内心的真诚，这就是信。如果人不讲信用，背离了做人的本质，将一事无成，并把无善、无信的商人看作"贱丈夫"[②]。③周敦颐把诚信列为五常之本，"诚，五常之本，百行之源"。作为百行之一的商业，必须遵从信用为本的原则。傅玄说："讲信修义，人道定矣。"④庄子把信用看作利的源泉，他认为"无行则不信，不信则不任，不任则不利。"[③]就是说无诚信无利可图，反过来讲，利从信用中来，诚信就是金钱，就是资本，就是生生不息、滚滚而来的利。

从这个角度看，信用是一棵摇钱树。"诚信者，天下之结也。"[④]诚信是人与人之间联结的纽带，是集结人心、天下和睦的保证。不诚信者，失信于人，无人与之交往，自绝于人，没有人同他合作交易，经济活动自然无从谈起。

在中国传统道德中，把信看作是人的重要本质。作为一个社会人，要忠实于自己的社会身份，自觉承担自己应尽的社会职责和道德义务。信用，首先是自我信用，即忠实于自己的本质，做到言行一致，表里如一，使一言一行、一举一动

①《论语·学而》。
②《孟子·公孙丑下》。
③《庄子·盗跖》。
④《管子·枢言》。

都符合自己真实无妄的本性。只有信于己，不自欺，才能做到不欺人，信于人。

3. 晋商的信用机制

商业交往离不开“信用”这条纽带，恪守信用、维护信誉是商贸往来中必须遵循的商业道德。晋商受中国传统信用观的熏陶，长期的经商实践中培育了自己优秀的商德。中国古代社会把商人分为“诚贾”“良贾”“廉贾”和“贪贾”。①所谓“诚贾”，是指讲信用、诚实无欺的商人。②所谓“良贾”，是指善于做买卖的商人，“良商不与人争买卖之贾，而谨司时（善于捕捉商机）”[①]。③所谓“廉贾”，是指不贪图眼前小利而谋长远厚利的商人。“贪贾三之，廉贾五之”[②]。“诚贾”“良贾”“廉贾”的经营原则是讲信用，善于预测市场，捕捉商机，取予合时，公平交易，不用违法、不道德手段牟取暴利，他们薄利多销，往往比贪贾、奸商获利更丰。

晋商发展史上历史较长、声誉较高的大德通票号，其财东乔致庸，最初资本为6万两白银，中期增至12万两白银，最后增至35万两白银。由于大德通票号资金雄厚，经营有方，在商界信誉很高，开出的银票能长期在市面流通。大德通票号以光绪年间最为兴盛，在北京、天津、张家口、沈阳、营口、包头、济南、西安、汉口、沙市、上海、开封、重庆、苏州等地都设有分号。大德通票号信用为要。1930年蒋、冯、阎中原大战结束后，晋钞贬值严重，晋钞与新币的兑换率约为25∶1。当时，大德通票号存款户以山西本省最多，放款却多在外省。如果对存款户以晋钞付出，票号可以趁机发一笔横财。但大德通票号不惜动用历年公积金，也不让存款户吃晋钞贬值之亏，从而维护了大德通票号的信誉。因为他们把“信用”作为营业的一条根本原则，所以赢得了四方顾客的信任，人们到市中买货时甚至不去比较货物的精粗长短。这说明“信用”本身就是一种巨大的无形资产，它对广大顾客有强大的吸引力，是商业兴旺发达的源泉，所以说，坚持“诚招天下客，信连八方人”的商业道德准则是有利于促进经济发展的。

战国末期被称为“阳翟大贾”的吕不韦，对诚实信用的商业道德与商业利益的关系看得更为透彻。他认为商业利润取决于商品销售的数量，销售量越大，获利越多。经商只有赢得顾客信赖，才能提高销售量。明清时期，绝大多数蒙古人一旦认准晋商某一牌号的砖茶后，长期购用，一生不变，而且只认牌子，从不还价。他们甚至以晋商的砖茶代替货币，作为物资交换的介质。晋商还为蒙古民众提供赊销物品，一季一结。双方均讲信用，凡应允之事，肯定办到。山西旅蒙商

①《战国策·赵策》。

②《史记·货殖列传》。

人之所以能成功，靠的就是诚实信用。因而，经商取信于民是“万利之本”[1]。晋商正是通过诚实信用塑造了自己“诚贾”“良贾”形象。

日本驻广州领事上野吉一在1906年6月12日的一份报告中称：山西票号“设于濠畔街地方，以义善源、源丰润、日升昌、百川通、蔚泰厚等最有信用，其款自以官金为主，其他之经营一切商业而从事于北清贸易者，其汇款项大抵经由票号，其信用之厚，自足以凌驾地方银行，而占极大之利益”。有了信用，才能赢得客户，山西票号之所以能“执中国金融之牛耳”，票号的管理机制自然有一些优势，然而，山西票号经营过程中讲求信用则更为关键。

“得人者昌，政界固然，商界何独不然。”晋商尤其是票号，考虑到经营的特殊性，日常与金钱打交道，且商号的分号分布于全国各地，财东如何能笼络到值得信赖的经营者和普通员工就成了头等重要的事。因此，信用，尤其是经营者的信用，便成为商号生存与发展之根本。晋商的信用机制包括如何在财东与大掌柜、总号大掌柜与分号掌柜、分号掌柜与普通员工之间建立信任关系，这些都是商号安身立命之本、商号得以不断发展壮大的基础。在财东与经营管理人员之间的信任关系上，“由财东之意识的信赖经理，于是经理以忠义之答报知遇，此理之固然者也”。“经理既受财东信赖与委托，得以经理全号事务，任重而道远，所以事事无不出于忧、勤、惕、励之一念”。“但被委之经理，事前须与财东面谈，侦察财东有否信赖之决心，始陈述进行业务及驾驭人员之主张，果双方主见相同，即算成功”[2]。

（1）财东与大掌柜的信任关系　“财东自将资金全权委托经理，系负无限责任，静候经理年终报告。平素经营方针，一切措施，毫不过问。”“财东所负无限责任既重且大，特持其眼光远大，信义待人，倘非丧心病狂之流，绝无视如手足报以寇仇之理。”“苟非人力所能制止而丧失资金，财东不但不责经理失且加慰勉，立即补足资金，令其重整旗鼓。盖以商业赔赚，犹如兵家胜败，倘出于误而非故致遭损伤，亦须励其前进，始可挽回颓势，此信之表现也。”[3]在商品货币经济远不如今天发达的封建社会，处于内陆的晋商能取得举世瞩目的辉煌业绩，正是由于财东充分信任掌柜，使其产生被信赖的满足感，决心殚精竭虑，将毕生精力贡献给商号。

---

①《吕氏春秋·无义》。

② 中国人民银行山西省分行、山西财经学院、黄鉴晖：《山西票号史料》（增订本），山西经济出版社2002年10月版，第593页。

③ 颉尊三：《山西票号之构造》，载中国人民银行山西省分行、山西财经学院、黄鉴晖：《山西票号史料》，山西人民出版社1990年版，第599页。

（2）总号大掌柜与分号掌柜的信任关系　分号掌柜俗称“老帮”，是大掌柜的助手，他们的任命则由大掌柜决定，与大掌柜有个人之间的信任关系。晋商的人才选拔是以家族和朋伙的信任关系为前提，主要是因为在外部法制环境尚不健全的封建宗法社会，这是一种有效的确立稳定信任关系的机制。分号掌柜由总号大掌柜任命，此人必须是诚实可靠、笃守信用，否则大掌柜要承担连带责任。分号掌柜实行“任命制”，有利于对分号掌柜进行监督，促使分号掌柜建立个人信用。道光末年，仅日昇昌、蔚丰厚、日新中三家在各地设立的分支机构就多达38处。至清末，票号发展到26家，在国内108个城镇设立分号400多处，并将触角伸向国外，形成“汇通天下”的壮观局面。分布地域如此广阔，加之迢迢万里之外，总号掌柜对于分号掌柜的信任可见一斑。

（3）分号掌柜与普通员工的信任关系　对学徒的培养过程，也是对其信用程度的考验。除号规中订有约束性条文以陶冶伙计的情操外，很多店号规定，每天晚上闭市之后，要求学徒练习写字、打算盘。经过几年的训练和考察以后，“贤”者出师，任以专职；不贤者，学徒未满就被淘汰，绝不姑息迁就。对学徒的严格培养是商号经营者尊重人才的体现，这无形中也成为增加相互信任的一种机制。首先，学徒会产生商号将重用自己的信任感，同时，也会增加其对商号的依附性，从而增强财东和大掌柜对学徒不会背叛的信心。因为，经过几年的培养，增添了学徒人力资本的专用性，使其在特定工作中驾轻就熟，而不擅长专业领域之外的工作，从而，获得利益回报的最大化。这种情况的存在，鼓励员工坚守自己的专业工作而不改行，即对其专业领域有较强的依附性，由于害怕被解雇而会自觉遵守职业道德，勤奋工作。

4. 晋商信用机制的意义

晋商与合伙人的相处，以道德信义为基础。“人与人相於，信义而已矣；信义之施，人与人相於而已矣”“信义者，人与人相於之道”[①]。晋商诚交天下人，信施天下人，以做“善贾”“良贾”为荣，并将严守信义作为最基本的商业道德，几乎听不到晋商有舞弊之事。晋商流传最广的一句口头禅就是：“信义为本，禄利为末”。晋商宁可自己吃亏也不做玷污自己名声的事。

晋商至今流传着这样一个故事。晋商中有一位财东，有三个儿子，一向相处和睦。老财东年事已高，自觉时日不多，叫来三个儿子，交代家产分配之事。他讲起与一位搭档多年前合伙经商的故事。年轻的时候，他与搭档外出经商，经过艰苦的打拼，赚了不少银子，便把所赚的银子作为投资建了一家票号，股份分为

① 王夫之：《读通鉴论》，中华书局1975年版，第87页。

一人一半。他们聘了一位掌柜经营票号，两人就结伴去外地清理欠账，不料在外地感染上了瘟疫，二人情同手足，相互照料，老财东自己逐渐康复，而那位搭档一命归天，死者遗孀只有一子，尚在襁褓中。过了不久，女人改嫁，老财东将搭档的孤儿收留下来，权当第三个儿子养着。老财东将家产一分为二，老大、老二分其中一半，老三独自分一半。老财东说，你们把老掌柜叫来，由他代笔，写好契约，我也就可以安心去见当年的老搭档了。

从这个故事中可以看出，老财东恪守信义的高尚情操。他完全可以把家产一分为三,三个儿子一人一份。如果他不说，没人知道他的三儿子不是亲生的。但是，在明清晋商的商业伦理中，信义一直是占有重要地位的行为规范。“诚者，圣人之本”；“诚，五常之本，百行之源”[①]。诚实守信是对人的真实本性的忠实，也是对义的忠实，只有不自欺，才能不欺人。按照中国传统道德的要求，讲信义是做人的最基本要求。晋商不仅要求自己做一个正常人，而且是要做一个坚守信用的正人君子。

明清晋商构筑了一套多维一体的诚信体系，除了讲求对外诚信（商号与业务方、商号与消费者、商号与债权债务人），更特别注重商号内部诚信（财东与总号掌柜、总号掌柜与分号掌柜、分号掌柜与员工、员工与学徒、员工与员工）。明清晋商探索并凝练而成的这套信用机制，对于当前企业文化的打造与人力资源管理具有积极的借鉴作用。

二、明清晋商人力资源管理的警示

明清晋商超前的人力资源管理理念，行之有效的制度创新，在很大程度上调动了广大从业人员的积极性、主动性与能动性，不仅获取了巨额经济收益，更促进了商号的持续、长足发展。但客观上讲，明清晋商作为封建商人，其在人力资源管理方面的某些做法与举措也有失偏颇，约束了人身、侵犯了人权，在当前的社会主义法治形势下管理与运营企业，应当引以为戒，避免不必要的人事纠纷与额外损失。

目前的中国商人面临和晋商相似的市场环境，即由于国内外贸易的迅速发展所带动的市场经济的巨大发展。在这样的环境下，市场不仅迫切需要便利交易进行，维护市场秩序的社会伦理，而且需要中和之道来减少交易各方利益的摩擦，建立一个和谐的社会；同时，市场经济的发展也使商人的地位得到了迅速提高，

① （宋）周敦颐《通书》。

各界商人出于自身利益的维护和社会角色的责任，都普遍呼吁商业伦理、商业文明的回归。因此，晋商伦理哲学观无疑对现代商业文明、市场秩序的建设具有重要的参考意义。

“诚、信、义、利”不仅是晋商应社会需求主动遵循的伦理观，还是自古至今所有社会都共同尊崇的社会价值标准，这个价值标准已经被历代圣贤、古今著名商人所总结，深深地寓于中国传统文化的土壤里，晋商正是从这些传统文化中汲取了丰富的素养。当代商人也应该从传统文化中汲取合理的内容，以丰富和发展新一代商业伦理的形成。

虽然晋商商业伦理的形成有一定的条件，如关公崇拜、严格的家规教育、儒家文化的熏陶、同乡圈子的约束与激励、行规号规的约束等。我们不可能复制晋商生存的环境，但是可以以现代方式来构建这种环境，如通过广泛的社会道德文明的教育，点滴的家庭教育，人性化的职业教育，引导人们树立“诚、信、义、利”的价值观念，促进社会整体价值准则的形成；通过信息公开、共享，利用网络、广播、电视、报纸等媒体宣传，促进社会共识的形成和社会统一行动的达成；通过清晰、公正、严明的法律、法规，各种集体组织，来约束和激励个人和企业的行为。

明清晋商在奉行“诚、信、义、利”价值观管理与运作企业的过程中，尽管绝大部分掌柜与员工“忠诚守信”，但也不乏背信弃义之人。1914年10月下旬，号称“天下第一票号”的日昇昌突然倒闭，令票号商界无不震惊。日昇昌票号自1823年创立以来，创造了许多第一，比如，第一次大规模改善了中国近代金融流通方式；第一次集汇兑、放贷、存款为一体；第一次将汉语密码运用于金融业……因而在中国金融史上享有盛誉。这样一个资本雄厚、信誉卓著的票号，瞬间倒闭，令人费解。1915年1月23日的《大公报》对其原因做了这样的分析：“日昇昌自前清乾隆年间开设，初为颜料行，至道光年间改为汇兑业……所以关闭如此之速者，尚有种种之近因。第一种之大原因为广西之官款。广西官府催迫甚急，动辄率兵威吓，计一年之中提取十余万两，犹日日前往催取。第二，该号之正经理为郭斗南，副经理为梁怀文，就资格论梁应居正。唯梁为人公正朴实，自革命后对于东家提用款项极力阻止，因是不能得东家欢心，梁无可如何遂于去岁出号。梁在号中素为大家所推崇，梁去人心为之瓦解。第三，京号之脱东（应为经理）有赵邦彦者，赵因号事吃紧，托病回晋，一去不归。代理人为侯垣（侯资格甚浅，又因作保合盛元一案，合盛元执事人逃匿无踪。检察厅屡向侯垣索人，如无被保人即将保人押起等语。侯外遭检察厅之逼迫，内受各债主之追索）遂私携带伙友账簿逃归。有此三种近因，百余年之日昇昌，遂乃一败涂地矣。”在最关键时刻，郭斗南作为“总领号事”的大掌柜却“见事不祥，托词觅取，逃避无踪，故外间有郭已投井之谣传。其京号之经理赵邦彦及代理侯垣，亦均不知所往。此外之各执事人，更纷然若鸟兽散矣。”《大公报》总结日升昌票号倒闭的原因有三，其中两条都涉及用人，因而，可以说日升昌倒闭的直接原因是用人失误。

我们必须要避免晋商伦理哲学的局限性，重构一个良性循环、可持续发展、经得住社会演进考验的商人伦理。晋商伦理的最大缺陷在于他们的最终目标是“利”“义”只是实现最终目标的手段。因为“利”的享受对个人来说，有一个“效用递减”的特性，同时，在“逐利”与“生存”密切相关的情况下，又有“效用最大”的特点。所以，在面临时代变迁之时，晋商会在“义”“利”关系的考验中产生分化，最终走上了不同的归途，而有些结果从社会的角度来看，是不利于社会发展的。如晋商发展的后期，就出现了明显的分化现象。当晋商的财富积累到了一定程度，同时社会上又有各种奢靡之风影响时，部分晋商后代开始挥霍浪费、骄奢淫逸，全然忘了祖先创业的艰苦，这实际上是在“利”这个最终目标达到后，部分晋商失去了人生奋斗方向、不知所为的一种表现。还有一部分晋商为了“利”，会背弃某些伦理原则，如不惜代价与官府的交接，通过联姻扩大商业势力，从社会角度来说，这些行为是对弱势群体的不“义”，不符合公正、公平的市场经济原则。

参考文献

［1］刘建生，李东．问道晋商．太原：山西经济出版社，2016.

［2］宋丽莉．山西八大文化品牌丛书——晋商家园．太原：山西人民出版社，2016.

［3］张正明，张舒．晋商经营智慧．太原：山西经济出版社，2015.

［4］刘建生．晋商五百年·商贾望族．太原：山西教育出版社，2014.

［5］刘建生．晋商五百年·经营谋略．太原：山西教育出版社，2014.

［6］刘建生．晋商五百年·典商春秋．太原：山西教育出版社，2014.

［7］高春平．晋商与明清山西城镇化研究．太原：三晋出版社，2013.

［8］高春平．国外珍藏晋商资料汇编：第 1 辑．北京：商务印书馆出版社，2013.

［9］颜军，周国宝．山西·晋商大院·晋商五百年兴衰史的见证者．南京：江苏科学技术出版社，2013.

［10］薛勇民．走向晋商文化的深处·晋商伦理的当代阐释．北京：人民出版社，2013.

［11］刘建生，燕红忠，张喜琴．明清晋商与徽商之比较研究．太原：山西经济出版社，2012.

［12］山西省晋商文化交流协会．新晋商·新天下．太原：山西人民出版社，2012.

［13］朱彤．细说晋商文化：上．北京：北京联合出版公司，2011.

［14］王锦萍．走近晋商．北京：中国农业出版社，2011.

［15］张正明，张舒．晋商兴衰史：第 3 版．太原：山西经济出版社，2010.

［16］葛贤慧．商路漫漫五百年·晋商与传统文化．太原：山西经济出版社，2009.

［17］郑文全，卢昌崇．晋商的制度逻辑．沈阳：东北财经大学出版社，2009.
［18］吴秋生．晋商文化教育读本．太原：山西经济出版社，2009.
［19］高春平．晋商学．太原：山西经济出版社，2009.
［20］李永福．中国晋商成功之道．呼和浩特：内蒙古人民出版社，2009.
［21］张明亮．晋商会馆．太原：山西教育出版社，2009.
［22］信德检．明清晋商管理思想．北京：中国社会出版社，2008.
［23］李留澜．新晋商案例研究：第一辑．北京：中国经济出版社，2008.
［24］孔祥毅．晋商学．北京：经济科学出版社，2008.
［25］刘建生，燕红忠，石涛，等．晋商信用制度及其变迁研究．太原：山西经济出版社，2008.
［26］崔满红，宁振华，康宁．商业文明演进与晋商转型研究．北京：经济管理出版社，2008.
［27］陈啸，等．晋商企业制度与经营管理．北京：经济管理出版社，2008.
［28］张江虹．晋商成败的 66 个细节．北京：世界知识出版社，2008.
［29］山西财经大学晋商研究院．晋商研究早期论集：第 1—2 册．北京：经济管理出版社，2008.
［30］山西省政协《晋商史料全览》编辑委员会．晋商史料全览·商镇卷．太原：山西人民出版社，2007.
［31］山西省政协《晋商史料全览》编辑委员会．晋商史料全览·金融卷．太原：山西人民出版社，2007.
［32］山西省政协《晋商史料全览》编辑委员会．晋商史料全览·字号卷．太原：山西人民出版社，2007.
［33］山西省政协《晋商史料全览》编辑委员会．晋商史料全览·会馆卷．太原：山西人民出版社，2007.
［34］刘建生，刘鹏生，李东．回望晋商．太原：山西经济出版社，2007.
［35］史若民．高校教科文丛书．晋商刍议．北京：中央文献出版社，2006.
［36］张正明，马伟．话说晋商．时英出版社，2006.
［37］孙建中．诚信晋商．太原：山西古籍出版社，2006.
［38］赵荣达．晋商万里古茶路．太原：山西古籍出版社，2006.
［39］孙建中，等．晋商北路贸易．太原：山西古籍出版社，2006.
［40］孙丽萍．天下晋商·明清山西商人五百年．太原：山西人民出版社，2006.
［41］张桂萍．山西票号经营管理体制研究．北京：中国经济出版社，2005.

[42] 刘建生，刘鹏生，燕红忠，等. 明清晋商制度变迁研究. 太原：山西人民出版社，2005.

[43] 孙丽萍，高春平. 晋商研究新论. 太原：山西人民出版社，2005.

[44] 刘建生，刘鹏生，等. 晋商研究. 太原：山西人民出版社，2005.

[45] 王宝库，王鹏. 晋商文化之旅. 北京：中国建筑工业出版社，2005.

[46] 郑卫峰，叶圣利. 晋商、徽商经营管理策略·兼谈其对民营企业的启示. 上海：复旦大学出版社，2003.

[47] 董继斌，景占魁. 晋商与中国近代金融. 太原：山西经济出版社，2002.

[48] 中国人民银行山西省分行，山西财经学院，黄鉴晖. 山西票号史料. 增订本. 太原：山西经济出版社，2002.

[49] 黄鉴晖. 晋商经营之道. 太原：山西经济出版社，2001.

[50] 麦迪. 晋商经营天下的 64 个方略. 北京：企业管理出版社，2001.

[51] 张正明，孙丽萍. 晋商的兴衰. 太原：山西人民出版社，2001.

[52] 穆雯瑛. 晋商史料研究. 太原：山西人民出版社，2001.

[53] 张正明. 晋商与经营文化. 上海：世界图书出版公司上海分公司，1998.

[54] 赵荣达. 晋商故事. 北京：新华出版社，1996.

[55] 李希曾. 晋商史料与研究. 太原：山西人民出版社，1996.

[56] 葛贤慧. 商路漫漫五百年·晋商与传统文化. 武汉：华中理工大学出版社，1996.

[57] 王尚义，等. 明清晋商与货币金融史略. 太原：山西古籍出版社，1995.

[58] 张正明，薛慧林. 明清晋商资料选编. 太原：山西人民出版社，1989.

后　　记

值此书稿杀青、付梓出版之际，感慨良多。

回首近 20 多年的治学之路，尽管不乏个人的艰辛与努力，但点点滴滴的成长与进步，却离不开诸多先辈前人的扶持与鞭策。特别是在本人最近十几年来的求学之路上，恩师全国著名晋商学研究专家山西大学晋商学研究所所长刘建生教授，不仅指航立标、释疑解惑，而且不时鞭策与倾心扶持。同时，先生一丝不苟的治学之风及严己宽人的处世原则更深深地影响着我，使著者获益匪浅。对于先生的特意栽培与无私付出，著者无以为报，只能默默祈祝恩师身体安康、阖家幸福。

本著作为“2016 年度第二批山西省哲学社会科学规划课题‘晋商文化自信的思想内涵、时代价值及其现实应用研究’（项目编号：晋规办字［2017］1 号）”的最终研究成果，在立项申报、课题研究、成果出版等诸多环节，曾先后得到了山西工程技术学院党委书记韩保清教授、院长卫英慧教授、副院长姜俊兵教授、科技产业处处长张润平博士、宣传部部长杨建军高级经济师、能源经济研究所所长李影博士、藏山文化研究所所长连东博士、山西省社科院历史研究所所长高春平研究员、山西大学经济与管理学院副院长石涛教授、山西大学晋商学研究所副所长刘成虎副教授、刘文斌博士、罗畅博士等领导、师友与同仁的鼎力帮助，在此致以由衷的谢意。

另外，特别值得一提的是，之所以能够坚定治学之路，离不开爱人王智庆教授的不时鼓励与鞭策，其“当静坐成为一种常态、思索成为一种习惯、工作成为一种内需，你或许才真正发现：其乐无穷……”的口头禅与身体力行的治学精神，成为我与儿子不竭的动力源泉。“平凡人过平凡的生活，静坐、思索与工作”将永远是我们未来的常态……

囿于著者功力的浅薄，本著作虽经多次反复修改与校订，但书中仍难免会有疏漏、不妥甚至错误之处，恳请各位学界前辈、方家、同仁不吝赐教，批评斧正。

李存华

2017 年 10 月 10 日夜